Gestão e Cultura de Resultados

O modelo para gerir e liderar pessoas realizadas e empresas vencedoras

CARO LEITOR,

Queremos saber sua opinião sobre nossos livros.

Após a leitura, curta-nos no facebook/editoragentebr,

siga-nos no Twitter @EditoraGente e visite-nos no site www.editoragente.com.br.

Cadastre-se e contribua com sugestões, críticas ou elogios.

Boa leitura!

JOÃO DE LIMA

Gestão e Cultura de Resultados

O modelo para gerir e liderar pessoas realizadas e empresas vencedoras

Gente editora

Diretora
Rosely Boschini

Gerente Editorial
Marília Chaves

Estagiária
Natália Domene Alcaide

Editora de Produção Editorial
Rosângela de Araujo Pinheiro Barbosa

Controle de Produção
Karina Groschitz

Edição
Carolina Pereira da Rocha

Preparação
Geisa Mathias de Oliveira

Projeto gráfico e Diagramação
Triall Composição Editorial

Revisão
Vero Verbo Serviços Editoriais

Capa
Sergio Rossi

Impressão
Edições Loyola

Rua Pedro Soares de Almeida, 114,
São Paulo, SP – CEP 05029-030

Telefone: (11) 3670-2500

Site: http://www.editoragente.com.br

E-mail: gente@editoragente.com.br

Dados Internacionais de Catalogação na Publicação (CIP)
Angélica Ilacqua CRB-8/7057

Lima, João de

Gestão e cultura de resultados: o modelo para gerir e liderar pessoas realizadas e empresas vencedoras / João de Lima. – São Paulo: Editora Gente, 2015.

288p.

ISBN 978-85-452-0061-1

1. Recursos humanos 2. Administração de pessoal 3. Liderança 4. Cultura organizacional 5. Sucesso nos negócios 6. Administração de empresas I. Título.

15-0811 CDD-658.3

Índice para catálogo sistemático:
1. Administração de pessoal 658.3

AGRADECIMENTOS

A minha esposa, Mara Rúbia, e a meus filhos, Ana Teresa, Fernando e Thomas, pelo apoio e pelo incentivo, por suas críticas e sugestões e pela paciência em me ouvir falar tantas vezes em triângulos e fractais.

A Jorge Gerdau, André Johannpeter, Fersen Lambranho, Ronaldo Iabrudi e Otto Levy, pela generosidade em dedicar seu tempo precioso para compartilhar experiências, acrescentando valor ao conteúdo do livro, por meio da clareza de suas ideias e do brilho de seus *insights*.

À Gerdau, por minha transformação e minha consolidação profissional em Gestão de Pessoas, lugar no qual pude descobrir a dimensão infinita do potencial do ser humano quando lhe oferecem oportunidades, recursos, condições e autonomia.

Ao GP Investments, por intermédio da Magnesita, pela oportunidade que me ofereceu de reinterpretar e reaprender conceitos e práticas de gestão, mediante a vivência dentro da consagrada Cultura GP, inspiração principal para o desenvolvimento deste livro.

A Suzana Naiditch, parceira nessa empreitada, por sua determinação e tenacidade em me dar foco e exigir minha produção, pelas sugestões de ajustes e pela simplificação, limpeza e pelo aperfeiçoamento de meus textos.

Aos meus líderes, aos colegas e aos membros de minhas equipes, da Gerdau e da Magnesita, por tantas oportunidades de aprendizagem, profissional e pessoal, proporcionadas por meio de nosso convívio durante todos esses anos.

A todos aqueles que, de uma forma ou de outra, durante minha vida profissional contribuíram para minha formação e meu aperfeiçoamento, transformando-me em uma pessoa melhor e mais feliz, e em um profissional mais competente e realizado.

SOBRE O AUTOR E OS EMPRESÁRIOS ENTREVISTADOS

JOÃO APARECIDO DE LIMA

João Aparecido de Lima é Consultor de Recursos Humanos e de Desenvolvimento Organizacional. Vem atuando nessas áreas há mais de quarenta anos, tendo ocupado nelas os cargos de Vice-presidente na Gerdau e de Diretor Global na Magnesita Refratários, com atuação no Brasil e no exterior. Palestrante em empresas e universidades brasileiras e do exterior sobre os temas Gestão Estratégica de Pessoas, Liderança Transformadora, Relações Construtivas no Trabalho e Sucessão em Empresas Familiares. É consultor em Gestão de Negócios, Gestão Estratégica de Pessoas, Desenvolvimento Organizacional, Coaching Pessoal e Profissional, Processos de Sucessão Familiar e Desenvolvimento de Líderes. É sócio-fundador da Fractal Resultados – Consultoria de Gestão.

Colaboração

SUZANA NAIDITCH

Suzana Naiditch é Jornalista com especialização em Marketing. Iniciou sua carreira como repórter da RBS TV, em Porto Alegre. Atuou na Editora Abril como repórter da *Veja* e foi chefe da sucursal da revista *Exame* na região Sul por quase duas décadas.

Sobre os empresários entrevistados:

JORGE GERDAU JOHANNPETER

Jorge Gerdau é Presidente do Conselho Consultivo da Gerdau, anteriormente exerceu os cargos de Presidente do Conselho de Administração e de Diretor-presidente da Gerdau. É graduado em Ciências Jurídicas e Sociais pela Universidade Federal do Rio Grande do Sul (UFRGS). Com forte atuação na busca pela eficiência e pela qualidade da gestão nos setores público e privado, Jorge foi fundador do Programa Gaúcho da Qualidade e Produtividade (PGQP) e do Movimento Brasil Competitivo (MBC), do qual é Presidente do Conselho Superior. É membro da Academia Internacional da Qualidade, da Academia Brasileira da Qualidade e integra o Conselho da Fundação Nacional da Qualidade. Nas áreas de Educação e Cultura, preside o Conselho de Governança do movimento Todos pela Educação e no Conselho Superior da Fundação Iberê Camargo, é Vice-presidente do Conselho da Fundação Bienal do Mercosul e integrante do Conselho da Parceiros Voluntários. Atua também como membro do Conselho do Instituto Aço Brasil, do qual foi presidente durante duas gestões. Faz parte do Conselho Superior Estratégico da Fiesp e do Conselho Consultivo do escritório do David Rockefeller Center for Latin American Studies no Brasil, mantido pela Universidade de Harvard. E é membro do Conselho de Desenvolvimento Econômico e Social do Governo Federal.

FERSEN LAMAS LAMBRANHO

Fersen Lambranho é Presidente do Conselho de Administração do GP Investments. Ingressou na GP em 1998, tornando-se Diretor em 1999. Antes de entrar no GP, foi CEO das Lojas Americanas, onde trabalhou por doze anos e atuou como membro do Conselho, de 1998 a 2003. É atualmente Presidente do Conselho da Magnesita. Foi presidente do Conselho da Oi, Contax, Gafisa e ABC Supermercados. Atua como membro do Conselho de Administração da Centauro, BRZ Investimentos e GP Advisors. Anteriormente, ele atuou como membro do Conselho de Administração da BR Malls, San Antonio, Estacio, Tele Norte Leste Participações, São Carlos Empreendimentos e Participações, Playcenter, Shoptime, Farmasa, BR Properties e Americanas.com. Está no conselho de várias entidades sem fins lucrativos, como a Fundação Bienal de São Paulo e COPPEAD-UFRJ. Fersen Lambranho é bacharel em engenharia civil pela Universidade Federal do Rio de Janeiro e MSc em Administração de Empresas pela COPPEAD-UFRJ. Também concluiu o Programa Owner President Management, na Harvard Business School.

ANDRÉ BIER GERDAU JOHANNPETER

André Johannpeter é Diretor-Presidente (CEO) e Presidente do Conselho de Administração (Chairman) da Gerdau. Possui mais de trinta anos de experiência na organização. Também é conselheiro do Instituto Aço Brasil, diretor do Comitê Executivo da Associação Latino-Americana de Aço (Alacero) e Vice-Presidente do Comitê Executivo da Worldsteel Association. É graduado em Administração de Empresas pela Pontifícia Universidade Católica do Rio Grande do Sul (PUC-RS). Complementou sua formação acadêmica com os cursos General Business Administration, na Universidade de Toronto (Canadá), Marketing, em Ashridge (Inglaterra), e Advanced Management Program, na Wharton School – Universidade da Pensilvânia (Estados Unidos).

RONALDO IABRUDI DOS SANTOS PEREIRA

Ronaldo Iabrudi é CEO do Grupo Pão de Açúcar. Membro do Comitê Executivo no Grupo Casino e Presidente do Conselho de Administração na Via Varejo S.A. É também Membro do Conselho de Administração da Cnova e da Universidade Estácio de Sá. Foi Presidente do Conselho de Administração da Lupatech e Contax, além de atuar como membro de conselhos em diversas empresas. Entre 2007 e 2011, foi CEO da Magnesita e antes disso trabalhou para o Grupo Telemar, onde foi CEO de 2000 a 2006, ocupando ainda a presidência da Telemar Operadora e da Contax. Entre 1997 e 1999, trabalhou como CEO da Ferrovia Centro-Atlântica (FCA). De 1984 a 1997, ocupou os cargos de Diretor Financeiro, Administrativo e Gerente-geral de Recursos Humanos do Grupo Gerdau. Iabrudi é formado em Psicologia pela Pontifícia Universidade Católica de Minas Gerais (PUC-MG), com mestrado em Desenvolvimento Organizacional, pela Université Panthéon Sorbonne (França) e em Gestão de Mudança, pela Université Paris Dauphine (França).

OTTO ALEXANDRE LEVY REIS

Otto Levy é o Chief Operational Officer Global da Magnesita Refratários. É graduado em Engenharia Metalúrgica pela Universidade Federal de Minas Gerais. Possui doze anos de experiência na indústria de siderurgia e metalurgia. Treze anos de experiência como consultor do INDG no Brasil e no exterior (Estados Unidos, Canadá, América Latina, Europa e Rússia) em vários segmentos da indústria: aço, alimentos, bebidas, automobilístico e setor financeiro. Diversos cursos de Management em instituições como: Kellog, Union of Japanese Scientists and Engineers (JUSE), American Society for Quality (ASQ) e missões ao Japão em visitas a grandes empresas.

SUMÁRIO

PARTE 1: DESCOBRINDO O TRIÂNGULO

PARTE 2: Desvendando o triângulo – A estratégia do negócio

PARTE 3: Desvendando o triângulo – Sistema de Gestão

PARTE 4: Desvendando o triângulo – Gestão de Pessoas

PARTE 5: Desvendando o triângulo - Liderança

PARTE 6: Implantando o modelo

PREFÁCIO

João de Lima e eu nos encontramos e reencontramos em três momentos essenciais de nossas histórias profissionais.

O primeiro, quando me contratou para trabalhar na Gerdau, em 1992. Ele buscava um profissional para ajudá-lo no processo de transformação organizacional que estava em curso na empresa. Eu acabara de concluir meu mestrado em Desenvolvimento Organizacional e Gestão de Mudança em universidades francesas. Então, trabalhamos juntos em diversos projetos de transformação da Cultura Gerdau.

O segundo, em fins de 2008, quando eu, representando o GP Investments, assumi a direção da Magnesita. A empresa acabara de adquirir a LWB Refractories, transformando-se no terceiro maior produtor de refratários do mundo. Convidei-o para trabalhar comigo na implantação da Cultura GP de Gestão nas unidades distribuídas pelo mundo.

Nosso terceiro "encontro", no início de 2013, foi para conversar sobre minha participação na construção deste livro.

Este livro é muito significativo para mim, por duas razões. A primeira, por resgatar um antigo sonho que nós dois tivemos, muitos anos atrás, ainda na Gerdau, de escrever sobre as experiências organizacionais que tínhamos vivenciado juntos e que poderiam servir de apoio para outros profissionais, especialmente de Recursos Humanos. A segunda, por relatar, de maneira muito particular, o processo de transformação cultural que nós dois, de novo juntos, vivenciamos dentro da própria Magnesita.

Depois de ler este trabalho, não tenho dúvidas de que atingiremos nossos objetivos. A certeza vem não só da qualidade e da riqueza de detalhes, exemplos e depoimentos explorados ao longo de todo o texto, mas, sobretudo, porque pude acompanhar muito de perto a eficácia da implantação desses conceitos, independentemente da Cultura e das premissas de cada empresa e país nos quais foram implantados.

Vale destacar que, como um legionário, João de Lima foi arregimentando seguidores e atingindo outros territórios com sua tese e sua convicção de um Modelo de Gestão vencedor. Dessa maneira, na Gerdau, extrapolou as fronteiras de países, chegando a subsidiárias da empresa na América Latina e nos Estados Unidos, e, pela Magnesita, atravessou continentes, chegando a França, Alemanha e China com seus conceitos, além dos Estados Unidos e da Argentina.

Com o livro – uma proposta ainda mais democrática e disseminadora de conteúdos –, tenho certeza de que suas experiências vão além. O leitor encontrará aqui temas já amplamente discutidos, sob uma nova óptica. Por meio do *triângulo fractal*, Lima aborda, de maneira inovadora e didática, os caminhos necessários para a construção da tão desejada Cultura de Resultados, base para o sucesso e o crescimento das empresas e para a realização das pessoas que nelas trabalham.

Por meio dos conceitos abordados para cada um dos elementos e dos depoimentos de empresários, como Jorge Gerdau, André Johannpeter, Fersen Lambranho e de alguns dos quais participei, acrescidos da experiência de Otto Levy, Lima traz uma visão plural sobre o tema e demonstra que somente com uma abordagem integrada desses elementos, como um bloco indivisível, é possível ter sucesso nessa empreitada.

Com formato também inovador, trabalhando os conceitos, acrescidos da inserção das citações dos empresários, o texto é leve e sutil. Penso que, dessa forma, ele não exige, para seu pleno entendimento, uma leitura sequenciada de seu conteúdo. A partir do sumário, buscando os temas que mais o interessam ou sobre os quais tenha mais curiosidade, o leitor poderá explorá-lo, indo direto aos pontos, ora buscando os conceitos que o sustentam, ora apreciando a perspectiva prática trazida pelos empresários, ou ainda, aos dois ao mesmo tempo.

Estou convencido de que, desta aventura, nascerão novas percepções, ajustes nos próprios conceitos e surgirão *insights* inovadores que resultarão em novas ideias ou novos projetos a ser desenvolvidos e implementados na realidade de sua empresa. Desejo a você uma boa leitura, com bons frutos e ótimos RESULTADOS!

Ronaldo Iabrudi
Presidente do Grupo Pão de Açúcar

INTRODUÇÃO[1]

Momento de compartilhar

Nos últimos quarenta anos, trabalhei em duas gigantes companhias: Gerdau e Magnesita, esta do GP Investments. Na Gerdau, na qual aprendi quase tudo o que sei, fiz toda a minha carreira executiva. Saí de lá, pronto para me aposentar, como vice-presidente de recursos humanos e desenvolvimento organizacional, mas acabei aceitando um novo desafio do GP Investments, mais precisamente na Magnesita, uma de suas controladas. Lá, como diretor global das mesmas áreas em que atuava na Gerdau, tive a rara oportunidade, em curto prazo, de reforçar, mas também de revisar e reaprender muita coisa que tinha vivido anteriormente.

Em 2013, minha esposa, Mara Rúbia, e eu, quando estávamos quase embarcando para a Ilha da Páscoa, encontramos Jorge Gerdau, com quem trabalhei tantos anos, no saguão do aeroporto. Fazia quase cinco anos que não tínhamos um contato maior. Ao seu modo, perguntou-me sobre o que eu tinha feito desde que deixei a Gerdau.

Entusiasmado, contei a ele sobre minha recente experiência no GP Investments, trabalhando na Magnesita, vivenciando um novo negócio, mas, principalmente, descrevi a aprendizagem transformadora que tive com seu Modelo de Gestão, que, somada àquela experiência na Gerdau, coroou tudo o que já tinha vivido e me trouxe um jeito novo de pensar e agir quanto a gestão, pessoas e liderança. Ele ficou calado, observando minha empolgação, sem me interromper.

---

[1] As falas de Jorge Gerdau e André Johannpeter, Fersen Lambranho, Ronaldo Iabrudi e Otto Levy são trechos das entrevistas realizadas pelo autor durante o desenvolvimento desta obra. (N. E.)

Acrescentei que aquele período tinha sido um presente do destino, pois serviu para que eu encerrasse a carreira executiva, oferecendo-me, ao mesmo tempo, um verdadeiro programa de mestrado profissional. Para encerrar, disse a ele que, a partir de agora, já desfrutando da aposentadoria definitiva, meu lema de vida era *carpe diem*, ou seja, desfrutar a vida sem medo, o que incluía, obviamente, muito golfe e umas poucas consultorias.

Impactado pelo meu relato e nada conformado com meu desejado *dolce far niente* [desejo de não fazer nada], Jorge me chamou ao dever dizendo de maneira muito clara que não era hora de parar. Dever no sentido de dívida, acima de tudo. Lembrou-me de que, pelas experiências que a vida me proporcionou, eu tinha a obrigação de passar meu legado, de transmitir o que aprendi, fosse por meio de palestras ou mesmo de um livro. Já de saída, encerrou, solene, dizendo que, àquela altura, o maior sentido da vida era poder contribuir para a transformação de outras pessoas.

O alto-falante anunciou a partida de nosso voo. Despedimo-nos, porém suas palavras continuaram ecoando dentro da minha cabeça durante todo o voo: "obrigação de passar meu legado, transmitir o que aprendi...".

Então, do momento em que cheguei com minha esposa ao nosso destino, a Ilha da Páscoa, aquele pedacinho de terra chilena, em plena Polinésia, um local que sempre fascinou místicos e esotéricos de todo o planeta com seu formato triangular e uma cratera vulcânica em cada ponta, senti que minha vida começou a se transformar.

Naquele verdadeiro centro de harmonia holística, capaz de equilibrar o corpo, a mente e o espírito, passei alguns dias sem pensar em quase nada. Meu esforço maior era tentar entender a história daquele povo sofrido, que apesar de tudo, sobreviveu e superou tantos desafios, embora eu estivesse fascinado pelas estrelas principais da Ilha, também conhecida como Rapa Nui, os moais – famosas esculturas de pedra erigidas para cultuar antepassados que haviam se destacado como reis, guerreiros ou sacerdotes, sendo muitas de até 10 metros de altura.

Confesso, entretanto, que entre um e outro sítio de moais, martelava em minha mente a provocação feita por Jorge Gerdau. Até que, no café da manhã do último dia, no balanço dos dias passados ali, refletindo sobre aquela experiência reveladora, comecei a me dar conta de que ele tinha absoluta razão. Senti, de fato, um extremo sentimento de dívida.

Aquele dia foi diferente dos outros que passamos na ilha. Detive-me mais junto aos moais que pareciam me olhar com ar inquisidor, como se me perguntassem o que eu faria a partir de então. No hotel, já quase dormindo, depois de um dia cansativo, lembrei-me de uma pequena parábola hindu que li no consultório de um médico amigo havia já algum tempo.

Estava gravada em uma placa de prata que ele recebeu dos alunos de cuja turma foi paraninfo. O texto na placa dizia assim:

> Em meio a uma jornada, quatro caminhantes chegam a uma muralha que os impede de seguir em frente. Um deles resolve galgar o obstáculo e, chegando ao alto, olha do outro lado do muro e, com um grito de alegria, salta para a frente e se vai. Um segundo, inquieto com a reação do primeiro, trata de subir o mais depressa possível ao topo. Olha, exclama com alegria, salta e também se vai! O terceiro também sobe, olha para o outro lado, demonstra igual satisfação, salta e desaparece! O quarto, sem nenhuma informação dos companheiros, medita... Sobe calmamente, maravilha-se com o que vê, mas resiste ao ímpeto de transpor o muro. Pensa um pouco e volta. Volta para ensinar aos outros viajantes que ficaram mais para trás acerca do que havia do outro lado daquela barreira.
>
> Na verdade, sempre que homens e mulheres atingem a meta dos seus anseios, mergulham nos próprios sonhos. Não há crítica nisso! Contudo, os que retornam, guiam e orientam honestamente a caminhada para a vida, estes são os verdadeiros mestres!

Escrever um livro era um sonho antigo que estava renascendo, porém de modo mais abrangente. Era o meio pelo qual eu conseguiria passar para mais pessoas as lições que tinha aprendido na Gerdau e no GP Investments. Naquele momento, como reforço à minha decisão, lembrei-me de uma frase de Cora Coralina: “Feliz aquele que transfere o que sabe e aprende o que ensina”.

Naquele pequeno triângulo perdido no Pacífico, senti na pele a energia mística de que tanto me falavam, quando ainda preparava o roteiro da viagem.

Agora, o que você tem em mãos é a realização do chamado que, de modo tão intenso, fez com que eu me colocasse na rota certa. Neste livro, compartilho minhas experiências, descobertas e lições para que, a partir de um Modelo de Gestão integrado, você possa construir o próprio legado, sua trajetória de sucesso. Gestão e Cultura de Resultados sempre foram as diretrizes de meu trabalho e está na hora de possibilitar que você, mais do que analisar, consiga colocar em prática os conceitos responsáveis por levar a Gerdau e a Magnesita ao patamar que alcançaram.

Sem prender o desenvolvimento a uma abordagem teórica sobre cultura organizacional e modelos de gestão nem mergulhar em técnicas e instrumentos de cada um de seus elementos – itens que já foram tratados com competência e profundidade em centenas de livros de gestão no Brasil e pelo mundo afora –, a partir da minha experiência nas duas empresas e de pesquisa feita quanto às melhores práticas em empresas bem-sucedidas no que diz respeito a Cultura de Resultados, os objetivos desta obra são:

- Apresentar os elementos e os componentes essenciais para a construção de uma Cultura de Resultados dentro de qualquer empresa.
- Mostrar os cuidados a ser tomados e as armadilhas a serem evitadas.
- Indicar os caminhos trilhados pelas empresas-modelo no processo de implantação desse sistema.
- Propor o modelo de liderança consistente a esse tipo de Cultura.

De modo leve e com fácil compreensão, a leitura deve permitir ao leitor momentos de reflexão e de *insight* sobre o tema tratado e remetê-lo à análise da situação em que se encontra inserido, provocando-lhe questionamentos que o levem a alguma forma de transformação. Se isso ocorrer, meu propósito terá sido alcançado.

Tudo conspira a favor

Em outubro de 2008, quando me preparava para a aposentadoria na Gerdau, depois de 35 anos de carreira bem-sucedida na área de Gestão de Pessoas, desenvolvimento organizacional, e como mentor dos herdeiros da família Gerdau, minha intenção era fazer um ano sabático. O plano consistia em ter tempo para curtir mais a família, jogar um pouco mais de golfe e redefinir minhas prioridades de vida. Depois, pensaria em criar minha consultoria para atuar em assuntos para os quais me sentia preparado para contribuir e somente em situações que realmente significassem desafio para mim e com clientes que desejassem mudanças reais. Pretensioso, desejava apenas o *crème de la crème*.

Contudo, nada acontece por acaso. Inesperadamente, apareceu o convite para trabalhar em uma empresa do GP Investments, a Magnesita Refratários. Resisti de início, mas, aos poucos, fui me sentindo fascinado pela oportunidade. Afinal, a vida tem os próprios desígnios.

A Gerdau, onde trabalhei durante tantos anos, era uma empresa centenária, fundada em 1901, uma indústria de base e um dos principais produtores mundiais de aço. Com operações em quatorze países, apresentava número de empregados, volumes de produção, receita e lucros bastante superiores à Magnesita.

A Magnesita, uma empresa familiar mineira, fundada em 1939, produtora de refratários para as indústrias de aço, cimento e vidro, principal fornecedora da Gerdau, tinha sido recém-adquirida pelo GP Investments que, por sua vez, também tinha acabado de adquirir a LWB, empresa alemã no mesmo segmento, transformando-se na terceira maior produtora mundial de refratários.

Colocando de lado a vaidade por me sentir cortejado e reconhecido àquela altura de minha carreira profissional, o que me levou a aceitar aquele convite? Refletindo, surgiram três motivos principais.

Primeiro, o desafio proposto por Ronaldo Iabrudi, CEO da Magnesita, de ajudá-lo a transformar seu negócio em uma empresa única e global. Era algo irrecusável pelo meu momento profissional e pela possibilidade de me reinventar. Ele me conhecia tão bem quanto eu o conhecia; tínhamos sido colegas por muitos anos na Gerdau. Respeitava-o profundamente por sua capacidade de liderar grandes mudanças (obra executada na Gerdau) e acompanhava o que ele tinha feito na Telemar, empresa na qual também fora CEO.

Segundo, o próprio GP Investments, empresa jovem, fundada em 1993, um Private Equity, ou seja, uma empresa que ainda não era listada na bolsa de valores, mas que já era famosa por adquirir e vender dezenas de empresas, não sem antes transformá-las mediante sua Cultura e seu Modelo de Gestão, alavancando seus resultados e multiplicando seu *valor de mercado*, gerando, assim, lucro para seus acionistas. Uma empresa desafiadora por seu jeito muito peculiar de gerir o negócio, de desafiar pessoas e transformar corporações.

O terceiro era muito particular. Aceitando esse desafio, poderia, por fim, realizar um antigo desejo profissional. Teria a oportunidade de entender a famosa obsessão do GP Investments de "bater as metas" e descobrir a fórmula de como transformavam seus sonhos em objetivos, objetivos em metas, metas em resultado, resultado em valor e valor em ouro.

Desvendaria o "segredo de Midas", ou melhor: como o 3G Capital e o GP Investments transformavam seus negócios em verdadeiras fontes de ouro. Eu sabia que a fórmula de sucesso do GP Investments era a mesma utilizada pelas empresas da 3G Capital, de Jorge Paulo Lemann, como a Ambev/Inbev, e tantas outras, em sua rápida expansão global. Os fundadores e os controladores do GP tinham o mesmo berço, a mesma escola e a mesma Cultura de Resultados do Banco Garantia, fundado em 1970 por Jorge Paulo Lemann e considerado por muito tempo um dos mais inovadores bancos de investimento do Brasil.

Concluí que estava ali minha grande oportunidade de experimentar algo novo, em outro tipo de negócio, ambiente e Cultura, com novos conceitos e diferentes práticas. Convicto, disse sim ao convite. Não imaginava que aquela inesperada mudança de rota transformaria tanto minha vida. Coisas do destino, quando tudo conspira a favor.

Modelo de Gestão como tema

Nas duas empresas – Gerdau e Magnesita –, fui o principal responsável global pelos processos de Gestão de Pessoas e de Desenvolvimento Organizacional. Em ambas, tive oportunidade de enfrentar o mesmo desafio: transformar culturalmente empresas brasileiras em companhias globais. Empresas nascidas em um país em desenvolvimento, que se tornaram controladoras de concorrentes de países do Primeiro Mundo, como Estados Unidos, Alemanha, França e Espanha, e de outras em lugares tão distantes e com culturas tão diversas, como China e Índia.

Era um desafio enorme pela frente. De um lado, transformar uma empresa nacional em uma empresa global e, de outro, aculturar as novas empresas controladas ao jeito de ser das novas controladoras. Seguramente, em toda a minha vida profissional, não tive experiências mais ricas e mais significativas.

A princípio, a Gerdau e o GP Investments me pareciam muito diferentes. Entretanto, percebi que ambas tinham em comum algo essencial: uma forte **Cultura de Gestão**, que tinha nos **valores**, os principais alinhadores dos comportamentos organizacionais e, nos **resultados**, o principal foco de seus esforços. Cada qual com abordagens, ênfases e comportamentos organizacionais muito próprios, porém, usando práticas e mecanismos de gestão bastante semelhantes para alcançar suas metas, os quais buscavam replicar em todas as empresas que adquiriam.

Quando decidi escrever o livro, deparei-me com a primeira necessidade: definir o tema. Lembrei-me da experiência mais desafiadora que enfrentei, na qual tive de sintetizar tudo o que aprendi em minha vida profissional. Tratava-se de um seminário que ministrei sobre "Cultura GP de Gestão" para os principais líderes das novas controladas da Magnesita.

Naquele seminário, para transmitir a Cultura GP de Gestão, utilizei como roteiro para facilitar a apresentação do conteúdo a figura de um *triângulo fractal*, que nada mais é do que uma figura que se divide em várias partes para a composição do todo. Para efeito didático, denominei-o Triângulo Transformador.

O conteúdo do seminário era resultado de pesquisa que fiz em três importantes fontes:

- Revisão da literatura específica sobre cultura organizacional, desde os conceitos dos autores clássicos sobre o tema, até aqueles trazidos pela Nova Ciência, originada da Teoria do Caos.
- Estudos de casos de empresas emblemáticas, que vira em Stanford.
- Experiência na Gerdau, agora já enriquecida pelo que eu estava aprendendo e vivenciando no meu curto período na GP e na Magnesita.

Naquele triângulo fractal, consegui colocar a síntese de uma longa aprendizagem. Como num passe de mágica, integrei em uma única figura todos aqueles elementos usados com sucesso pela Gerdau, pela GP e por empresas emblemáticas em fusões e aquisições para implementar sua Cultura, a fim de gerir pessoas e gerar resultados com mais eficiência.

Hoje, olhando para trás, constato que, do esforço de síntese, por meio de um diagrama em forma de triângulo fractal, traduzi a essência de um Modelo de Gestão e Liderança para Construir uma Cultura de Resultados.

Esse seria o tema do livro e o mesmo triângulo fractal serviria de roteiro para escrevê-lo, transmitindo, de maneira organizada, meu legado, possibilitando que outros tantos profissionais pudessem utilizar o que lhes parecesse adequado dessa experiência às suas empresas.

Certificando o modelo

Antes de começar a escrever, decidi validar e certificar o modelo que tinha desenvolvido, ouvindo os líderes com os quais trabalhei e que se tornaram meus mestres, apresentando-me a essência do modelo por intermédio da prática pessoal no desempenho de seus papéis na Gerdau, no GP Investments e na Magnesita. Afinal, eles já o tinham utilizado, com sucesso, nos processos de aquisição e transformação de várias empresas.

Foi uma experiência profissional extremamente desafiadora e gratificante pela disponibilidade de todos e pela qualidade e pela profundidade de seus depoimentos, cujo resultado agora você tem em mãos.

Para explorar os temas, fiz entrevistas estruturadas com Jorge Gerdau e André Johannpeter, Chairman e CEO da Gerdau, respectivamente, Fersen Lamas Lambranho, Chairman do GP Investments e Ronaldo Iabrudi, ex-CEO da Magnesita, empresa pertencente ao GP Investments, e atual CEO e Presidente do Grupo Pão de Açúcar. Permito-me dizer que eles se tornaram colaboradores de luxo no projeto. As entrevistas se realizaram no segundo semestre de 2013.

Ouvi, ainda, Otto Levy, COO da Magnesita Refratários e grande conhecedor de Sistema de Gestão, como ex-consultor e líder de projetos do INDG de Vicente Falconi, onde trabalhou por treze anos, dos quais dez junto à Gerdau na América do Norte. Foi um privilégio porque, além do conhecimento técnico, ele também teve, como eu, a oportunidade de trabalhar para as duas empresas que foram o foco deste livro.

Para me acompanhar nessa empreitada, convidei a jornalista Suzana Naiditch, especialista no segmento de Economia e Negócios, com experiência de quase duas décadas na revista *Exame*.

Para minha felicidade, durante as entrevistas, eles não somente concordaram que os elementos e os componentes propostos no triângulo fractal compunham a Cultura de Gestão de suas empresas, bem como se sentiram confortáveis com a forma com que eu os tinha organizado, permitindo uma visualização clara de sua integração e de sua interdependência.

De seus depoimentos, busquei extrair frases originais com suas melhores e/ou mais polêmicas opiniões sobre os temas em debate, sempre procurando manter o sentido dado no contexto de suas falas e mantendo a essência de seus pensamentos.

Esses extratos transformei em citações, que foram se encaixando no meu texto como recortes, ora para reforçar minhas posições, ora para servir de contraponto às minhas reflexões, permitindo ao leitor uma visão plural sobre os temas.

Imagino que muitos dos que leem este livro gostariam de ter a mesma oportunidade de sentar-se com Jorge Gerdau, André Johannpeter, Fersen Lambranho, Ronaldo Iabrudi e Otto Levy para bater um papo e conhecer seus pensamentos sobre como construir e manter uma Cultura de Resultados, como eles têm feito nas empresas pelas quais passaram.

Depois de ler nossas conversas, é possível que se oportunize ao leitor momentos de reflexão que o levem a um novo caminho, o caminho do meio, uma prática híbrida a partir dessas perspectivas. Exatamente como aconteceu comigo.

Os bate-papos com esses líderes possibilitaram rever antigas lições, revisitar velhas práticas bem-sucedidas e, tenho certeza, também permitiram a eles a oportunidade de reajustar ideias e conceitos e até de se darem conta de transformações ocorridas em suas empresas, as quais nem haviam percebido.

Aproveite as descobertas que vêm a seguir e que este modelo proposto possa guiá-lo por um caminho de muita prosperidade.

PARTE 1

DESCOBRINDO O TRIÂNGULO

CAPÍTULO 1

MODELOS REFERENCIAIS

A crise de 2008 e o efeito borboleta

Quando aceitei o convite do GP, a Magnesita tinha acabado de se tornar uma empresa global, com a aquisição, por cerca de 1 bilhão de dólares, da LWB Refractories, que tinha operações na Alemanha, na França, na China e nos Estados Unidos, e já era a terceira maior produtora de refratários do mundo. Julguei, à primeira vista, que minha expertise, adquirida com a globalização da Gerdau, poderia ser útil.

Ao mesmo tempo, entretanto, irrompia a crise financeira de 2008, com a falência do Lehman Brothers, que, num efeito dominó, trouxe como consequência o desencadeamento de uma recessão que atingiu grande parte dos países e todo o mundo empresarial, afetando em demasia a vida de milhões de pessoas. Era um momento absolutamente errático, instável e imprevisível. E era impossível saber se nos encontrávamos no início ou no meio da turbulência. O fim, por certo, estava ainda bem distante. E minha nova empresa estava no meio de tudo isso.

Diante de meus olhos surgia a prova real e irrefutável da aplicabilidade, no sistema financeiro mundial, do chamado efeito borboleta, com consequências nunca imaginadas e mais funestas do que o possível hipotético tornado no Texas provocado pelo movimento das asas de uma borboleta na Amazônia, teoricamente preconizado por Edward Lorenz na Teoria da Complexidade.

Não por acaso, diante do tamanho do meu desafio na Magnesita e da confusão no cenário mundial, eu estava lendo *Liderança e a Nova Ciência – Descobrindo ordem num mundo caótico,*[1] da escritora e consultora norte-americana, com doutorado na Universidade de Harvard, Margaret Wheatley.

No livro, ela trata dos temas liderança e cultura organizacional exatamente na perspectiva dos achados da Teoria da Complexidade e mostra como a Nova Ciência altera de maneira radical a compreensão que temos do universo, abalando os modelos científicos predominantes nos últimos séculos.

O que eu lia começava a mexer profundamente com meus conceitos quanto ao entendimento do mundo, das organizações, da liderança e de seu papel nas transformações organizacionais por meio dos valores. Todos aqueles conceitos, estáveis durante séculos quanto ao universo e, definitivos há décadas, quanto às organizações, começavam a ser colocados em xeque dentro da minha cabeça porque já não podiam explicar o que estava acontecendo naquele momento nas diversas partes do mundo, simultaneamente.

As leis fundamentais de Newton, Descartes e tantos outros, que tinham regido o tão regulado, azeitado e previsível relógio cósmico do universo-máquina, do qual nasceu a visão racional, mecanicista e reducionista do mundo, explicavam a ponta do iceberg. Novos paradigmas tentavam mostrar sua parte mais profunda. Por certo, o universo e suas leis continuavam os mesmos. A percepção da Ciência é que estava se transformando.

Lembrei-me do epitáfio de Newton na Abadia de Westminster: "*Hic depositum est quod mortale fuit isaaci newtoni*", em tradução livre do latim [Aqui jaz o que era mortal em Isaac Newton]. Forma indireta de dizer que seus princípios eram eternos. Não eram.

Em janeiro de 2009, encarei meu desafio na Magnesita. Àquela altura, eu havia me dado conta de que, mais do que refletir sobre as leis do velho Newton, as ideias trazidas pela Nova Ciência tinham causado um turbilhão dentro da minha cabeça, mexendo com meus arraigados conceitos sobre liderança, organização e mudança, transformando-os em múltiplas questões a ser resolvidas. Era o momento de repensar, revisar, reaprender e recomeçar. Era necessário sair do reducionismo do mundo racional para começar entender a complexidade do mundo do caos.

A dimensão da tarefa que eu tinha pela frente me assustava pela complexidade, pelo cenário mundial e pelo fato de as novas operações da Magnesita estarem

---

[1] Publicado em 2006 pela editora Cultrix.

em diversos países, com línguas e culturas diferentes. Para complicar ainda mais, essas operações resultavam de aquisições anteriores da LWB Refractories e cada uma delas ainda mantinha as culturas das empresas originais.

Revisão da literatura

Minha principal missão era transmitir aos executivos das novas unidades adquiridas pela Magnesita como gerir pessoas e gerar resultados dentro de um modelo de Cultura que a tornasse uma empresa integrada e única.

Cultura organizacional era um tema que me fascinava, mas que, ao mesmo tempo, já havia me causado certa frustração em algumas aquisições da Gerdau anos antes. Diante de muitas dúvidas, resolvi fazer uma revisão bibliográfica buscando o que existia de mais atual sobre os temas cultura e transformação organizacional.

Na década de 1980, houve uma verdadeira avalanche editorial sobre o assunto. O primeiro clássico, que norteava e abria caminho para os demais autores, foi *Culture's Consequences: International Differences in Work-Related Values* [Consequências da Cultura: diferenças internacionais em valores relacionados ao trabalho], de Geert Hofstede, de 1980, juntamente com *Corporate Cultures: The Rites and Rituals of Corporate Life* [Cultura corporativa: ritos e rituais da vida empresarial], de Terrence E. Deal e Allan A. Kennedy.

A eles se seguiram, em 1981, quase simultaneamente, dois livros que tratavam das diferenças de Cultura entre empresas japonesas e norte-americanas: *Teoria Z*,[2] de William Ouchi, e *As artes gerenciais japonesas*,[3] de Richard Tanner Pascale e Anthony Athos. Um ano depois, veio *In Search of Excellence* [Em busca da excelência], de Tom Peters e Robert Waterman, quase em réplica aos dois anteriores, mostrando o diferencial das empresas norte-americanas. E, em 1985, Edgar Schein lança o clássico *Cultura organizacional e liderança*.[4]

A primeira oportunidade que tive para aprofundar os conceitos de cultura organizacional foi em 1986, quando participei de um programa de executivos na Suíça, no International Management Institute (IMI), antiga instituição fundada pela Alcan, em Genebra, para o desenvolvimento de executivos internacionais.

---

[2] Publicado pela editora Nobel em 1995.

[3] Publicado pela editora Record em 1982.

[4] Publicado pela editora Atlas em 2009.

Em uma das sessões centrais, o brilhante professor Franz-Friedrich Neubauer me deu a real dimensão da importância do tema:

> Cultura existe para sustentar a estratégia do negócio e gerar os resultados. É o conjunto dos elementos organizacionais usados para gerar os comportamentos e as ações necessárias para alcançar as metas e obter os resultados. Se não serve para isso, precisa ser mudada.

Essa foi a síntese que fiz em meu bloco de anotações do curso que fiz em Stanford. Nem mais, nem menos.

Sobre os principais elementos da Cultura, cada autor tem uma lista própria, que não foge muito de valores ou credos, ritos e rituais, mitos e heróis, além de processos de comunicação, compartilhados por toda a organização, capazes de influenciar o comportamento da empresa como um todo.

Esses autores de cultura organizacional partiram da Antropologia e levaram os conceitos para as empresas. Foi uma grande contribuição, mas, na realidade, eles valorizavam a Cultura como resultado de práticas bem-sucedidas do passado, que foram consolidadas pelo seu exercício ao longo do tempo.

Se fosse resumir minha aprendizagem sobre o tema até ali, tomaria a definição de Edgar Schein. Ele se refere à experiência consolidada do passado a ser transmitida como forma de manter o que já foi conquistado:

> Um conjunto de pressupostos básicos que determinado grupo inventou, descobriu ou desenvolveu ao aprender a lidar com problemas de adaptação externa e de integração interna e que funcionaram bem o suficiente para ser considerados válidos e ensinados a novos membros como forma correta de perceber, pensar e sentir, em relação a esses problemas.

De certa forma, são os valores e os comportamentos que definem o ambiente social e psicológico da organização que a tornam única e integrada e que estabelecem sua autoimagem, o ambiente interno e suas relações com o mundo externo, assim como suas expectativas de futuro.

Pela Teoria da Complexidade, na qual se baseia a Nova Ciência proposta por Margaret Wheatley em seu livro, os sistemas complexos, que são a maioria no universo e entre os quais se incluem as organizações, vão se alterando continuamente em padrões de ordem e desordem, nunca repetindo o ciclo anterior.

Nas organizações, para Margaret Wheatley, a cultura organizacional funciona como o *atrator estranho*, ou seja, o conjunto de comportamentos caóticos que sem oscilar ou agir aleatoriamente mantém os fluxos sob controle e garante a auto-organização do sistema e dos indivíduos dentro dele. Comecei a perceber aí uma dimensão nova e mais profunda da função da Cultura, que tentei resumir da seguinte forma:

> Cultura, por meio dos valores, é o principal elemento de controle dentro do caos. É o que "segura as pontas" nas turbulências! As empresas inseridas no mundo em contínuo processo de caos e de transformação, dentro de sua dinâmica de sobrevivência, têm de se ajustar continuamente ao meio em que vivem e, ao mesmo tempo, precisam ter mecanismos internos que ajudem a preservar sua essência, a evitar que se desintegrem e, ainda, que a conduzam para o futuro. Trata-se da função da Cultura em tempos tão caóticos.

A partir daí, a Cultura tomou para mim uma dimensão menos estática e solidificada, tornando-se algo mais dinâmico que continuamente se transforma e transforma a organização e que, novamente, transforma-se como resultado das contínuas interações, visões orientadoras, valores fortes e das crenças organizacionais, comunicados e praticados pelos líderes.

Mediante a revisão bibliográfica de Schein e de outros autores, tinha me apercebido da dimensão e da abrangência da Cultura e, pela Nova Ciência, aprendi algo novo sobre sua função em tempos caóticos. Em resumo, como o dinamismo e as conexões tornavam a Cultura a raiz para a sobrevivência de qualquer organização.

Depois dessa profunda revisão de conceitos, consegui entender por que a Cultura de Gestão era uma prioridade para o GP em suas aquisições. Em tempos tão bicudos e turbulentos como aqueles da primeira década dos anos 2000, minha missão fazia ainda mais sentido, pois evitaria que o barco ficasse à deriva ou até naufragasse.

Na Gerdau, também existia essa mesma preocupação em suas fusões e aquisições. Tanto que a primeira ação após a compra era a presença de seu presidente diante do corpo executivo da nova empresa para transmitir, além das prioridades e dos novos objetivos, a missão, a visão, os valores e a Cultura de Negócio Gerdau.

Estudo comparado de *cases* de sucesso

Além de revisar a literatura, resolvi ir atrás do mundo real das corporações em busca de caminhos que pudessem me dar alguma segurança para assumir minha missão na Magnesita.

Para isso, recorri a um material que trouxe de um programa executivo do qual participei em 2004, em Stanford, sobre Liderança e Gestão da Mudança, cujo tema central era a transformação cultural. Ali comecei a ter um novo entendimento de Cultura e de seu papel na transformação das empresas.

Reencontrei no material de Stanford casos de grandes companhias, cujos processos de transformação tinham sido capitaneados por alguns ícones em seus ramos de negócio, como Robert Haas, da Levi Strauss, Lou Gerstner e Sam Palmisano, da IBM, Jack Welch, da GE, Ken Iverson, da Nucor, e Herb Kelleher, da SouthwestAirlines. Este último, foi o homem que criou o conceito de companhia aérea de baixas tarifas. Kelleher considerava a Cultura da companhia, seus valores e suas práticas seu maior diferencial competitivo e a alma de sua empresa, e dizia:

> O que me mantém acordado à noite são os intangíveis. Eles são a coisa mais difícil para um concorrente imitar, por isso, meu maior medo é perdermos a Cultura, o espírito. Se perdermos isso, teremos perdido nosso mais importante diferencial competitivo.

Robert Haas foi designado CEO da Levi Strauss em 1984. Ele redefiniu a estratégia do negócio, implantou uma estrutura horizontalizada, fez corte radical de pessoal, reduzindo a mão de obra a um terço do que era, e apostou intensamente no desenvolvimento de novos produtos, marketing e tecnologia. A mudança mais radical, entretanto, foi a revisão que fez na Cultura da empresa em 1987, estabelecendo as crenças e os valores que guiariam a gestão e os recursos humanos dali em diante. Em setembro de 1990, ele justificou essa mudança radical na Cultura da companhia:

> Existe uma enorme dispersão de poder. Se as companhias quiserem reagir rapidamente às mudanças do mercado, elas devem colocar cada vez mais responsabilidade, autoridade e informação nas mãos das pessoas mais próximas dos produtos e dos clientes. Isso exige novas estratégias de negócios e diferentes estruturas organizacionais. Contudo, estrutura e estratégia não são suficientes.
>
> É aqui que entram os valores. Num ambiente de negócios mais volátil e dinâmico, os controles devem ser conceituais. Eles não podem mais ser humanos. Bob Haas dizendo às pessoas o que fazer. São as ideias do negócio que estão no controle, não algum administrador com autoridade. Os valores proporcionam uma linguagem comum para alinhar a liderança de uma companhia com as suas pessoas.
>
> Nós aprendemos que as coisas leves e as coisas pesadas estão cada vez mais interligadas. Os valores de uma companhia – o que ela quer dizer, o que suas pes-

soas acreditam – são cruciais para seu sucesso competitivo. Na verdade, os valores conduzem o negócio.

Lou Gerstner, depois de passar por RJR Nabisco, American Express e Mc Kinsey, foi convidado a assumir a IBM em 1993, no lugar de John Akers, que foi forçado a renunciar em função dos resultados desastrosos da companhia.

Gerstner fez a maior revolução na IBM. Acabou com os pequenos feudos, integrando a companhia como um todo, repensou o negócio e seus produtos e a relação com os clientes, transformando a IBM, novamente, em uma única companhia. Ele explica o sucesso de sua estratégia no livro *Quem disse que os elefantes não dançam?*:[5]

> Precisei chegar aos 55 anos para entender. Eu sempre considerei a Cultura como uma daquelas coisas de que você fala, como marketing e propaganda. Era uma das ferramentas que o administrador tinha à sua disposição quando pensava em empreendimento. O que eu aprendi na IBM é que a Cultura é tudo. No meu tempo na IBM, eu aprendi que a Cultura não é apenas um aspecto do jogo, ela é o jogo.

Seu sucessor, Samuel Palmisano, foi ainda mais longe. Em 29 de julho de 2003, num evento chamado "Values-Jam", transmitido on-line e que durou três dias, todo IBMista, em qualquer lugar do mundo, teve a oportunidade de participar na revisão dos valores da IBM, em vigor desde 1914! Foram mais de 50 mil participantes.

Os valores antigos eram:

- Respeito ao indivíduo.
- Prestar o melhor serviço ao cliente.
- Busca da excelência.

Aparentemente, bons valores. Contudo, veja o que ocorria na empresa. Para reforçar o valor "respeito ao indivíduo", havia uma prática chamada "portas abertas", que permitia aos funcionários recorrer a níveis superiores para apelar em inconformidades com a decisão do superior imediato. Isso, segundo Palmisano, pode ter criado nos IBMistas a atitude tão individualista reclamada por Gerstner, a ponto de levá-los a cuidar dos próprios interesses, de sua carreira e dos pequenos feudos em que tinha se transformado a companhia.

---

[5] Lançado pela editora Campos em 2003.

Valores não existem para propiciar direitos para os indivíduos. Eles existem para gerar responsabilidades e demandar os comportamentos necessários para o alcance dos objetivos da organização.

Quando foram anunciados os novos valores da companhia – resultado da participação de dezenas de milhares de IBMistas –, seu conteúdo era mais concreto e menos genérico do que os criados por Watson Jr., em 1914:

- Dedicação ao sucesso do cliente.
- Inovação que importa – para nossa companhia e para o mundo.
- Confiança e responsabilidade em todas as relações.

Depois de quase oitenta anos, Palmisano questionou as palavras do filho do fundador da IBM, Watson Jr., em seu livro, *A Business and Its Beliefs* [O negócio e suas crenças], que se tornou um texto obrigatório na IBM e em muitas escolas de Administração:

> Acredito firmemente que qualquer organização, a fim de sobreviver e ter sucesso, deve ter um sólido conjunto de crenças sobre as quais apoia toda a sua política e suas ações. Em seguida, acredito que o fator mais importante para o sucesso corporativo é a adesão fiel a essas crenças. E, finalmente, acredito que se uma organização quiser enfrentar os desafios de um mundo em mudanças, ela deve estar preparada para mudar tudo, exceto as crenças sobre as quais ela se move na sua vida corporativa.

Jack Welch, ex-CEO da GE, colocou em prática o que chamamos de Cultura de alta performance, que inclui valores como a busca incansável por talentos, processos de gestão rigorosos, busca implacável pelas melhores práticas, gestão de metas e meritocracia. Repare nos adjetivos: rigoroso, incansável, implacável. Grandes empresas reconhecem que é preciso fazer muito para aspirar (e realmente trabalhar) se tornar cada dia melhor do que o anterior. Não à toa, o executivo lembrava sempre: "Quando o ritmo da mudança dentro da empresa for ultrapassado pelo ritmo da mudança fora dela, o fim está próximo".

Welch tinha três focos na avaliação dos executivos:

- Desempenho diante das metas negociadas.
- Adesão aos valores.
- Alinhamento ao sistema de gestão.

Além de todos esses casos emblemáticos, vale destacar a história da Nucor, a maior produtora de aço dos Estados Unidos e também a maior recicladora do país. A empresa é um eterno *benchmarking*, modelo de referência, desde que Ken Iverson incutiu valores que a tornaram amplamente imitada nos anos 1980 e 1990. Repare que os valores que definiram a empresa confundem-se com a estratégia do negócio e refletem seu Modelo de Gestão:

- Remuneração baseada de forma marcante em desempenho para todos os níveis da organização, executivos principais têm a maior parte da remuneração variável.
- Nenhum refeitório, estacionamento, carros da companhia ou qualquer tipo de plano de benefícios.
- Liderança descentralizada, os gerentes gerais das usinas operam de forma independente.
- Unidades concentradas em áreas rurais para absorver a ética de trabalho das cidades menores.

Ou seja, na Nucor, a Cultura inclui nos valores as práticas de gestão, Gestão de Pessoas e de alinhamento organizacional. Tudo simples e explícito para não deixar dúvidas, como era o estilo de Ken Iverson. Seu lema era: "*Walk the talk and talk the walk*", ou seja, faça o que diz e diga o que faz. Algo que ele pregava dia a dia com orgulho pessoal.

Quando os líderes aqui citados se referem à Cultura, eles vão muito além do jeito de ser da organização e dos componentes clássicos do modelo antropológico, como credos, heróis, ritos etc. Eles incluem como seus componentes todos os elementos geradores de ações e comportamentos necessários para a execução da estratégia, como o Sistema de Gestão, a Gestão das Pessoas e o modelo de Liderança alinhado a esses conceitos.

Estava me dando conta de que Cultura com essa dimensão se transformava em fator essencial para alavancar os resultados. A Cultura, assim vista e conduzida, começava a se aproximar da Cultura de Gestão de que tanto ouvia no GP e na Magnesita, sua conhecida *Cultura de Resultados.*

Cultura e Modelo de Gestão

> *O GP teve uma influência muito grande de dois homens. Um foi o Amador Aguiar, do Bradesco, e o outro foi o Sam Walton, do Walmart. O que a gente viu neles? A capacidade de botar os valores e os conceitos deles dentro de sistemas e processos para que a companhia não tivesse de ser tocada por um Sam Walton, que era um gênio, mas por alguém normal, como eu, como você. Por isso criaram seu Modelo de Gestão.*
>
> Fersen Lambranho

Quando ouvi essa declaração de Fersen Lambranho, durante sua entrevista, confirmei o que tinha concluído pelos *cases* estudados. Em todos eles, os líderes repensaram a missão e a visão de futuro da organização e, a partir disso, reconstruíram os valores. Contudo, não pararam aí. Acrescentaram sua maneira de pensar, ser e agir – o próprio modelo de liderança ao sistema de gestão e à Gestão de Pessoas, à maneira de gerir o negócio. Com líderes tão fortes, suas crenças e seus valores definem o Modelo de Gestão, que formatará a Cultura da empresa.

Nesses casos, Cultura da empresa e Modelo de Gestão se superpõem, fundem-se, confundem-se e se redefinem de maneira mútua. **Os valores definem o Modelo de Gestão e o Modelo de Gestão é, por vezes, incluído nos próprios valores.** Pois seus elementos interdependem e se reforçam. Integram-se completamente.

Cultura somente existe quando toma vida mediante sua prática no Modelo de Gestão. Se não for assim, não passa de um discurso bonito. Modelo de Gestão transforma-se no formatador da Cultura e no principal viabilizador de sua prática nas ações para a realização das metas. O Modelo de Gestão contém a Cultura e nela ele está contido. Ambos são parte e formadores do mesmo constructo. Impossível separá-los.

Gerdau e GP têm lideres fortes na condução dos rumos dos negócios e na definição de seus caminhos. A GP chama sua Cultura de Modelo de Gestão, e a Gerdau, para evitar resistências e ranços já enfrentados em processos anteriores de fusões e aquisições, passou a denominar a chamada Cultura Gerdau de Cultura de Negócio.

É algo muito sutil. Dessa maneira, porém, evita-se a possível percepção de dominador e dominado em fusões e aquisições, podendo-se dar à Cultura de Gestão a dimensão de diferencial competitivo sobre os concorrentes. Eliminam-se as naturais resistências e dribla-se a questão das diferenças.

O foco não é naquilo que pode afastar, mas para onde se pode convergir de modo que se assegure o sucesso do negócio, o que é bom para todos. Assim não se desperdiça tempo discutindo diferenças históricas, culturais e outros tantos argumentos que visam apenas resistir às mudanças necessárias.

Visto assim, nas duas empresas, independentemente do nome que se dê, o maior valor da Cultura e do Modelo de Gestão está em mobilizar as pessoas para o desempenho desejado, tornando-se importante diferencial competitivo para obtenção dos RESULTADOS.

Dentro desse tema, vale citar uma conversa, em um almoço de negócios, com William Ling, Vice-chairman do Grupo Évora, que me relatou uma experiência pessoal de extremo significado e que reforça a relação intrínseca entre Cultura e Modelo de Gestão.

A Fitesa, uma de suas empresas controladas, estava por adquirir ativos industriais para fabricação de não tecidos de polipropileno para descartáveis higiênicos de sua sócia inglesa Fiberweb. Eram unidades nos Estados Unidos, na Alemanha, na Suécia, na Itália e na China, além de operações conjuntas no Brasil, no México e no Peru. Com a transação, a empresa se tornaria uma das maiores fornecedoras do mundo de não tecidos para aplicações em produtos, como fraldas, absorventes higiênicos e material hospitalar.

Na fase de *preclosing* – a reunião anterior ao fechamento oficial de contrato –, ciente de que a principal razão do fracasso de aquisições e fusões é a dificuldade de integrar culturas, Ling chamou os principais executivos da futura aquisição e apresentou-lhes sua empresa, convidou-os para comer em sua casa e ainda os levou à casa de seus pais. Mostrou o jeito de ser da "família" com a qual eles começariam a conviver.

William Ling é brasileiro, descendente de pais chineses, com cidadania italiana. Cidadão do mundo. Numa reunião, dentro da empresa, aqui no Brasil, ele apresentou os Valores e Princípios e as Práticas de Gestão de suas empresas, que compartilho a seguir.

Valores e Princípios:

- Confiança.
- Simplicidade e frugalidade.
- Respeito pelo indivíduo.
- Transparência.

- Ética, honestidade e integridade.

Práticas de Gestão:

- Delegação e autonomia responsável.
- Trabalho em equipe.
- Meritocracia.
- Formação de colaboradores.
- Fazer sempre mais e melhor com menos.

Após a apresentação desses alinhadores de comportamentos e ações, o empresário resumiu seu pensamento acerca de Cultura, reproduzido a seguir:

> Esse é nosso jeito de ser e de trabalhar. Nós produzimos comodities. Os concorrentes têm acesso à mesma tecnologia, aos mesmos equipamentos, aos mesmos fornecedores. Eles podem comprar e fazer igual a gente. Não importa a nacionalidade ou a localização geográfica em que cada um de vocês trabalha. Contudo, nosso jeito de ser e fazer as coisas, que está expresso nos Valores e Princípios e nas Práticas de Gestão de nossa companhia, é a Cultura que deve prevalecer dentro de nossa organização. Esse deve ser nosso diferencial competitivo. Isso a concorrência não consegue replicar. Até pelo que está expresso ali, não vou estar em cada uma de nossas operações para auditar suas práticas. Contudo, vocês, como líderes, vão ser os principais responsáveis para que essa Cultura aconteça. Nossos valores servem como guia ético, orientando o comportamento e as escolhas dos indivíduos que compõem a organização. No plano da gestão, as práticas adotadas são consistentes com os valores. Isso é o que espero de vocês. Sua prática vai ser o principal indicador de nossa presença!

No almoço, Ling me relatou que os valores confiança, transparência e respeito pelo indivíduo são praticados o tempo todo. Naquele momento, durante nossa conversa, ele estava colocando-os em prática. O exemplo é tudo na divulgação da Cultura.

O processo de integração foi muito bem-sucedido, não houve ruído, e a produtividade das plantas adquiridas aumentou. A Fitesa é hoje a segunda maior produtora mundial em sua categoria.

Diante de tudo o que foi apresentado, podemos concluir que, em empresas globais, a Cultura é a bandeira que elimina as fronteiras, cria unidade entre as partes, dá identidade ao todo, transformando-se em seu Modelo de Gestão, tornando-as empresas unas e únicas.

CAPÍTULO 2

O TRIÂNGULO FRACTAL

As pesquisas e as análises feitas até aquele momento me mostraram diversos elementos fundamentais para a compreensão de Cultura, contudo, ainda não tinha encontrado a forma ideal para apresentar a Cultura GP de Gestão às unidades recém-adquiridas. Naquele período, numa madrugada de noite maldormida, acordei preocupado e, enquanto refletia, dei-me conta dos pontos a seguir.

- Cultura existe e acontece por intermédio das pessoas, materializada em comportamentos, atitudes, decisões e ações, que se multiplicam sucessivamente pela organização e se sedimentam pelo reforço obtido pelos resultados e pela liderança.
- Os líderes são os grandes modeladores da Cultura por meio de seu discurso e de sua prática, com exemplos concretos no dia a dia e pelo reforço dado àqueles alinhados a ela.
- Cabe à organização criar mecanismos que facilitem e potencializem comportamentos e ações desejados, mediante seus processos e sistemas e de seu Modelo de Gestão e liderança.
- A Cultura de Resultados será tanto mais efetiva quanto significar em ganhos para a empresa e para as pessoas nela atuantes.
- Os elementos comuns identificados na maneira de gerir o negócio e liderar pessoas para alcançar os resultados do negócio, que se viam na Gerdau, na Magnesita e também nas empresas que tinha estudado como *cases*, eram:

- estratégia do negócio: para definir direção e foco;
- sistema de gestão: para garantir os resultados;
- gestão de pessoas: para obter comprometimento e desempenho;
- liderança: para alinhar os esforços e vincular os indivíduos.

Agora estava claro para mim o desafio que tinha pela frente. Deveria pensar em uma forma didática e convincente que levasse os líderes das novas unidades a ter o claro entendimento e a devida dimensão desses elementos utilizados pelas operações do GP no Brasil para obter seus resultados.

Por meio do conhecimento dos elementos, de sua divulgação, prática e reforço, os líderes seriam os principais modeladores da nova Cultura perante suas equipes, os arautos da transformação necessária para a virada imprescindível da empresa. As equipes, com comportamentos e ações alinhados e reforçados, seriam o principal fator para a multiplicação e a consolidação da nova Cultura.

Assim, como diretor global de pessoas e organização, cabia a mim pensar no modelo que ajudasse os líderes a entender os caminhos da Magnesita para gerir as pessoas e gerar os resultados, tanto para os indivíduos quanto para a empresa, num jogo de ganha-ganha.

Para isso, eu precisava de uma figura que me permitisse mostrar aos líderes, de maneira clara e fácil, esses quatro elementos, bem como a integração entre eles, sua interdependência e sua hierarquia. E achei nada mais didático e convincente do que um diagrama para representar e explicar, de forma gráfica, estruturada e simplificada, um conceito – esperava – cuja simples visualização da figura os levasse ao pleno e rápido entendimento de todos os elementos da Cultura de Gestão da empresa.

De repente, entre minhas pesquisas bibliográficas, encontrei algo revelador em um pequeno texto de Judah Pollack, palestrante e coach norte-americano, especialista no tema Liderança, coautor do livro *The Chaos Imperative* [O caos imperativo], que parecia indicar um bom caminho:

> A complexidade é a simplicidade repetida. Por mais complexa que lhe pareça a sua situação, a sua equipe, ou a sua companhia, é possível que se trate apenas de algumas coisas simples repetidas.
>
> Pense num fractal. Você começa com um triângulo. Aquele triângulo produz triângulos nos seus lados. Esses novos triângulos produzem triângulos nos seus lados. E assim por diante, a forma simples se repete até que você termina com al-

guma coisa tão complexa como uma paisagem montanhosa. Contudo, no fundo é apenas um triângulo repetido.

Você tem algum problema com a sua companhia ou com a sua equipe? Você o considera intratável? Rompa a complexidade. Procure as coisas simples que estão sendo repetidas. Encontre seu triângulo. Feito isso, seu problema se torna simples.

Dentro dos conceitos da Teoria do Caos, o autor se referia à utilização do *Triângulo de Sierpinski* e mostrava como o *pensamento fractal* facilita a solução dos problemas. "*Divida em pequenas frações, que tudo se torna mais fácil.*" Contraditoriamente à Teoria do Caos, nada mais cartesiano: do geral para o específico.

O termo fractal vem do adjetivo latino *fractus*, do verbo *frangere*, que significa quebrar, e foi criado em 1975 por Benoît Mandelbrot, matemático nascido na Polônia e que usou a figura "criada" em 1916, por Waclaw Sierpinski, seu patrício, também matemático, para explicar sua teoria dos fractais.

O Triângulo de Sierpinski é a forma fractal mais elementar que existe e já era encontrada, desde muito, nos pisos dos palácios renascentistas de Veneza, na Itália, como elemento decorativo. O Triângulo de Sierpinski é construído e evolui da seguinte forma:

Cada pequena porção do fractal, ou seja, cada fração, pode ser vista como uma réplica do fractal inteiro, numa escala menor, observando-se que, em qualquer de suas divisões, encontramos o mesmo padrão. Formam-se objetos complexos que repetem, sucessivamente, padrões muito simples. Agora, eu estava entendendo a afirmação de Pollack de que a complexidade é a simplicidade repetida.

Por sua característica de infinita repetição, eles são indivisíveis e seus limites são infinitos. Têm entre eles, em sua sequência, uma hierarquia, que gera também uma interdependência por sua permeabilidade, o que cria um sentido de ordem para estruturas aparentemente desordenadas.

À medida que lia sobre os fractais e suas características e lembrava da função de Cultura como atrator estranho para recolocar as coisas em ordem, visão trazida por Margareth Wheatley, tudo me soava como música por dois motivos. O primeiro porque essas mesmas características pareciam se aplicar plenamente ao que eu pensava sobre Cultura de Gestão, quanto à sua função e ao funcionamento interdependente de seus elementos. O segundo porque todo atrator estranho, de acordo com a Teoria do Caos, tem a forma de um fractal. Simples coincidência?

Depois disso, concluí que não haveria figura mais apropriada do que um fractal, como o Triângulo de Sierpinski, para apresentar visualmente os elementos e os componentes da Cultura GP de Gestão. Foi uma verdadeira epifania. Tinha encontrado o caminho.

O que parecia complexo começava a parecer mais simples. Achei a figura essencial. Restava-me agora o desafio de criar um triângulo a ser preenchido com os elementos fundamentais da Cultura Empresarial, definidores dos comportamentos que geram as ações necessárias para atingir as metas da organização.

Desafio de sair da visão reducionista e simplificadora de teóricos e pesquisadores de Cultura e buscar a abrangência de pensamento na prática da vida real. Pensar como Gestner, Haas, Palmisano e outros: **Cultura é tudo que leve às metas, aos RESULTADOS!**

Se olharmos a abordagem desses empresários, encontraremos em suas ações os mesmos elementos moldadores de comportamento que resultam na Cultura de Resultados desejada: missão, visão e valores, Sistema de Gestão, Pessoas e Liderança.

Partes integradas

Pensando fractalmente, concluí que a sinergia resultante da integração dos elementos – Estratégia do Negócio, Sistema de Gestão, Gestão de Pessoas e Liderança – poderia alavancar, de maneira exponencial, os resultados das empresas que os empregassem para criar uma Cultura de Resultados.

É algo muito além de apenas implantar, separadamente, um sistema de gestão ou um Modelo de Gestão de Pessoas, ou ainda um novo estilo de liderança. Trata-se de intervir, numa abordagem integrada, interdependente e simultânea, nos principais vetores de transformação organizacional, e criar algo permanente que se transforme no próprio Modelo de Gestão.

Então, seguindo o conselho de Pollack, "encontre seu triângulo", comecei a montar meu quebra-cabeça,

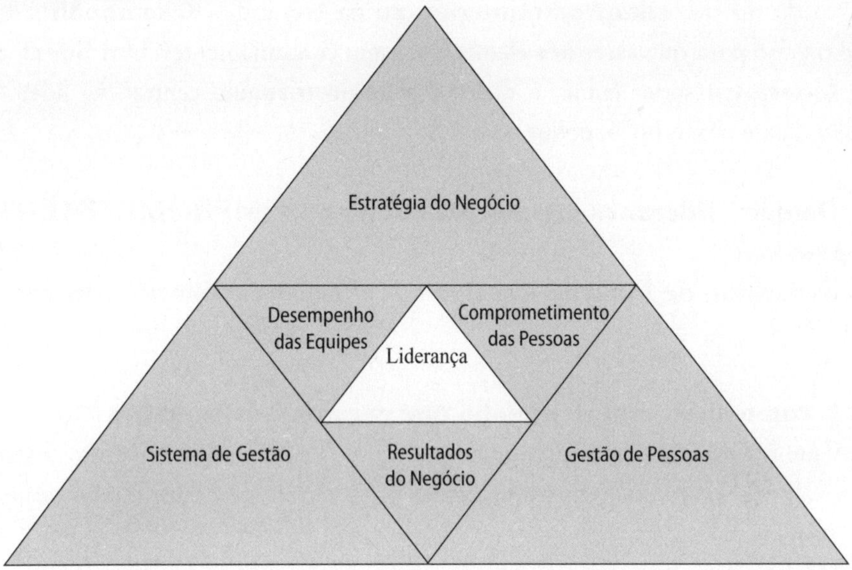

Desenhei o triângulo equilátero maior, dividido em três outros triângulos, mais um, central, invertido. Eram quatro espaços, um para cada elemento essencial. Então, pensando em Cultura de Resultados, a primeira pergunta que me veio à cabeça foi: **O que os acionistas esperam de seus investimentos?**

Resultado é a saída desejada. Resultado, portanto, deveria ser o foco de todo o esforço. Desenhei um triângulo menor no vértice inferior da figura central, invertido, e escrevi ali ***RESULTADOS DO NEGÓCIO***, que é a meta principal de todo esforço de gestão, razão principal da existência de qualquer negócio.

No centro sempre está a essência, o coração. O triângulo central, diferentemente dos outros, estava invertido, com sua base para cima. Imaginei-o com um formato de funil. Ou seja, ali, através dele, poderia passar a saída de todos os demais triângulos, o resultado.

E o que é necessário para que o resultado aconteça?

Nesses meus tantos anos de Gestão de Pessoas, aprendi: **resultado é igual ao desempenho das pessoas multiplicado por seu comprometimento.** Então, coloquei nos vértices superiores do triângulo invertido outros dois triângulos. No da direita, **comprometimento**; no da esquerda, **desempenho**. E o que é preciso para que esses três elementos girem continuamente? **Um líder**!

Liderança seria, então, a denominação do triângulo central. O líder é o modelo, "bate o bumbo" e define o destino.

Do que a liderança precisa para obter o COMPROMETIMENTO das pessoas?

De **Gestão de Pessoas**. Coloquei esse elemento como título do triângulo à direita.

E como obter o desempenho que garante os resultados?

Com o **Sistema de Gestão**. Era o título do triângulo à esquerda. Sistema de Gestão existe para garantir os resultados por meio do desempenho das pessoas.

Para encerrar, no vértice superior do triângulo coloquei a **Estratégia do Negócio,** que é o seu norte. É ela que define a direção e orienta os demais elementos. Não havia dúvidas sobre seu correto posicionamento. Com todas as partes integradas, a primeira etapa do quebra-cabeça estava montada.

Os elementos do triângulo

> *O Tao se tornou um, um se transformou em dois, dois viraram três. Os três se transformaram em dez mil coisas. As dez mil coisas abraçaram o Yin e criaram o Yang. A harmonia é alcançada pela combinação de todas estas forças.*
>
> Lao-Tsé

Para completar o triângulo, abri cada um dos elementos e inseri em seus vértices novas figuras que, dentro de uma sequência lógica e hierárquica, representavam os componentes das melhores práticas de gestão que levaram ao sucesso a Gerdau e o GP e que também foram utilizados pelas empresas que usei como referência para minha pesquisa. Assim, como resultado temos o seguinte diagrama:

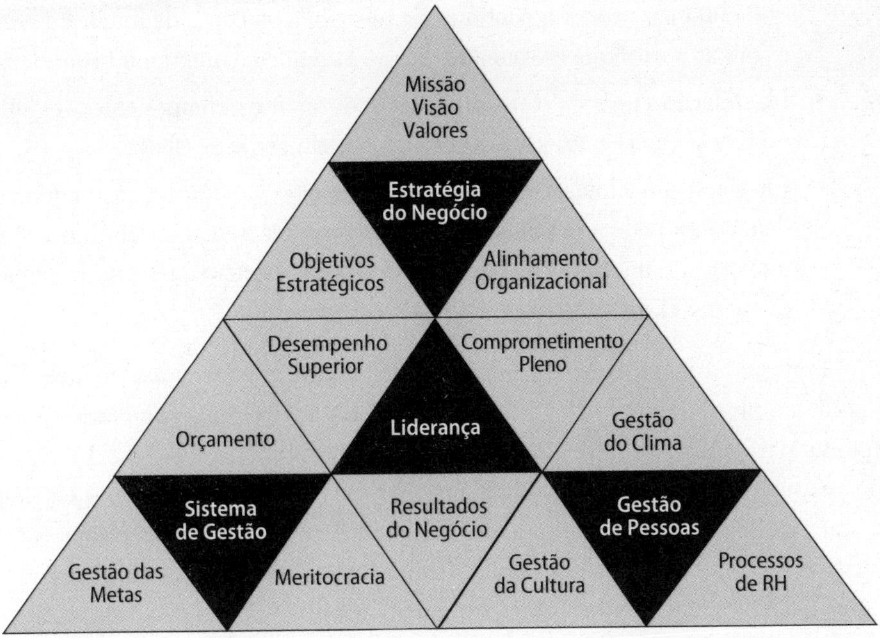

Modelo Fractal de Gestão®

O quebra cabeça estava montado. Em uma só figura incluíra todos os elementos que eu encontrara nas Culturas de Resultados que eu tinha pesquisado. Passei a dominá-lo desde então Modelo Fractal de Gestão – O Triângulo Transformador da Cultura de Resultados.

Bloco único e indivisível

Fractalmente, pode-se enxergar no triângulo completo todo seu conteúdo e seu funcionamento e perceber sua inter-relação, sua interdependência, sua hierarquia e sua superposição: cada parte reflete a estrutura do todo. A parte está no todo e o todo está em cada parte.

Essa representação estava absolutamente alinhada a algumas crenças que eu tinha desenvolvido a partir do que aprendi com os conceitos da Nova Ciência, tão bem tratados por Margareth Wheatley:

- A Cultura de uma empresa, como parte de um sistema complexo – que toda organização é –, é fruto de seus elementos moldadores e seus componentes, que estão em processo contínuo de retroalimentação e de interação entre si e com as partes que os rodeiam. Por isso, está em contínua transformação.

- Na relação entre os elementos moldadores e os componentes, os efeitos podem ser suas causas e suas causas podem ser seus efeitos.
- Os elementos moldadores e seus componentes se relacionam e interdependem e não podem ser tratados individualmente, formando um bloco único, indivisível e inseparável. Desse modo, por sua interdependência, a mudança em um elemento altera o resultado dos demais.

Portanto, a maior lição é a de que os elementos que formam o modelo representam um bloco único, indivisível, de tal maneira que devem caminhar sempre em sintonia para a realização dos objetivos da organização.

A relevância de tudo isso é clara quando analisamos cenários comuns em empresas que, embora tenham muito potencial, não conseguem concretizar plenamente sua missão e seus objetivos. Seja porque as lideranças não entram em acordo e usam de discursos diferentes, que resultam numa verdadeira confusão para a equipe, que não sabe para qual direção seguir. Seja por conflitos que surgem no âmbito do clima organizacional, em decorrência de interesses individuais que não representam o plano do todo.

São problemas recorrentes no cenário corporativo. Empresas que se desestabilizam pela falta de um Modelo de Gestão intrínseco na Cultura da organização, cuja orientação está voltada para a geração de resultados. Essa carência faz com que, por exemplo, a empresa tenha seu desempenho muito prejudicado quando há alguma mudança de equipe ou líder, pois, como não há a multiplicação do pensamento que guia a organização, ela fica vulnerável a qualquer surpresa.

Perceber isso é fácil quando se faz uma análise crítica do crescimento da organização e de suas principais dificuldades para obter constância de resultados positivos. O Modelo de Gestão, para as organizações, serve, ao mesmo tempo, de âncora e de timão.

O segredo de Midas

Logo na introdução deste livro, fiz referência ao segredo de Midas. Na mitologia grega, encontramos um rei da Frígia chamado Midas. O rei, que havia encontrado Sileno, mestre de Baco (deus do vinho), cuidou do ancião por dez dias até que o devolveu ao filho de criação. Como recompensa, Midas recebeu o dom de transformar em ouro tudo aquilo que tocava. E é dessa maneira que enxergo as empresas que se destacam por seu desempenho: detentoras do segredo de Midas, capazes de transformar qualquer negócio e ideia em implacáveis fontes de prosperidade.

O triângulo tornou-se um roteiro para meus seminários nas Unidades de Negócio da Magnesita mundo afora. Utilizei-me dele e de seus elementos como espinha dorsal para minhas apresentações na China, na Alemanha e nos Estados Unidos. Com ele, consegui transmitir a Cultura GP de Gestão na dimensão e na amplitude que julgava adequadas.

Decidi chamá-lo de Triângulo Transformador porque, pela integração e pela ação de seus vários elementos, ele organiza e alinha os comportamentos, as decisões e as ações dos líderes e das equipes para a realização dos objetivos, transformando estratégias em metas, e metas em resultados, indivíduos em pessoas realizadas, e companhias em empresas vencedoras. Tinha descoberto o caminho seguro para a construção de uma Cultura de Resultados.

Esse era o segredo de Midas do GP Investments e da 3G Capital, que eu tanto desejava desvendar, e que o usavam para transformar sonhos em objetivos, objetivos em metas, metas em resultados, resultados em valor e valor em ouro. Esse modelo, além de possibilitar que eu transmitisse minha experiência de modo claro, conforme Jorge Gerdau sugeriu naquele saguão de aeroporto, contribui para que façamos uma reflexão maior sobre o tema Cultura de Gestão e sua abrangência.

Duas Culturas, duas histórias

A seguir, apresento trechos muito valiosos de minhas entrevistas com Jorge Gerdau e Fersen Lambranho. Nesses textos, eles compartilham sua visão sobre modelo de Cultura e de que modo ela se aplica em suas empresas.

Jogo de inteligência

Como se define a Cultura Empresarial Gerdau? Sempre buscamos fazer benfeito. Essa Cultura nasceu do comportamento pessoal do Curt, nosso pai, que era financista, contador e alemão. Trouxe para nós a experiência do Banco Alemão Transatlântico, subsidiário do Deutsch Bank, para a América Latina. Esse conhecimento foi decisivo, pois sendo siderurgia um negócio de capital intensivo, estabeleceu uma política financeira extremamente conservadora, válida até hoje.

Era também um perfeccionista. Lembro-me de que para assinar uma correspondência, não poderia ter um borrão. Buscava a obra perfeita, limpa. Esse espírito nos contaminou e fez com que, muito cedo, buscássemos *benchmarking*, posicionamento, no mundo. Ser melhor, mais competitivo, ter os melhores padrões, eu diria que isso é uma Cultura básica de condução do negócio e que está em nosso DNA.

Para mim e meus irmãos, a influência de nosso pai nos estimulou a desenvolver um verdadeiro jogo de inteligência para aprimoramento do negócio. Nossos filhos, desde cedo, também desenvolveram uma atitude competitiva por intermédio do esporte. Para fazer benfeito, precisou-se aprender a trabalhar com as pessoas. Buscar a eficiência competitiva, buscar a perfeição, isso só se constrói com pessoas. E sempre seguindo nossos valores: respeitá-las, educá-las, potencializar seus talentos. Para que cada um, não importa a posição que ocupe, dê o melhor de si para um objetivo ser atingido. Essas duas peças – atitude competitiva e pessoas – são a chave de todo o comportamento.

Jorge Gerdau

Alma não se copia

Os elementos formadores da Cultura GP de Gestão estão em qualquer livro de Administração. A questão é como e o que você faz com eles. Eu já tive acesso ao material de concorrentes. Nunca consegui usá-lo para nada. Nada, nada. Porque a batalha interna de fazer essa máquina girar é tão mais relevante do que o plano do concorrente.

Todos que criavam bancos de investimento em 1988 queriam ser o novo Garantia. Ninguém conseguiu. Quer coisa mais simples de copiar do que o Garantia? Não tem produto, não tem máquina, não tem marca. Tem gente e tem alma. O BBA, que foi formado naquele ano, tinha uma proposta diferente que nadava contra a correnteza, pois se propunha a dar crédito no Brasil da hiperinflação, e foi mais bem-sucedido do que seus pares.

Não está nas coisas objetivas o sucesso de uma companhia. Por conta dos negócios que nós fizemos – compramos Fogo de Chão, Gafisa, Cemar e outros –, todo mundo achou que éramos malucos de entrar nesses negócios. Que não fazia sentido, mas fazia, porque as companhias tinham valores, tinham gente. Precisavamos apenas botar um bom Modelo de Gestão.

Com o Modelo de Gestão correto, você transforma a companhia. Qualquer setor, por pior que seja, tem sempre um campeão. Há setores em que a maior parte das companhias é malsucedida, mas sempre há algumas que ganham dinheiro ali.

Às vezes, você entra em uma empresa e sente algo diferente. Algo que não consegue explicar. Alguns chamam isso de alma, ou de espírito. É que esse espírito é inerente aos valores nos quais as pessoas acreditam. E não é, necessariamente, aquele valor explícito na relação de valores da companhia. É mais uma coisa da alma, do jeito de ser, de reagir, de se comportar. É algo mais profundo, perceptível, mas não palpável.

Os valores que definem o ambiente da empresa, eu acho que não mudam nunca. E sabe por que eu acho que não mudam nunca? Porque na minha vida eu vi muita gente querendo copiar a outra, mas nunca vi alguém conseguir. Por que ninguém copia as Lojas Americanas? O que há de mistério nas Lojas Americanas? O que há de mistério no McDonald's? Por que não fazem igual? Por que as Casas Bahia são a maior? Você pode roubar os planos, os sistemas, até as pessoas. Contudo, você não rouba a alma. Eu não sei explicar. No entanto, eu tenho certeza de que tem. Eu já vi, eu já senti.

Quando eu cheguei à Lojas Americanas, em 1985, vi aquela confusão enorme, mas naquela confusão tinha uma alma. Havia alguma coisa. Como na Brahma, tinha alguma coisa maior que o tempo e o vento deixou lá dentro. E isso diferencia as companhias. Aquelas que se perpetuam das que morrem.

Por que o francês é de um jeito e o alemão é de outro? Eles estão separados por uma simples fronteira. Fisicamente eles são iguais. Há alguma coisa que vem da gênese da companhia que faz sucesso que a torna diferente. Valores mudam pouco. Uma companhia de bandido vai ser uma companhia de bandido sempre. Uma companhia de gente honesta vai ser honesta, a que gosta de servir vai servir sempre. Pode se chamar isso de Cultura? Talvez.

Talento é quando um atirador atinge o alvo que os outros não conseguem. Genialidade é quando um atirador atinge o alvo que os outros não veem. Este é o empreendedor e é preciso sê-lo em cada novo negócio e em cada nova situação. Reinventar-se sempre.

Não existe negócio ruim. Em qualquer ramo, por pior que seja, alguém vai ganhar dinheiro. Buscamos ser esse cara: gestão, valores, gente com vontade de vencer. Tem de ter sua alma. Cultura é a alma da empresa e alma não se copia.

Fersen Lambranho

PARTE 2

DESVENDANDO O TRIÂNGULO – A Estratégia do Negócio

CAPÍTULO 3

A ESTRATÉGIA DO NEGÓCIO

Estratégia empresarial é o padrão de decisões em uma empresa que determina e revela seus objetivos, seus propósitos ou suas metas, produz as principais políticas e planos para a obtenção dessas metas e define a escala de negócios em que a empresa deve se envolver, o tipo de organização econômica e humana que pretende ser e a natureza de contribuição econômica e não econômica que pretende proporcionar a seus acionistas, funcionários e comunidade.

Kenneth R. Andrews

Sempre que falo sobre estratégia, recordo-me de uma pequena história da minha infância. Foi uma bússola o primeiro presente que me lembro de ter ganhado. Já estava usando calças compridas e já havia entrado para o ginásio, depois de penoso ano de admissão. Não era mais menino, era quase um moço. Até sonhava com o que queria ser quando crescesse. Influenciado pela imagem dos pilotos dos caças dos filmes sobre a Guerra da Coreia, tão em voga na época, queria muito ser aviador. Nas telas, os pilotos sempre terminavam como os principais heróis dos episódios.

No dia em que completei 13 anos, na festa de aniversário, meu padrinho, Macedônio, deu-me de presente uma caixinha muito pequena, embrulhada em papel de seda, e me disse: "Isto é uma bússola antiga que trago comigo desde criança. Vai ser muito útil quando você estiver voando. Com ela, você vai saber para onde embicar o avião quando se sentir perdido, sem direção, no meio das nuvens". Então, ele se sentou comigo e explicou o que era o N de Norte, na ponta daquela agulha flutuante.

Fiquei encantado com a deslumbrante invenção dos chineses que, durante séculos, orientou o rumo da humanidade em suas conquistas pelo mundo. Primeiro presente sério e bela lição para a vida. Guia para orientar o rumo no momento de dificuldade, para saber qual a direção. Definir o Norte: essa é a função da estratégia do negócio. É para onde devemos ir, dirigir nossos esforços, orientar nossa gente. É o que nos aponta a direção nos momentos difíceis, nas turbulências. É a nossa salvação.

Não é por acaso que começamos por aqui o detalhamento do triângulo transformador, nem é por acaso que sobre o triângulo da estratégia você verá o N de Norte. Afinal, estratégia é o alicerce pelo qual se começa toda construção, pois é ela que definirá o rumo do projeto.

Estratégia, pensamento estratégico e planejamento estratégico, seja qual for a nomenclatura, a essência desse processo consiste em definir o rumo da organização e sua preparação para o futuro desejado, de forma que satisfaça às necessidades dos *stakeholders*, acionistas e investidores, com vistas à sustentabilidade do negócio e a fim de dar o sentido para a caminhada das pessoas dentro da organização. Sua função mais importante é, entretanto, como a agulha flutuante da bússola, nas incertezas de tempos tão instáveis, no meio do mar da dúvida, indicar a posição em que nos encontramos e nos permitir os ajustes necessários para uma nova direção.

A responsabilidade final por sua definição é dos controladores, representados, de modo geral, pelos Conselhos de Administração e pelos principais executivos, o nível mais alto em qualquer empresa. Sua execução, em cascata, acontece pelos demais níveis, atingindo até o mais operacional. Assim, sempre fui contra manter o conteúdo da estratégia numa torre de marfim.

Minha posição sempre foi a favor de quanto mais se incluir na discussão, direta ou indiretamente, por intermédio de consultas, aqueles níveis que se responsabilizarão pela execução, trazendo seu conhecimento e sua experiência, melhor será o resultado de sua formulação e mais envolvidos estarão todos com o futuro da companhia. Portanto, a estratégia deixa de ser um exercício abstrato do mundo de ideias da alta administração, para se tornar um projeto tangível no mundo real da execução, gerando ainda mais inclusão e, principalmente, senso de responsabilidade.

Neste ponto, vale ressaltar, por exemplo, que a estratégia é uma ferramenta capaz de nos blindar diante de momentos de indecisão e, em especial, quando nossa noção de fronteira é praticamente abolida graças à globalização, tópico que Jorge Gerdau analisa com muita clareza.

Perguntas a ser respondidas

Com o fenômeno da globalização, o tema Estratégia, hoje, tem um peso cinco ou dez vezes maior do que tinha há alguns anos. Os negócios têm algumas perguntas básicas em relação ao mundo que precisam ser respondidas. A China vai continuar atuando sem remunerar os capitais? Há mais países asiáticos que vão seguir esse modelo? As transnacionais coreanas são fruto de política de país ou puramente de mercado? Que reflexos isso terá nos mercados?

Pode o mundo ocidental, no sistema democrático, competir com uma China e com os sistemas meritocráticos da Ásia? Temos um triângulo com três competências: técnica, humana e conceitual. E quando definimos a competência conceitual, estamos focando os cenários. Se não nos ajustamos às realidades do mercado, não sobrevivemos.

Jorge Gerdau

Ronaldo Iabrudi, por sua vez, complementa a questão reforçando a necessidade de trabalhar em acordo com os cenários e as tendências que se apresentam em seu mercado, de modo que o foco esteja sempre no cliente:

Trabalhar nos cenários e nas tendências

Vou dar o exemplo de uma pequena consultoria que tem como visão ser uma empresa de 250 milhões de dólares de valor de mercado, porém não definiu uma data. O pessoal faz um cenário antes do orçamento. Para fazer 250 milhões de dólares de valor de mercado crescendo do mesmo jeito que está, levará 15 anos! Não é o que se quer. Então, ela se obriga a ter objetivos estratégicos claros: pensar na aquisição de outra empresa, associar-se a alguém, fazer um empreendimento conjunto etc. Este é um cenário.

Você pode fazer a estratégia do negócio para dar o suporte e definir a direção, mas não escapa de ter de falar: "Como enxergo a companhia nos próximos quatro ou cinco anos?". Isso exige conhecer cenário e tendência. É mais importante trabalhar nos cenários e nas tendências para atingir os objetivos e realizar a visão.

Citando Ram Charam: "Qualquer que seja sua estratégia, qualquer que seja seu negócio, comece de trás para a frente. Comece pelo consumidor". Pensar em estratégia é pensar de que o cliente precisa. Quanto mais você entende do cliente, melhor você faz a estratégia. Para falar em estratégia, é preciso conhecer muito bem o negócio e o mercado. E não é a empresa que define o mercado. São o cliente e o concorrente. A empresa precisa ter domínio dos indicadores, ter elementos para poder comparar-se com os competidores. Precisa conhecer bem os concorrentes. Só então poderá ver as oportunidades e traçar os caminhos para chegar lá. E, ainda assim, não vai atacar tudo. Terá de fazer opções e quem deverá ter prioridade será sempre o cliente.

Ronaldo Iabrudi

Os três pilares da estratégia do negócio

A Estratégia de Negócio é o vértice que fica no topo do todo, sobrepondo-se e coroando os demais. Apresenta o sonho e a essência do pensamento dos controladores e indica o rumo que eles querem dar ao negócio. É sua visão de longo prazo e os valores que querem compartilhar com todos. A Estratégia do Negócio se sustenta em três grandes pilares que orientam o Norte da organização.

1. Missão, visão e valores: lançando o alicerce

Missão define quem nós somos. É a razão de existir da organização e define o horizonte no qual ela pretende estar, agora e no futuro. São as declarações da essência de ser da organização. Visão afirma o que nós queremos alcançar. É aonde queremos chegar; coloco "*nós*" porque as pessoas é que transformam seu conteúdo em realidade. Valores são princípios, ou crenças, que servem de guia para as atitudes e os comportamentos que devemos exercer para apoiar a estratégia e conduzir o negócio.

A missão e a visão, além do que significam para a organização, devem poder representar, por intermédio de um processo de divulgação e internalização, uma causa pela qual valha a pena acordar todos os dias e trabalhar duro porque traz um sentido maior para a própria vida dos colaboradores. Os valores devem encontrar ressonância dentro de cada um deles por conterem as mesmas verdades que têm dentro de si. Devem, portanto, ser fortes, claros, consistentes e verdadeiros. Ou não passarão de belas palavras colocadas em quadros pendurados na entrada da empresa ou nas paredes dos escritórios e das fábricas.

Os três, cada um à sua maneira, têm a função de afirmar, de forma inequívoca, qual o sentido de existir da organização e como todos os demais componentes da Cultura serão tão mais efetivos quanto mais conseguirem gerar o comportamento desejado em seus líderes e seus colaboradores para obter os resultados almejados. Serão tão mais reais quanto mais percebidos e internalizados por todos os níveis da organização. São o alicerce da construção da organização.

2. Objetivos estratégicos: definindo o foco

São as metas de médio prazo, três a cinco anos, de acordo com os recursos, os riscos e as oportunidades, a ser atingidas para a consecução da missão e da visão propostas. Os objetivos estratégicos estabelecem o foco, mas, além disso, definem o nível de ambição e de "fome" que deve existir em atitudes, decisões e ações da companhia. Servem para direcionar os esforços, para alinhar a organização. São os caminhos a ser trilhados para chegar ao lugar desejado. Traçar os objetivos estratégicos é o primeiro passo para começar a transformar o sonho em realidade.

As definições da missão e da visão são estabelecidas levando-se em consideração o cliente, a concorrência e o apetite da organização diante do mercado. Os objetivos estratégicos são os referenciais para a definição do Orçamento Anual com seu desdobramento em Metas Anuais. São a consequência final de muitas escolhas do processo de Planejamento Estratégico.

3. Alinhamento organizacional: repensando os recursos

É o ajuste dos processos, da estrutura da empresa e da liderança, a fim de garantir a viabilização da estratégia e dos objetivos estratégicos propostos. É o momento de repensar os recursos para a realização do que se definiu. É o componente que determina como se deseja que a autoridade e a responsabilidade se distribuam na organização e quais os principais mecanismos de controle que existirão.

Estabelece também as características que se quer dar ao ambiente de trabalho, não apenas as físicas, mas aquelas que definem o relacionamento entre os níveis, o tipo de hierarquia e o nível de participação que se deseja dos colaboradores. Nessa medida, define o clima que reinará entre os colaboradores e os diversos níveis da organização.

Nesse momento, processos, estrutura e liderança devem ser revistos e recriados para revitalizar a organização e garantir a viabilização dos objetivos estratégicos propostos.

Cartesianamente, estamos vindo do geral para o específico. Missão, visão e valores definem a essência de ser. Os objetivos estratégicos indicam como transformar sonho em realidade. E o alinhamento organizacional mostra como ordenar os recursos disponíveis na empresa para alcançar os objetivos apresentados.

Para o alinhamento organizacional são necessários três passos definitivos:

- Rever e definir os Processos de Negócio e de Apoio.
- Estabelecer a Estrutura Organizacional necessária para suportá-los.
- Revisar a Liderança: o modelo e os líderes, reposicionando-os para as necessidades da Estratégia em revisão.

A formulação da Estratégia do Negócio cria a oportunidade de repensar e reinventar o negócio como um todo, em todas as dimensões, devendo gerar importantes consequências no alinhamento organizacional, cujos componentes têm a principal função de materializar a missão, a visão, os valores e os objetivos estratégicos por meio da ação de líderes e times.

A revisão dos processos, o repensar da estrutura, tem como natural efeito a redefinição do papel e do perfil da liderança, elevando-os ao patamar necessário para as ambições definidas na estratégia. É uma oportunidade que se cria para transformar o ambiente organizacional, dando espaço para que os líderes se coloquem em outra dimensão em seus papéis, mudando a expectativa das equipes na nova relação, fazendo todos crescerem em contribuição e realização pessoal e motivação no trabalho.

Os componentes do alinhamento organizacional são os principais vetores para a transformação da empresa. Utilizados pela liderança de forma adequada, tornam-se as mais importantes alavancas para gerar novos resultados almejados.

Ao repensar processos, estrutura e liderança, é possível transformar o comportamento da organização como um todo, interferindo em todas as relações internas e externas. Por meio da busca da melhor utilização desses meios, é possível alterar significativamente os resultados finais. Esse deve ser o pensamento nesta etapa.

Alinhamento organizacional deve ser sempre a última tarefa na revisão da Estratégia do Negócio, para não se condicionar as possibilidades do negócio ao tamanho das limitações existentes. Ele deve ser uma consequência da estratégia. Crie o sonho e depois ajuste os meios a ele. É o momento de ousar, reinventar-se e rever os recursos com seriedade.

A armadilha da execução

As ideias e as estratégias são importantes, mas o verdadeiro desafio é a sua execução.

Percy Barnevick

Em agosto de 2010, voltando de uma visita a uma fábrica da Magnesita em Nova York, que fica próxima a Washington, eu passeava pela livraria do aeroporto Dulles e encontrei uma *Harvard Business Review*, revista de negócios, cuja manchete da capa me chamou a atenção: "A organização efetiva – como transformar a estratégia em grandes resultados". Havia um artigo de Roger L. Martin, professor de Administração da Universidade de Toronto, com o título "A armadilha da execução".

De modo geral, as estratégias são tão distantes e parecem tão fora da realidade que se assemelham mais a um sonho do que a algo factível. Como se fossem um milagre a acontecer. Li o conteúdo do artigo. Mexia com alguns conceitos que tinha na cabeça, e, ao mesmo tempo, tudo o que ele dizia soava-me como música. Trazia uma solução clara à dicotomia *estratégia* × *execução* e eliminava a clássica separação discriminatória entre os que pensam e os que executam.

Segundo o autor, a ideia de que estratégia e execução são coisas muito distintas está tão arraigada que ninguém se dá conta de que essa distinção talvez seja a razão do fracasso quase certo de sua implementação. O conceito da conexão entre ambas, entretanto, não tem nada de novo. Kenneth Andrews, em seu livro *O conceito da estratégia corporativa*, de 1971, já dizia: "A estratégia corporativa tem dois aspectos igualmente importantes, inter-relacionados na prática, separados apenas para efeito de estudarmos o conceito. O primeiro é a formulação e o segundo é a implementação". Passadas quatro décadas, o conceito ainda não foi entendido, pelo contrário, foi mal interpretado e mal praticado.

De modo diferente do processo *estratégia* × *execução*, no qual os líderes definem a estratégia e esperam que os subordinados a cumpram mecanicamente, o modelo proposto, chamado *escolha por cascata*, funciona assim: depois de um cuidadoso processo de informação e orientação quanto à estratégia com os diversos níveis organizacionais, é permitido aos líderes, nos diversos níveis, discutir sobre a estratégia proposta. Dessa forma, é permitido a eles fazer escolhas quanto à implementação relativas ao seu nível de responsabilidade, conforme seu julgamento e sua necessidade, a partir de sua realidade na relação direta com o cliente, sempre com apoio, assistência e aprovação da alta direção. Ou seja, o processo de comunicação e orientação inclui muito além do processo de divulgação e entendimento. Ele incentiva e provoca o envolvimento e a responsabilização dos principais agentes da execução.

Na medida em que estratégia é a forma como respondo à demanda do cliente e gero para ele maior valor, nada melhor do que permitir àqueles que estão mais próximos do cliente se posicionarem diante dela, envolverem-se no processo e se responsabilizarem pelas decisões propostas. Cria-se, assim, um círculo virtuoso no ciclo da estratégia. Quem executa participa da decisão em seu nível. Os atores são transformados em autores da própria peça teatral. Nada mais simples e efetivo, nem mais envolvedor e motivacional.

À medida que lia o artigo, comecei a me lembrar da década de 1980, quando, pela Gerdau, em visitas técnicas, buscávamos tecnologia industrial e de gestão. Foi quando ouvi pela primeira vez sobre o processo de decisão chamado *ringisei*, que pode ser traduzido por "memorando interno".

Ringisei é um processo de decisão, no qual, por meio de textos escritos (memorandos internos), são apresentadas propostas e discussões sobre mudanças, incluindo rotinas, procedimentos e até estratégias, que circulam internamente nos vários níveis da organização para o envolvimento e o comprometimento dos participantes, centro de um processo em U, de cima para baixo e de baixo para cima.

Agindo assim, todas as decisões que envolvem algum tipo de transformação têm origem e participação efetiva das pessoas diretamente envolvidas com seus efeitos. A decisão final é tomada pela direção depois de um longo e sucessivo processo de idas e voltas, ouvindo e envolvendo os responsáveis pela execução.

Comunicação, envolvimento, responsabilização e agilidade na execução são as pedras de toque para a transformação de uma grande estratégia em grandes resultados. No Japão, essa prática tem mais de cem anos. O que nos falta, muitas vezes, é a determinação de propósito. Mais uma vez, nada de novo sob o sol, porém exige prática consistente mais do que palavras.

Durante nossa entrevista, André Johannpeter levantou um ponto fundamental:

Só o papel não serve para nada

Numa reunião, veio a pergunta: "Como é que nós vamos cuidar para que o Planejamento Estratégico não caia na mão de concorrentes?"... Eu disse: "Cada um que recebe este documento tem plena responsabilidade sobre ele, mas não devemos nos preocupar demais. É para onde nós vamos nos próximos dez anos, mas essa estratégia, só no papel, não serve para nada, exige conhecimento e gente para executar. Se tivesse alguma coisa realmente estratégica, secreta, não estaria escrita.

É crucial que as organizações entendam que os planos efetivos envolvem muito mais do que uma bela descrição. Esse fluxo de comunicação gera o que de fato faz diferença: ciência e engajamento de todos os integrantes da organização.

André Johannpeter

Preparação para a guerra

No mundo acadêmico, apenas no início da década de 1960, surgiram as primeiras conceituações sobre Estratégia do Negócio. Em Harvard, Kenneth Andrews lançou o conceito de Direção Geral, no qual incluía, entre suas atribuições, a Estratégia Empresarial.

Em 1962, Alfred Chandler, professor de Administração e História da Gestão em Harvard, lançou *Strategy and Structure*, cuja ideia central consistia na separação da direção em dois campos: as operações e a estratégia. Estamos falando de apenas cinquenta anos atrás!

A seguir, especialmente a partir da década de 1970, as grandes consultorias lideradas pela McKinsey começaram a percorrer as empresas com as próprias abordagens e algumas variações sobre o mesmo tema.

O que aparece com clareza em todas as abordagens propostas é que estratégia é algo pertinente à alta direção. Ela decide como posicionar o negócio para ser a escolha preferencial do cliente pelo valor que lhe é oferecido perante a concorrência, e como orientá-lo para o futuro a fim de manter a posição conquistada.

Tão simples quanto vencer a concorrência e manter o território conquistado. Contudo, se o tema aparece com evidência no mundo empresarial há apenas meio século, ele é bem mais antigo nas várias civilizações.

Na Grécia antiga, já no século IV a.C. – que, juntamente com o século V a.C., corresponde ao período de apogeu da cultura grega e de sua hegemonia –, o povo elegia por meio do voto direto, anualmente, como seus representantes, dez generais, chamados *estrategos*, para compor um colegiado, que formava uma espécie de poder executivo para cuidar das medidas de natureza militar. Exemplo prático da democracia grega para escolher seus representantes para defendê-la de possíveis inimigos.

Em época possivelmente bastante próxima do apogeu dos atenienses, na China, que também expandia seus territórios, surgia o tratado escrito por Sun Tzu, denominado *A arte da guerra*, que abordava as estratégias militares.

Para concluir, ainda hoje, pesquisando o verbete no *Dicionário Houaiss*, encontramos: "Estratégia: arte de coordenar a ação das forças militares, políticas, econômicas e morais implicadas na condução de um conflito ou na preparação da defesa de uma nação ou comunidade de nações". Em suma, formular a estratégia é preparar-se para a guerra. Esse deve ser o sentimento. Quem perde, perde território ou é destruído. Nada de novo sob o sol.

A concorrência como base para a estratégia

Pensar a estratégia é pensar grande, é se posicionar diante de si como companhia, diante do cliente e do concorrente na dimensão exata que pede a missão e a visão a que se propõe com sua existência. Menos é pouco. Definir metas, estabelecer objetivos e elencar prioridades são ações decorrentes dela, mas não são a estratégia em si. Na realidade, a estratégia é o pensamento do qual é gerada toda a ação da empresa.

Michael Porter, professor em Harvard e considerado o papa da estratégia, define-a como a arte de se posicionar em vantagem competitiva sobre a concorrência, de ser único em sua diferenciação, de ter a preferência na escolha do cliente por esse motivo e de manter essa vantagem com o tempo. Definir seu espaço, ocupar a posição e defendê-la dos ataques do concorrente.

Para explicar de maneira simples, existem sobre o tabuleiro três pedras: a companhia, o cliente e a concorrência. Definir a estratégia é decidir como a organização se posicionará diante do cliente e da concorrência. Fica-se em vantagem competitiva e vence-se o jogo à medida que atender às exigências do cliente, oferecendo-lhe maior valor do que a concorrência e gerando para ele, dessa maneira, maior valor para seu negócio, ganhando sua preferência.

Não se trata de eliminar o concorrente declarando uma guerra aberta e retirando-o do tabuleiro. Trata-se de fazê-lo opaco à visão de seu cliente, tornando-o irrelevante e obtendo a preferência do cliente por seu diferencial, o elemento que o torna único e, principalmente, pela geração de valor.

Para resumir, cito Sun Tzu: "A habilidade de alcançar a vitória mudando e adaptando-se de acordo com o inimigo é chamada de genialidade. A suprema arte da guerra é derrotar o inimigo sem lutar".

Para encerrar este capítulo, trago aqui uma reflexão de Ronaldo Iabrudi em relação à concorrência:

O concorrente é a base da estratégia

Definir estratégia é definir a vantagem competitiva. E vantagem competitiva é sempre em relação a alguém, ao seu concorrente. Então, quem define mesmo a estratégia? Quem mostra os nossos *gaps*, nossos furos? O concorrente. Assim, é o concorrente quem determina a estratégia da empresa.

Traçar uma estratégia implica ver onde existem defasagens, onde você já é competitivo ou não. O *gap* pode ser de deficiência com relação ao concorrente ou também pode ser aumentar a vantagem competitiva sobre ele. Ou seja, sempre existe um espaço para crescer. E podem ser as duas coisas, mas sempre vai estar relacionado com o comportamento do concorrente ou a necessidade do cliente.

Mesmo quando o concorrente não for importante, é preciso imaginar um concorrente ou um potencial concorrente. Quem fica discutindo questões de poder internamente é porque não vê que quem manda na empresa não é o chefe, quem manda na empresa é o concorrente. Quem lhe põe pressão não é o chefe, nem o acionista, quem põe pressão é a concorrência. Assim, temos de olhar o cenário externo, sempre.

Ronaldo Iabrudi

CAPÍTULO 4

MISSÃO, VISÃO e VALORES – Lançando o alicerce

Ainda me lembro, com detalhes, da cerimônia festiva que foi o lançamento da pedra fundamental do que viria a ser a catedral de minha cidade natal. Eu, menino, assistia, ao lado de minha avó, a uma cerimônia sem fim, com a presença do bispo e de autoridades, muitos discursos e orações, banda e fogos de artifício. Uma grande solenidade.

A pedra fundamental dessas cerimônias simboliza a pedra angular das construções antigas, que era a primeira a ser assentada na esquina do edifício, criando um ângulo reto entre duas paredes. Além de dar início a toda a obra, ela possuía três funções básicas: balizar e alinhar todas as paredes da construção; servir de amarração, mantendo unidas as partes da estrutura; servir de guia para o prumo no assentamento das demais pedras.

Não existe metáfora mais adequada para definir as funções da missão, da visão e dos valores de uma empresa: balizar e alinhar, amarrar e unir, servir de guia para o resto da construção. Sua definição é o momento mais importante da construção do futuro da organização. É o lançamento da pedra angular do edifício a ser construído. Esses três elementos formam a rocha única que dá o fundamento para a construção da estratégia e da Cultura que orientará toda a vida da empresa:

- Missão: a que vim, para que existo, minha essência de ser.
- Visão: aonde eu quero chegar, qual o meu desafio de existir.

- Valores: sobre o que vou me apoiar nesta caminhada.

Esses conceitos possuem o núcleo da ideologia central da empresa, ou seja, os alicerces balizadores da estratégia e da Cultura.

Na visão de Ronaldo Iabrudi:

O caminho por onde seguir

As empresas que crescem por aquisição ou por fusão, ou mesmo organicamente, precisam ter esses instrumentos de sua Cultura de negócio – missão, visão e valores, sistema de gestão etc. – para poder replicar. Sem isso, as coisas não somente não acontecerão conforme o previsto, como ficarão fora do controle. Esta é a função desses mecanismos: replicar, de maneira organizada, a Cultura do negócio. Contudo, eles não surgem na empresa porque uma consultoria os definiu.

Normalmente, a missão, a visão e os valores resultam do que o fundador pensava e, em certo momento, resolveu transformar em orientação formal para seu negócio. Missão e visão, então, transformam-se na maneira como se deve conduzir o negócio. Podem, portanto, ser alteradas conforme muda o mercado e muda a estratégia do negócio.

Valores têm de ser permanentes, são os comportamentos desejados de todos, em qualquer situação. Devem conter o que julgamos importante para o desempenho das pessoas. Neles, você encontrará aspectos estruturais da Cultura de gestão da companhia: obsessão por resultados, meritocracia, gestão e método. Esses valores sustentam a estratégia do negócio, o Modelo de Gestão e ainda geram valor para a companhia.

A missão, a visão e os valores precisam ser, ao mesmo tempo, inspiradores e levar as pessoas a se sentir parte, têm de ter algum embasamento real. Isso faz com que as pessoas saibam qual caminho devem seguir. Independentemente de estar lá, ou de ter um administrador, a hora que você define e mostra qual é a direção, e se puder ser inspiradora, ela orienta as pessoas para o caminho a ser seguido.

Ronaldo Iabrudi

Nem sempre as organizações dão tanta importância para a propagação e a prática desses elementos tão fundamentais à sua sobrevivência. Contudo, percebemos que ao tê-los bem enraizados no centro da gestão e, por consequência, em todos os processos organizacionais, deparamo-nos com um movimento harmônico no caminhar da empresa. Unindo a essa análise, Jorge Gerdau traz um importante *insight* para todos os líderes e empreendedores:

Sonhar num mundo globalizado

O mundo mudou e muda sem parar, à velocidade da luz. Isso interfere diretamente na visão e na missão da empresa. Missão e visão definem como queremos colocar a nossa relação com o mercado. Se ele muda na velocidade da luz, elas têm de se ajustar, mudar, evoluir, transformar-se. A globalização exige isso.

Missão e visão são a expressão do sonho empresarial, porém hoje é preciso sonhar num mundo globalizado, no *timing* adequado. Segundo Spendolini,[6] o *benchmarking* é buscado primeiro em nossa quadra de atuação, depois em nossa cidade e a seguir no estado e depois no país e, então, no mundo. O caminho para atingir o *benchmarking* é a comparação com o melhor do bairro, do distrito, da cidade, da região, do estado, do país e do mundo.

Jorge Gerdau

Missão é a razão de existir

Uma empresa não se define por seu nome, estatuto ou produto que faz; ela se define pela sua missão. Somente uma definição clara da missão é razão de existir da organização e torna possíveis, claros e realistas os objetivos da empresa.

Peter Drucker

Sempre associo missão à bandeira da empresa, seu estandarte, no qual estão inscritos os lemas que levam os soldados ao combate, o que os inspira a ir à guerra. Missão, etimologicamente, significa "para o que alguém foi mandado a algum lugar; encargo ou incumbência que alguém deve executar a mando de outrem". Nada mais próprio, nada mais claro. Alinhar o exército, definir sua direção e dar um significado à luta. A missão leva as pessoas a compartilhar um sonho e propõe uma causa. Define quem somos, para que existimos e para que estamos na organização.

---

[6] Spendolini é diretor e cofundador da Sumneva, da Oracle Application Express (APEX), consultoria, treinamento e soluções para empresas, fundada em 2010.

Assisti, há algum tempo, a uma palestra de Jack Welch, ex-presidente mundial da GE, em São Paulo, em que ele valorizava a missão como agente motivacional. Ia ainda mais longe, a missão tem de explicar ao colaborador a razão de ser da empresa para a qual ele foi contratado e inspirá-lo para que acorde motivado pela manhã para ir trabalhar, decidido a transformá-la em realidade. Se ele não buscar isso e a missão não for alcançada, ele não vai mais ser necessário na empresa. Fracassará junto com a companhia.

A missão deve ser divulgada, discutida, analisada tão forte e profundamente que se transforme em comprometimento e gere o desempenho necessário para o resultado desejado. De modo geral, as empresas a tratam com pressa e sem o cuidado merecido. Para reforçar o conceito, ocorrem-me duas pequenas histórias. Uma que envolve John Kennedy, e outra atribuída a Liev Tolstói.

> John Kennedy, em visita ao Cabo Canaveral, no início da guerra pelo espaço entre os Estados Unidos e a Rússia, cumprimentava os trabalhadores da base. Em dado momento, estendeu a mão a um faxineiro e perguntou: "Qual o seu trabalho aqui?". Sem pestanejar, o interrogado respondeu-lhe sorridente: "Meu trabalho aqui é colocar o homem na Lua". John Kennedy sorriu e entendeu que aquele era um homem que tinha a exata dimensão de seu trabalho, porque tinha entendido e abraçado a missão da NASA.

E a Liev Tolstói é atribuída esta pequena fábula:

> Certa vez, ao visitar uma enorme construção, uma pessoa parou diante de um operário e perguntou-lhe o que estava fazendo. O trabalhador respondeu: "Estou assentando tijolos". Continuando seu passeio, o visitante fez a mesma pergunta a um segundo operário, recebendo como resposta: "Estou levantando uma parede". Mais adiante, inquirindo um terceiro trabalhador (a fazer a mesma coisa que os dois primeiros), ele lhe respondeu com muito orgulho: "Estou construindo uma catedral".

O terceiro pedreiro tinha encontrado em seu trabalho um sentido maior para sua vida. Ele era um homem realizado. Eis a função da missão de uma empresa: criar um sentido maior para a vida das pessoas que contribuem para seu sucesso.

Missão, portanto, mais do que uma declaração para o posicionamento do negócio, deve conter algo extremamente inspirador que dê sentido ao existir da empresa e coopte, de maneira convincente, todos os *stakeholders*. Deve dar a cada colaborador, seja qual for o nível, razão para seu trabalho diário, motivo para seu esforço adicional, deve gerar sua adesão e seu comprometimento com a causa. Dar um sentido maior para sua vida. Ponto de vista com o qual Fersen Lambranho concorda:

Dando um sentido maior à vida

Acredito que o melhor momento da minha vida é hoje. As pessoas que são bem-sucedidas profissionalmente são as que acham o hoje melhor que o ontem. Contudo, só se você estiver no lugar certo, fazendo a coisa certa, dando um sentido maior à sua vida. Se você tiver ambição de fazer as coisas certas e ir além, não para ganhar dinheiro – dinheiro é meio –, mas para fazer um mundo melhor e reunir as pessoas em torno de uma causa, você dará sentido à sua vida. E a grande missão das empresas é dar sentido à vida de outras pessoas. Nem sempre as pessoas se apercebem disso porque estão no lugar errado.

Uma vez, eu cheguei em Goiânia e observei que havia lá o Walmart, que a gente tinha ajudado a trazer para o Brasil, Lojas Americanas, shopping da BRMalls, prédios da Gafisa. Eu não participava mais de nada daquilo; já não era do GP. No entanto, eu estava lá, no meio de uma praça, olhando e pensando: "Que maravilha, eu ajudei a fazer tudo isso. Eu passei por tudo isso". Eu não preciso do reconhecimento de ninguém. Definitivamente, não preciso. Aquilo tudo que ajudei a construir dá um sentido maior à minha vida!

Fersen Lambranho

Visão é a direção ao futuro

Os grandes navegadores sempre sabem onde fica o Norte. Sabem aonde querem ir e o que fazer para chegar a seu destino. Com as grandes empresas acontece a mesma coisa: elas têm visão. É isso que lhes permite administrar a continuidade e a mudança simultaneamente.

James Collins e Jerry Porras

Visão define o que queremos atingir e aonde queremos chegar em algum ponto no futuro. Na década de 1980, eu costumava utilizar como recurso para discussão nos meus seminários sobre Cultura Gerdau, um vídeo de Joel Barker, estudioso do efeito paradigma: "A visão do futuro", cujo conteúdo pode ser resumido na seguinte frase icônica:

Uma visão sem ação não passa de um sonho. Ação sem visão é só um passatempo. Contudo, uma visão com ação pode mudar o mundo.

Embora seu conteúdo fosse extremamente rico e falasse da importância do rompimento de paradigmas, o trecho que mais me sensibilizava no vídeo era o que fazia referência a Viktor Frankl, prisioneiro austríaco em Auschwitz, que sobreviveu ao seu infortúnio, tornou-se psiquiatra e que, a partir de sua experiência, desenvolveu a teoria de que ter uma visão positiva do futuro nos ajuda a superar aquilo que parece absolutamente impossível.

Viktor Frankl fundou a Escola da Logoterapia, que, diferentemente dos conceitos propostos por Freud, Jung e outros, explora o sentido existencial do indivíduo e a dimensão espiritual da existência. Para ele, o homem só se torna homem e só é completamente ele mesmo quando fica absorvido pela dedicação a uma tarefa, quando se esquece de si mesmo a serviço de uma causa.

Visão define o que a organização deseja ser no futuro. Deve servir de razão para que cada colaborador e todos os *stakeholders* dediquem a maior parte de seu tempo para sua realização, gerando o sucesso da empresa com a qual se sentem envolvidos e da qual sentem-se participantes.

Soube de poucas empresas que tenham tratado a visão com essa dimensão, buscando a efetiva internalização de seu conteúdo com os colaboradores, transformando-a em importante mola propulsora de sua motivação e de seu desempenho.

Otto Levy, COO da Magnesita Refractories, mostra a visão como a grande meta:

Visão é a grande meta

Eu acho visão fundamental desde que não seja algo etéreo demais, senão você nunca vai, efetivamente, conseguir dar um norte para o que você quer fazer. As pessoas precisam entender aonde você quer chegar. Se sua visão é "eu quero ser o melhor", é uma coisa muito fluida. O que é o melhor? Você tem de colocar os parâmetros para dizer como vai medir para ser o melhor.

Visão é uma questão de médio para longo prazo e serve para balizar a principal ferramenta do ano – ou do dia a dia –, que é o orçamento. O orçamento que você faz tem de estar na direção da visão. É um conceito interessante: visão é aonde eu quero chegar. Deve ser tão tangível e tão orientadora para o orçamento que tem de começar com médio prazo. Se pensar muito em longo prazo, fica só um sonho. E não é um sonho. É uma meta. A meta maior. É claro que você tem mais prazo para atingi-la, mas a visão tem a função de sustentar a estratégia.

Otto Levy

Princípios, credos ou valores?

Acredito firmemente que qualquer organização, para sobreviver e alcançar sucesso, deve ter um sólido conjunto de Princípios que fundamentem todos os seus planos e as suas ações. Acredito que o mais importante fator isolado de sucesso empresarial é a observância fiel desses Princípios. Atribuo nosso sucesso principalmente à força dos Princípios da IBM.

Thomas J. Watson Jr.

Princípios, ou credos, são o que vem antes, onde tudo começa. Possuem o caráter de algo de que não se pode abrir mão na condução pessoal e no processo de decisão. É questão de fé. De modo geral, têm embutido conteúdo ético e moral. Definem uma orientação de comportamento sobre determinado tema a que se deve obedecer sem questionar e têm um sentido mais permanente. Algumas empresas os usam para definir sua linha de conduta, sua filosofia perante a sociedade e o mundo dos negócios e antecedem à declaração dos valores.

Prefiro valores a qualquer um dos outros dois, porque todo negócio, intrinsecamente, em primeiro lugar e antes de mais nada, existe para criar valor e para gerar valor para o cliente e para os demais *stakeholders*. Os valores existem para declarar como isso deve acontecer. Eles devem ter seu conteúdo orientado diretamente à condução do negócio e à obtenção de seus resultados. Servem para definir os padrões para as atitudes, os comportamentos e os desempenhos necessários e esperados de cada um para apoiar a estratégia e conduzir o negócio.

Valores devem gerar valor para o negócio. Dentro dessa linha, gosto muito de uma citação de Howard Schultz, CEO da Starbucks, que ratifica esse conceito: "O valor de nossa companhia é resultado dos valores da companhia... nosso valor vem de nossos próprios valores".

Valores transformam

Valores definem os comportamentos esperados dos colaboradores para viabilizar os objetivos estratégicos, resultantes da visão e da missão da organização. Achei bastante perspicaz a maneira com que, na explicitação dos valores do Grupo Évora, William Ling falou sobre eles: "Valores objetivos para o negócio, ou valores de raiz que orientam os comportamentos básicos".

Essa afirmação faz-me lembrar de um professor de Cultura Organizacional, durante o "International Executive Program", em 1986, no IMI, em Genebra: "Cultura serve para apoiar a estratégia e os valores são os principais balizadores da Cultura. Se eles não apoiam a estratégia têm de ser mudados".

Na época, a afirmação me pareceu iconoclasta. Tratava-se de um período em que os valores eram chamados de credos ou princípios, pois não existiam para ser jogados no chão e pisados. Eram chamados assim porque deviam ser perenes, intocáveis e inquestionáveis. Contudo, o tempo mostrou que aquele professor tinha razão.

A partir de meados da década de 1980 em diante, com a globalização – palavra que ouvia e também me soava estranha naquele mesmo programa –, a competição mundial se acirrou, as forças do mercado se ajustaram mediante as impensáveis fusões e aquisições em nível local e global, obrigando todos a rever suas estratégias, seus posicionamentos e a redefinir seus alvos de ataque. Logo, os valores também tiveram de ser revistos juntamente com a revisão das estratégias de negócio.

Se voltarmos aos exemplos que dei antes da transformação organizacional, verificaremos que aconteceram no apagar da década de 1980 e no início da década de 1990. Princípios e credos de organizações sólidas, centenárias e tradicionais se transformaram em novos valores para se adaptar à nova estratégia do negócio.

Das afirmações anteriores, plenas de conteúdo mais filosófico, ético e moral, surgem agora palavras curtas, simples e diretas, orientadas para atender melhor o cliente e para gerar melhor resultado para o negócio. Na preocupação em levar ao imediato entendimento, para cada palavra ou frase curta, é definido o comportamento desejado do colaborador. Simples. Tudo sem muitos rodeios.

Mais do que palavras para encantar o cliente, os valores definem os padrões para o público interno de como se comportar nos temas propostos para que a estratégia se transforme em realidade. Valores objetivos para o negócio, usando a expressão de William Ling.

Fersen analisa a questão da seguinte maneira:

Ninguém muda tudo

Eu não vou comprar uma companhia que não tenha valores que eu aceite. Se eu não gostar, eu não vou entrar lá. Eu não vou me esforçar para adquiri-la. Acho que todas as vezes que a gente passou por cima disso, a gente se deu muito mal. Toda vez que a gente achou: *não, é um bom negócio, vamos mudar tudo*. Ninguém muda tudo! Nós mudamos Modelo de Gestão. Implantamos o modelo GP de Gestão. Quando chegamos na Magnesita, por exemplo, encontramos bons valores. Valores aceitáveis. Aceitáveis e por nós entendidos. Eu acho que a gente foi muito mais bem-sucedido em levar técnica, tecnologia e gestão do que valores.

Fersen Lambranho

Desse gancho, contribui a visão de Ronaldo Iabrudi em relação ao valor dentro de uma organização:

Valor não se muda

Valor é uma coisa que você tem de definir e que você não muda. Você aperfeiçoa, torna mais claro, mais direto; a essência, entretanto, é a mesma. Visão, você pode mudar. Primeiro, você quer ser a empresa com a maior rentabilidade. Depois que você atingiu a rentabilidade, pode pensar em outra coisa. Ou, se você tiver um problema enorme de mudança do mercado, você pode mexer na visão.

Valores são coisas que não dá para mudar. Você tem padrões de ética, você tem padrões de relacionamento com o meio ambiente, você tem meritocracia, foco no resultado... São coisas estruturais, os pilares da companhia.

Ronaldo Iabrudi

CAPÍTULO 5

CONSTRUÇÃO DE VALORES

O DNA Gerdau

Quando marquei a entrevista com Jorge Gerdau, para ouvi-lo sobre o conteúdo deste livro, eu estava havia cinco anos fora da empresa. Fui recebido na sala do conselho, em um novo edifício que não existia por ocasião de minha saída. Entrei na sala, cheio de curiosidade, e corri os olhos por todo o ambiente. Na parede, atrás da cabeceira da mesa, localizei um quadro que continha os valores da companhia. Cheguei mais perto para ler os valores da Gerdau e, vendo aquele quadro, vieram-me à cabeça as tantas versões com as quais eu lidara, durante mais de trinta anos, em minhas apresentações, minhas palestras e meus seminários para executivos ou visitantes.

Desde 1983, quando foram definidos pela primeira vez pelo Conselho/Comitê Executivo, com apoio da Consultoria Kepner Tregoe, eram bastante semelhantes, variando em número, seis ou sete, e se alternando em hierarquia, em função do momento do negócio. Tinham começado como credos e se transformaram em valores. O que eu via naquele momento, entretanto, era algo bastante diferente da última versão que eu acompanhara havia cinco anos. Para recuperar o passado, fui pesquisar os valores originais, de 1983:

- Lucro, como medida de desempenho e eficácia e preservação da livre-iniciativa.
- Seriedade com os vários públicos.

- Busca permanente da alta motivação de pessoal e capacitação.
- Flexibilidade como fator de eficiência.
- Independência: Controle Acionário e Gestão/Management.
- Permanente atualização tecnológica, visando qualidade, produtividade e custo.
- Baixo endividamento.
- Nosso negócio é siderurgia.
- Crescer o nível de participação atual.

Tinham um caráter de definição do negócio e eram voltados para a garantia e a segurança do investidor, além de orientadores da gestão e um tanto discursivos. Aqueles, que eu via agora, em 2013, trinta anos depois, no quadro pendurado na parede, pareciam mais simples e diretos, mais inclusivos, envolviam todos os *stakeholders*, com visão integrada, definiam os padrões dos comportamentos desejados, orientavam para a eficiência do negócio. São concretos, bem ao estilo do atual CEO:

- Ter a preferência do CLIENTE.
- SEGURANÇA das pessoas acima de tudo.
- PESSOAS respeitadas, comprometidas e realizadas.
- EXCELÊNCIA com SIMPLICIDADE.
- Foco em RESULTADOS.
- INTEGRIDADE com todos os públicos.
- SUSTENTABILIDADE econômica, social e ambiental.

Essa deve ser a sexta ou sétima versão dos valores da Gerdau. De certa maneira, sempre é um reforço de versões anteriores, mas colocados de forma mais direta e tratando dos temas que têm sido cobrados no dia a dia de todos os gestores e todos os colaboradores. Vivos e necessários, mais do que palavras bonitas em um quadro vistoso na parede.

Mais tarde, em sua entrevista, André me contou que esses valores foram discutidos com mais de mil pessoas na organização. Eles mudaram em função das necessidades estratégicas. Também essa é uma abordagem inovadora. Pois existe um desejo intrínseco dos colaboradores de se sentirem parte de algo.

Os valores Gerdau, apesar das várias versões, sempre transmitiram o DNA das várias gerações: foco nos clientes, cuidado com as pessoas e busca incansável da excelência. Trata-se da essência do DNA Gerdau.

Segundo André Johannpeter:

Mil pessoas e sete valores

Cultura é difícil para definir. Eu recorro aos valores: respeito às pessoas, foco em resultado, foco em cliente, integridade, e disso a gente não abre mão. É um norte. Contudo, tem de estar atrelado ao sistema de gestão e tem de ser focado em resultado. Isso é a Cultura Empresarial Gerdau.

Têm valores que não estavam escritos, mas eram praticados. Esses são os que nós estamos querendo destacar e reforçar. Por isso a evolução da Gerdau, com o envolvimento de mais de mil líderes na definição. E as pessoas gostam, querem participar e crescer. Querem fazer parte. Desse esforço conjunto surgiu a atualização dos valores da empresa.

André Johannpeter

A receita do sucesso do GP Investments

Quando fui contratado pelo GP Investments, logo após a reunião final de negociação, recebi um material sobre a empresa no qual constavam seus valores. Fiquei espantado à medida que lia, porque tinha ouvido as mesmas palavras do Fersen e do Iabrudi durante a entrevista de seleção, quando falaram sobre o que esperavam de mim como executivo da Magnesita, a mais nova empresa adquirida pelo GP.

No primeiro dia de Magnesita, também recebi um material com a missão, a visão e os valores da Magnesita, muito semelhante ao que eu vi no GP. Apesar de algumas diferenças, já na missão e na visão ficavam claros o espírito GP de superação contínua, a rígida meritocracia, a obsessão pelo resultado e o valor da Cultura e do sistema de gestão como garantidores do sucesso. Os valores da Magnesita são:

- CLIENTE – Gerar soluções de alto valor ao cliente, razão de ser do Negócio.

- GENTE – Pessoas excelentes, trabalhando em equipe e pensando como donos, constituem a maior vantagem competitiva da empresa. A formação de gente é uma atribuição de cada gestor e faz parte do dia a dia.
- MERITOCRACIA – Premiar o êxito, oferecendo caminho livre para que as pessoas se desenvolvam na velocidade de seu talento, esforço e resultado.
- GESTÃO e MÉTODO – Meios para o alcance e a superação de metas desafiadoras e alta performance, com trabalho duro, disciplina, criatividade e otimismo.
- LUCRO – Obstinação pela maximização de resultados, como única condição de perenizar a existência e o crescimento da empresa.
- ÉTICA – Jamais sacrificar a ética e a integridade na busca dos objetivos. Não é tolerada qualquer falha nesse sentido.
- AGILIDADE e TRANSPARÊNCIA – Simplicidade e rapidez na execução, transparência e objetividade na comunicação.
- RESPEITO À COMUNIDADE e ao MEIO AMBIENTE – Atuar com respeito ao meio ambiente e participar do desenvolvimento da comunidade.

De maneira inequívoca, encontrava ali as diretrizes para meu comportamento na gestão de meus processos e de minha equipe: meritocracia como base de tudo, alta performance, confiança, trabalho em equipe, obsessão por resultado, simplicidade e dedicação, utilizando o sistema de gestão para alcançar e superar as metas desafiadoras!

Além de tudo e, principalmente, sempre acreditando no sonho, conforme o último dos valores do GP Investments: "Nada é impossível: O nosso negócio é alimentado de persistência, criatividade, otimismo e muita sola de sapato". Os Valores GP contêm explicitamente, para não gerar nenhuma dúvida, o resultado da própria história do GP, a receita de seu sucesso!

André Johannpeter fala muito bem sobre isso:

Hierarquia entre valores

Para mim, há uma interdependência de valores, mas a prioridade que devemos ter é a preferência do cliente. Pois, se eu não tenho um cliente que está satisfeito, que quer trabalhar com aço Gerdau, que me dá prioridade, o nosso negócio não existe.

A frase que eu uso é a seguinte: o cliente, quando pensa em aço, tem de pensar em Gerdau. Queremos ser sua marca de preferência.

A compreensão de seus valores e de sua importância faz com que dia a dia todo o escopo da organização trabalhe em prol da realização de sua missão. Como afirma Otto Levy:

André Johannpeter

Como afirma Otto Levy:

Valor tem de gerar valor

Valores são importantes desde que eles sejam valores de verdade. O que quer dizer isso? Você tem de ter valores tão concretos que gerem resultado para o negócio, que gerem *market value*.[7] No mínimo, o valor deve gerar *market value* em termos de imagem. Numa siderúrgica, segurança é um negócio muito mais crítico do que numa empresa de refratários. Então, gera *market value* para a siderúrgica.

Otto Levy

Fersen, com sua longa experiência em aquisição de companhias, define de maneira clara a importância do líder como modelo na aplicação dos valores:

Circo romano – Valores

Existem determinados valores que você tem de seguir. Para fazer isso, você precisa de liderança. Liderança objetiva. Liderança lá no topo. As pessoas costumam pensar a empresa como uma pirâmide. Eu acho que é o contrário: a empresa é um circo romano, onde quem toca está no meio e os demais estão sentados nas arquibancadas torcendo muitas vezes pelos leões. É da natureza humana.

Então, a posição de primeiro homem de uma companhia, logo abaixo da sua diretoria, é muito crítica. Porque cada milímetro que ele anda para um lado, na base vai significar quilômetros. Cada vez que ele abre, flexibiliza um conceito um pouquinho, acaba descendo, abrindo uma fenda imensa. Ele está no centro do picadeiro. Ele é o modelo, a referência.

Fersen Lambranho

[7] Valor de mercado de uma empresa.

Valores pelo processo reverso

De modo geral, depois de uma longa caminhada de sucesso, com o desejo de perpetuar o modelo para o futuro, é que se pensa em definir os valores. A Gerdau o fez oitenta anos depois de sua fundação. Dentro da prática metodológica da revisão periódica de seu Planejamento Estratégico, feito pelo Conselho e pelos principais executivos da Operação, também sempre revisitou missão, visão e valores. Para a revisão, entretanto, que resultou na última versão, houve uma novidade.

Diferentemente das vezes anteriores, André Johannpeter optou pelo processo participativo e decidiu que fossem ouvidos cerca de mil executivos para a revisão na definição dos valores. Em relato pessoal, ele não somente valorizou o resultado, como o grau de envolvimento dos participantes.

Era algo semelhante ao que Sam Palmisano fizera na IBM, em 1992, em um processo que foi denominado *values-jam*, que envolveu significativa parte de seus empregados, pela internet, que resultou nos atuais valores da IBM, que substituíram aqueles criados por Thomas Watson Jr., em 1914. William Ling também relatou que, para a construção dos valores das empresas do Grupo Évora, buscou a participação de seus principais executivos, o que resultou na real expressão da forma que todos devem se comportar no desempenho de suas funções.

Trouxe esses exemplos para poder relatar uma experiência que tive como consultor em uma empresa de investimentos jovem e bem-sucedida do Nordeste, focada principalmente na construção e no aluguel de centros logísticos. O dono era um empresário brilhante, pragmático e intuitivo. Não acreditava muito em pôsteres cheios de palavras bonitas, pendurados nas paredes, que não fossem a prática do dia a dia na empresa, com o que concordo plenamente.

Sempre acreditei que os valores são entendidos e praticados se encontrarem ressonância nos colaboradores, por conterem aquelas mesmas verdades que estes aprenderam em casa ou que a vida ou a prática na empresa os convenceu de serem válidos pelos resultados a que levaram. Partindo desse princípio, resolvi criar um caminho inverso para defini-los.

Em grande parte, os executivos dessa empresa de investimentos eram oriundos da empresa anterior, que pertencia ao mesmo empresário. Eu tinha duas coisas a meu favor: eles conheciam muito bem seu patrão e seus valores, e possuíam também valores bastante semelhantes aos dele, sem os quais ele não os teria trazido para a nova empresa. Bingo!

Se valores devem ser os comportamentos desejados dos colaboradores para viabilizar a missão e a visão da empresa, o primeiro passo seria descobrir quais seriam esses comportamentos. Reuni os executivos em pequenos grupos e solicitei que, tendo em vista a missão e a visão que eles já haviam definido com o fundador do negócio, identificassem quais os comportamentos mais característicos na empresa atual e na anterior.

Como resultado das discussões, definimos comportamentos gerais e específicos, necessários aos processos de negócio e valorizados pelo fundador. Em seguida, solicitei para que cada um definisse quais os comportamentos que mais valorizava e mais cobrava de sua equipe no desempenho de suas funções e nas relações internas e externas.

A partir do elenco enorme de comportamentos e da discussão em grupo, buscando o consenso, fomos aglutinando os comportamentos e agrupando e ajustando os que se assemelhavam. Sobraram seis grandes grupos, com uma média de três a quatro comportamentos cada um.

Aos seis grupos, demos a denominação que mais parecia descrever o conjunto de comportamentos, titulando, assim, os valores. Ou seja, em um processo reverso, definimos os valores da companhia a partir dos comportamentos necessários para o bom desempenho dos processos de negócio.

Resumindo num trocadilho, os valores não definiram os comportamentos, ao contrário, os comportamentos necessários é que definiram os valores que vieram a definir os comportamentos desejados. Tenho certeza de que a utilização dessa abordagem leva à definição ou à revisão dos valores a conteúdos fortes, consistentes com a missão e a visão, e claros para cada um dos líderes responsáveis por sua prática como guardiões da Cultura da empresa.

Desconstrua os valores existentes

Numa palestra para executivos em uma associação de classe, depois que fiz o relato citado anteriormente, um dos presentes me perguntou: "Esta aventura parece muito apropriada quando a companhia ainda não tem seus valores declarados. Como se faz quando se deseja fazer o mesmo processo participativo, com ganhos equivalentes, quando já existem valores definidos?".

Naquele momento, lembrei-me das três fases para a transformação organizacional propostas por Kurt Lewin, psicólogo alemão: descongelamento, mudança e novo congelamento. Minha resposta foi imediata, simples e direta: "Desconstrua os valores existentes!". Foi minha primeira reação e comecei, em seguida, a explicar-lhe o processo de que estava falando.

Dentro do processo de revisão do Planejamento Estratégico, definidas a missão e a visão, deve-se apresentar os valores vigentes e seus enunciados aos líderes e aos representantes-chave dos processos de negócio.

Por meio de trabalhos em grupo, divididos por processo de negócio, solicita-se que identifiquem os comportamentos mais necessários para a eficiência do processo no qual atuam, em sua operação e em suas interações internas e externas. A partir da lista geral resultante, os grupos definem os mais essenciais, levando em consideração a máxima eficiência dos processos.

Feito isso, solicita-se aos grupos que selecionem e distribuam os comportamentos resultantes com os valores existentes que melhor representem seu conteúdo. Concluído esse exercício para todos os processos de negócio, teremos para cada valor vigente a relação de seus comportamentos correspondentes, bem como comportamentos que não encontraram um valor a que poderiam corresponder.

Poderá acontecer de algum valor já existente não ter para si uma relação de comportamentos, ou haver algum raro comportamento relacionado entre aqueles necessários à eficiência dos processos (este deve ser retirado da lista de valores). Para aqueles comportamentos que não encontraram seu valor correspondente, deve-se avaliar a necessidade de criar um novo valor ou revisar o enunciado de algum existente.

O processo que envolve os grupos na avaliação dos valores a partir dos comportamentos esperados, bem como sua consequência natural, vai levar os líderes e as equipes a refletir e se conscientizar sobre o que se espera deles no desempenho de suas funções, além de criar a oportunidade para a empresa repensar e talvez revisar os enunciados de alguns valores, ou até eliminar algum.

Pode ser um momento oportuno de redirecionamento do comportamento organizacional. Afinal, por meio dessa desconstrução dos valores, ergue-se por sua reconstrução um novo edifício mais forte, mais sólido e mais consistente pela participação de todos.

Como afirma Jorge Gerdau:

Empresas são núcleos de conhecimento

A importância dos valores nas empresas é impressionante. Valores definem a construção de impérios. Porque a empresa moderna nada mais é do que um condado. Antigamente, toda propriedade era a terra, a riqueza única era a terra. Hoje, o capital é o conhecimento, essencialmente. As empresas nada mais são do que núcleos de conhecimento e de geração de riqueza para todos os *stakeholders*, para toda a sociedade.

Jorge Gerdau

Cada um com sua tribo

Empresas como GE, Gerdau, GP, Magnesita e tantas outras usam como fator de avaliação em seus processos meritocráticos de remuneração, ou de promoção, o nível de adesão à Cultura e aos valores. Nessas empresas, de modo geral, a não adesão pode significar razão para a demissão, principalmente nos cargos executivos. Assim, dentro do processo seletivo, a avaliação da identificação dos candidatos com os valores da companhia deve merecer cuidado especial. O processo seletivo é um procedimento de escolha mútua: as pessoas escolhem a companhia e a companhia escolhe as pessoas.

Quando alguém procura uma companhia, ou é procurado por ela, de imediato analisa se vai querer pertencer àquele lugar. Os valores são a primeira coisa que candidatos querem conhecer e entender, por serem determinantes para sua tomada de decisão. O candidato sabe que nos valores estão embutidos o jeito de ser da empresa, o de se comportar e o de fazer negócios. As pessoas tendem a escolher aquelas cujos valores se assemelham aos seus. "*Qui se ressemble, s'assemble*" [Quem se parece, se junta], diria o francês. Se seleção é um processo mútuo, o mesmo raciocínio serve para as companhias.

Usar os valores como guia principal nos processos seletivos é o melhor começo para a escolha dos candidatos, talvez até mais importante do que as próprias competências. É a hora de ir atrás daqueles que se assemelham com a empresa e que terão mais facilidade de se adaptar ao que ela espera deles em termos de comportamento e ação. Tudo fica mais fácil começando por aí. É momento de escolher a própria tribo. Durante nossa entrevista, Fersen afirmou:

Bichos de mesma plumagem

A coisa mais difícil é você conseguir fazer com que as pessoas tenham um sonho comum, tenham uma visão comum da vida. Eu estou convencido de que é impossível atingir um bom resultado se você não tiver pessoas que compartilhem dos mesmos valores. Que sejam bichos de mesma plumagem. Feito isso [não é suficiente], você tem a questão do alinhamento. O alinhamento é em função de visão [médio e longo prazos], visão de futuro e sua capacidade de fazer com que as pessoas se sintam pertencendo a alguma coisa.

Fersen Lambranho

Ponto que pode ser complementado com a visão de Otto Levy:

Quem escolhe quem?

Você conhece o conceito estatístico de normal? Normal é aquele ponto da curva em que a maioria se enquadra. Então, qual é a empresa boa para eu trabalhar? É aquela que é a minha normal. É aquela cujos valores da maioria se encaixam com os meus. Entretanto, não quer dizer que é melhor ou pior. As empresas escolhem as pessoas. Contudo, as pessoas também têm de escolher as empresas. Isso é igual ao casamento.

Otto Levy

Consolidando os valores

Cito novamente a expressão inglesa "*Walk the talk and talk the walk!*". Seja consistente sempre e em todas as ações: o que se prega, deve ser praticado e o que se pratica, deve ser pregado. Assim, os valores se consolidam e se tornam palpáveis e reais. Nas empresas, de que forma isso pode acontecer?

Construindo juntos

Sempre acreditei que os resultados são mais efetivos e duradouros nos processos de transformação organizacional, quando os atores se tornam os próprios autores. Transformam-se em objeto e sujeito do processo, segundo o mestre Paulo Freire. Reafirmo aqui minha crença de que o método de construção participativa é a melhor maneira de envolver e cooptar as pessoas.

No caso dos valores, na definição ou na revisão deles, os métodos da construção reversa ou da desconstrução, que apresentei há pouco, são práticas objetivas de construção participativa. Todos os que participam do processo de criação sentem-se donos dos valores criados ou revistos, apoderam-se deles, absorvem-nos e passam a transmiti-los e a defendê-los como os próprios valores.

Trabalho de missionário

Quando se pensa em comunicação de valores, como opções óbvias sempre surgem as divulgações por meio das palestras de integração na empresa e por pôsteres ou quadros que contém seus enunciados. São caminhos naturais, mas não necessariamente os mais eficientes. Podem dar transparência aos valores, porém não significa que atingem o receptor-alvo na medida de influenciar seu comportamento.

Na Gerdau, Jorge e André, na Magnesita, Fersen e Iabrudi, todos aproveitavam algum momento de sua preleção para fazer uma ligação do tema que tratavam com um ou outro valor da companhia. A lembrança por associação é uma forma de reforço para consolidá-lo. É um trabalho de missionário.

Servindo de espelho

A equipe valoriza o que o líder valoriza. E isso será ainda mais eficaz e terá maior peso se a equipe conseguir identificar naquele líder sua prática pelo exemplo no dia a dia. Uma ação vale mais do que mil palavras. O chefe sempre é o grande espelho.

Reforçando comportamentos

Nunca neguei minha orientação skinneriana, solidamente behaviorista, no processo de Gestão de Pessoas. Essa posição se consolidou pela minha convicção de que, nessa abordagem, o indivíduo não é simples objeto. Antes disso, ele é o sujeito responsável e consciente, dono de seus comportamentos e atos. Torna-se objeto não do processo, mas das consequências dos mesmos comportamentos e atos pelos quais é responsável.

Voltando aos valores, as pessoas valorizam o que os líderes valorizam, cobram, reconhecem, premiam e até remuneram. O sistema de consequências, como elemento de reforço ao comportamento e à ação dos avaliados, é um dos mais bem-sucedidos. Assim fazem a Gerdau, o GP, a GE e tantas outras companhias.

Utilizar a adesão e a prática dos valores como fator de avaliação de competência e desempenho, com as naturais consequências nos planos de carreira e sucessão e na remuneração variável, é o método mais efetivo para sua incorporação e sua prática. Nunca vi nada mais eficiente.

Nos processos de avaliação de seus executivos, Jack Welch definia, em seu conhecido pragmatismo, as seguintes categorias:

- Bons valores com bom desempenho: promover.
- Bons valores com mau desempenho: dar mais uma chance.
- Maus valores com bom desempenho: colocar em alerta.
- Maus valores com mau desempenho: dispensar.

Estímulo-Resposta-Reforço! Existe maneira mais simples de fazer os valores funcionarem?

Esses quatro caminhos, cada um do seu jeito, dão consistência e reforçam pela palavra, pela ação e pelo reconhecimento a importância dos valores e de sua prática. Sem isso, valores se tornarão palavras ao vento ou quadros bonitos que enfeitam os corredores das fábricas ou as paredes das corporações.

Para concluir este tópico, encerro com uma reflexão de Jorge Gerdau:

Valor é religião

Os líderes precisam incorporar esses valores que se originam na família para a empresa. O papel dos líderes é buscar resultados e, para isso, cuidar das pessoas e fazer benfeito. Fazer palestra de valores é como se fosse falar de religião. O que são os valores da empresa? São aqueles que você pratica com seus filhos na sua casa. Não precisamos inventar, não precisamos explicar valores. Ou aderem ou não.

Jorge Gerdau

CAPÍTULO 6

OBJETIVOS ESTRATÉGICOS – Definindo o rumo

Nenhum vento sopra a favor de quem não sabe para onde ir.

Sêneca

Planejamento estratégico é um tema pelo qual me interesso desde o início da década de 1980. Na Gerdau, seu início remonta a 1982, com a consultoria da Kepner Tregoe. Em 1986, por coincidência, quando estudava o assunto no programa executivo que fiz no IMI, em Genebra, o apresentador do tema foi John Zimmerman que, juntamente com Benjamin Tregoe, escreveu *A estratégia da alta gerência*[8] *– o que é e como fazê-la funcionar*, em que define o modelo de "driving forces" usado pela Kepner Tregoe. Por este modelo, o caminho estratégico da empresa é definido por sua força motriz predominante. Desde então, muita água correu embaixo da ponte.

O planejamento estratégico, enquanto processo e métodos, começa a aparecer por intermédio das intervenções de consultorias em empresas de grande porte, em função de seu rápido crescimento, sua diversificação e sua multiplicação – portanto, de infinitas variáveis, como forma de organizar o pensamento, definir o foco e orientar os esforços. Sua "idade de ouro" vai até meados da década de 1980 e, gradativamente, seus métodos começam a ser questionados diante da imprevisibilidade e da imponderabilidade de tendências e perspectivas.

[8] Publicado pela editora Zahar em 1982.

O futuro torna-se uma região cada vez mais inóspita e menos explorável. É o caos imprevisível. As grandes consultorias de estratégia empresarial – McKinsey, Boston Consulting Group, Arthur De Little, Booz Allen e outras tantas –, que dominam o mercado nesse período, passam por grandes transformações internas e começam a sofrer a concorrência de pequenas consultorias, criadas de oriundos de seus quadros. Suas abordagens e suas receitas necessitam mudar de acordo com a realidade externa, quando veem a credibilidade de suas matrizes de dupla entrada cair por terra por não responder tão seguramente às demandas e à realidade do mundo em transformação.

No início da década de 1980, Michel Porter dá um novo alento aos conceitos, trazendo luz com suas três vantagens competitivas de diferenciação, custos e foco. A partir desse quadro, nos últimos tempos, tanto nas empresas em que trabalhei como em tantas outras, tenho observado algumas mudanças significativas no jeito de conduzir o processo de planejar, que posso resumir da seguinte maneira:

- As empresas passam a assumir internamente o processo.
- Planejar passa a ser mais um exercício de calibrar do que acertar.
- As projeções passam a ter perspectivas de tempo menores.
- Existe flexibilidade para o uso de múltiplas matrizes de entrada.
- Inicia-se o envolvimento de mais níveis no processo.

O pensamento de que o esforço de uma grande consultoria, que apoiasse o nível mais alto da organização, resultaria nas "tábuas da lei" para a prática do povo no deserto, foi abolido. As razões podem ser diversas, contudo, por certo, entre elas estão os custos crescentes e o conhecimento prévio, pelos principais executivos das empresas, das matrizes utilizadas pelas grandes consultorias.

Planejamento passou a ser um alinhamento, uma referência, mais uma hipótese do que uma certeza. Assim, parece mais seguro projetar as aspirações para um período menor, no qual as variáveis parecem ter mais previsibilidade. Para ser um exercício livre de pensar o negócio, os métodos utilizados passaram a ser aplicados de forma mais eclética, conforme o conforto e a segurança que sua prática e seu resultado parecem oferecer. O processo como um todo se tornou mais aberto e mais flexível para os ajustes necessários no meio do caminho.

A estratégia deixou de ter parâmetros tão definitivos. Seu conceito se ampliou. Pode-se entendê-la como perspectiva, posicionamento, plano e padrão para as decisões. Como se fosse uma ponte que liga o sonho às ações concretas para sua realização. Estratégia é, ao mesmo tempo, a viagem que se imagina e o caminho que se percorre para chegar ao destino tão desejado. Ela não apresenta nenhum significado separada de seu propósito, pelo contrário, define as ações a ser tomadas para chegar aonde se pretende e é, simultaneamente, influenciada pelas ações que dela resultam. É um processo integrado e interdependente (como, aliás, mostra o Triângulo Transformador). Em tempos de contínua transformação, como os atuais, estratégia e execução cada vez mais são conectadas e interdependentes.

A maior mudança que pude observar foi quanto a quem participa da formulação. As "tábuas da lei" não descem mais do Monte Sinai, nas mãos do profeta. Ao contrário, hoje, sua construção se dá pelo processo interativo entre os dois mundos, a direção e a operação. Quem pensa no futuro é quem vive o presente, pois é dessa aliança que nasce a melhor solução. Quanto maior a participação da operação na definição dos objetivos estratégicos, mais *inputs* da realidade operacional e do mercado são colocados à mesa para formulação da melhor estratégia; com isso, mais oportunidade de aprendizagem sobre o negócio se oferece para quem opera e mais engajamento para todos os participantes.

De novo, os atores se tornam também autores do texto, tornando-se sujeitos e objetos do próprio processo, como já vimos. Esse processo lhes possibilita contribuir e comportar-se como sócios e comprometer-se nessa mesma dimensão com a organização da qual fazem parte. É a construção compartilhada do sonho de todos, é a empresa do futuro.

Essa abordagem não elimina o papel do Conselho de Administração como órgão que pensa a equação de longo prazo do negócio, como instância inspiradora das possibilidades e do tamanho do sonho, nem a função da alta administração de dar rumo ao empreendimento garantindo seu foco, seu crescimento e sua sustentabilidade.

Estamos falando da prática japonesa do *ringisei*, termo reconhecido por significar a decisão feita pelo consenso entre os envolvidos, na formulação da estratégia. No processo de idas e vindas, com ajuste contínuo das expectativas e das possibilidades relativas ao negócio, aperfeiçoam-se as aspirações iniciais do Conselho e da alta Administração. Essa prática já é realidade na Gerdau e na Magnesita, claro, cada uma a sua maneira; de qualquer modo, considero-a a perfeita conexão entre o sonho e a realidade!

Durante a entrevista, Jorge Gerdau fez o seguinte comentário:

Objetivos estratégicos são utopias?

Vamos brincar... No fundo, a gente constrói utopias, objetivos estratégicos, para chegar lá. Utopia é o horizonte, aonde queremos chegar. Agora, o instigante é que se dermos vinte passos para a frente, para chegar mais perto, surge uma nova utopia. Será preciso buscar um novo objetivo.

Jorge Gerdau

Com esse pensamento, ele nos aponta a importância fundamental dos objetivos estratégicos: desafiar nosso trabalho, a fim de desempenharmos cada vez mais com maestria. Os objetivos se reinventam à medida que alcançamos cada vitória, de modo que nos mantêm em constante movimento. Quando falamos do envolvimento de toda a equipe nesse processo tão importante para a construção de Cultura de Resultados e engajamento falamos de motivação. André Johannpeter fala sobre isso da seguinte maneira:

Hora de levantar a barra

Temos os objetivos da corporação, objetivos globais, e eles são desdobrados. Quando revisamos, envolvemos as operações. E o próximo passo é levantar a barra. Desafiar as equipes a buscar mais. Que eles reflitam na contribuição de cada operação. E o gerenciamento da estratégia força a isso.

André Johannpeter

BSC: O painel de controle das aspirações

Objetivo e meta são coisas diferentes. Embora ambos sejam alvos a ser atingidos, objetivo é a declaração do que se deseja alcançar no médio ou no longo prazo, é o desejo; meta é sua definição, em termos quantitativos e com prazo definido. Meta é a vontade colocada em prática para a realização dos objetivos.

Por sua vez, como já vimos, os objetivos estratégicos são a interpretação materializada das aspirações da companhia transformadas em ações que viabilizarão a realização da missão e da visão propostas pela organização. Eles definem o rumo, alinham os esforços e indicam os caminhos.

Já observei várias formas de organizar os objetivos. Uma delas consiste em sua divisão pelo alcance e pela dimensão – como empresariais, funcionais e operacionais. Todas levam em consideração os recursos disponíveis, os riscos e as oportunidades. Na Magnesita, tive oportunidade de acompanhar uma abordagem bastante interessante para a definição de objetivos estratégicos, que utiliza as quatro dimensões do Balanced Scorecard (BSC). A metodologia BSC consiste em um grande painel, que permite às organizações transformar sua estratégia nos objetivos que orientarão as ações, os comportamentos e o desempenho de todos, alinhando-os ao horizonte que se almeja.

O BSC funciona como mostra o gráfico a seguir:

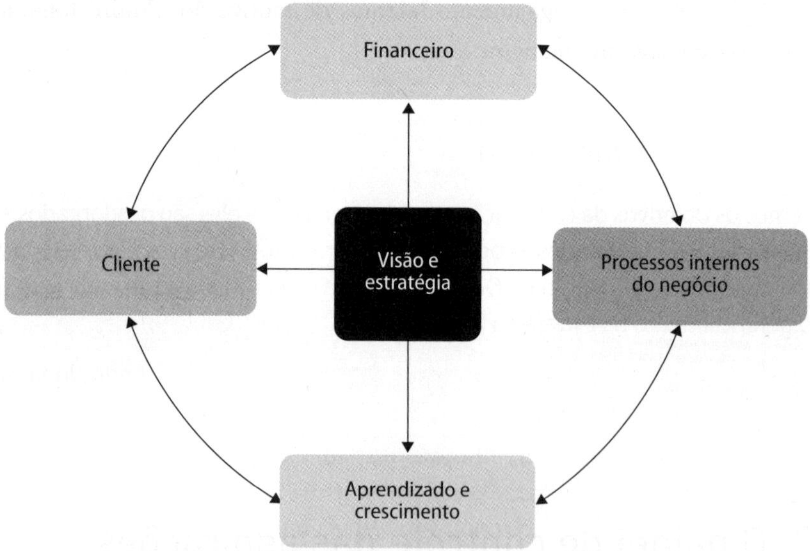

O método BSC constrói a estratégia de maneira lógica, sempre considerando as relações de causa e efeito, o desempenho e os resultados a partir de objetivos, indicadores, metas e iniciativas, considerando as quatro áreas de qualquer negócio: financeira, clientes, processos internos do negócio e aprendizado e crescimento. Tudo de maneira absolutamente objetiva e sucinta para que apresente o extrato mais verossímil ao momento da organização.

Sempre fui fã incondicional da metodologia do BSC, porque sua forma participativa dá clareza e cria o consenso sobre a estratégia e seus desafios, obtém o alinhamento e o foco na ação, descentraliza a responsabilidade, engaja e desenvolve as lideranças dos processos de negócio. Arrisco dizer que seja o modelo mais inclusivo e participativo que já vi.

No caso da Magnesita, a consultoria contratada utilizou-se de todas as dimensões do BSC. Dentro de uma única folha A4, estava o resultado da metodologia aplicada por meio de um processo interativo entre acionistas, alta direção e donos de processos de negócios. Todos podiam ver seus sonhos projetados e compartilhados para os próximos cinco anos. Ao resultado dessa abordagem, após os ajustes naturais do processo, foi dado o nome de *aspirações estratégicas*.

Gostei da denominação porque, a meu ver, tem mais significado tratando-se de uma visão de longo prazo. Nesse caso, fazia ainda mais sentido porque a Magnesita enfrentava a compra da LWB no meio do *tsunami* da crise financeira de 2008. Todos, num único olhar, sem nenhum esforço, tinham o painel de controle de suas aspirações em mãos.

CAPÍTULO 7

ALINHAMENTO ORGANIZACIONAL – Repensando os recursos

Dentro de sua abordagem caracteristicamente crítica e criativa, os processos próprios de formulação ou de revisão da estratégia do negócio oportunizam repensar e reinventar o negócio como um todo, em todas as dimensões.

O alinhamento organizacional também faz parte desses processos, mas nem sempre recebe a atenção que merece, considerando-se o tamanho da oportunidade oferecida à empresa. De modo geral, para evitar conflitos ou pela urgência da implantação das decisões tomadas, passa-se apressadamente por essa etapa, deixando para trás uma chance valiosa para a transformação da organização.

O momento do alinhamento organizacional permite a atuação sobre os principais vetores das grandes transformações: processos, estrutura e pessoas. É a hora perfeita para a implantação das grandes mudanças, pois não existe sucesso nos processos de transição sem que esses três elementos sejam mexidos. Como vimos antes, diante da estratégia de negócio definida, são três os passos dessa etapa:

- Avaliar e redefinir os Processos de Negócio e de Apoio.
- Revisar a Estrutura Organizacional para suportar os Processos.
- Repensar a Liderança: o modelo e os líderes.

Não conheci ninguém mais inquieto, sempre obcecado por redução de custos e aumento da produtividade quanto Jorge Gerdau. Nem espírito mais insatisfeito do que Ronaldo Iabrudi. Ambos direcionados às oportunidades de melhorias.

Os dois, mestres inquestionáveis em mexer nos três vetores para otimizar os resultados globais, sem medo e sem pudor, sempre estão atentos às oportunidades, ora questionando a eficiência dos processos, ora simplificando a estrutura, ou ainda, revisando o modelo de liderança. De qualquer modo, estão sempre perseguindo novas maneiras de reinventar a organização, levando-a a outro patamar. Para eles, quando falamos sobre alinhamento organizacional, temos os seguintes pontos de vista:

A estrutura organizacional é o timão do navio

Você tem de organizar seu negócio de forma que saiba de quem você vai cobrar cada coisa e garantir que se atinja o resultado. A estrutura organizacional é o timão do navio.

Ronaldo Iabrudi

Governança: o processo dos processos

Qual é o processo mais importante de gestão? Chama-se governança. Uma empresa ou um país que tem governança inteligente é imbatível. Recomendo a leitura do livro de Nicolas Berggruen e Nathan Gardhels, *Governança inteligente do século XXI*.

A função da governança é avaliar, direcionar e monitorar o *core business*. É a definição do pensamento estratégico da companhia ou do país. A genialidade do *core business* potencializa a possibilidade do lucro. Gestão sem definição estratégica não gera resultados sustentáveis. Contudo, a boa gestão com objetivos estratégicos bem definidos maximiza o resultado.

Jorge Gerdau

Processos servem para quê?

Os desafios não estão nos meios, criam-se estruturas para poder atingi-los. E os fins não dependem disso, dependem de mercado, trabalho, eficiência, resultado. Focar os meios é uma maneira de fugir dos fins. Deve-se atuar nos meios, mas focar os resultados.

Otto Levy

Redenção da Reengenharia

No início da década de 1990, a palavra de ordem para a modernização das empresas era a implantação dos Enterprise Resource Planning (ERPs). Os ERPs são uma plataforma de software desenvolvida para integrar os diversos processos da empresa, possibilitando sua máxima automação. A integração de todos os dados e todos os processos em um único sistema proporciona à corporação maior confiabilidade dos dados, monitorados em tempo real, diminuindo, assim, a ocorrência de retrabalho.

Os ERPs representavam uma enorme evolução, comparados aos existentes até então. As consultorias especializadas em implantar o sistema traziam outra novidade – que potencializaria ainda mais os ganhos –, a Reengenharia de Processos.

Por intermédio da Andersen Consulting, fomos a Cambridge e conversamos com Thomas Davenport que, com Michel Hammer, trazia algo de inovador com o conceito de Processos. O resto da história das intervenções de Reengenharia nas empresas, *downsizing* etc., todos conhecem e aos seus resultados – positivos e negativos.

A Reengenharia não entregou a panaceia prometida e deixou suas vítimas e seus destroços, mas a visão de processos foi um legado de inquestionável importância na vida das empresas. Reinventou a forma de ver e entender o negócio, de conduzi-lo, estruturá-lo e avaliá-lo. A visão de processo trouxe uma renovação na gestão, com a criação dos donos do processo, a horizontalização, a eliminação dos silos...

Sem negar os possíveis excessos e descaminhos ocorridos com a Reengenharia, quero redimi-la, pelo menos em parte, pelo que de bom nos deixou. Possibilitou um salto quântico à vida das organizações e nos brindou com lições valiosas que podem ser aplicadas perfeitamente nos dias de hoje.

Processos existem para sustentar a Estratégia. Após a identificação, devem ser priorizados e, se não tiverem perante a estratégia, devem ser eliminados. Há os processos de negócio e os processos de apoio. Eles existem para atender às necessidades dos clientes internos e externos, cuja satisfação deve ser medida continuamente. Apresenta-se com visão simplificada, sem muitas voltas, o que é ideal para qualquer análise real independentemente da situação. Cada processo deve ter seu dono, como único e principal responsável pelo todo, da entrada até a saída, perpassando verticalmente à organização.

Com essa abordagem, a organização se afina, as estruturas são repensadas e simplificadas, os níveis diminuídos. As funções de supervisão, em parte, foram eliminadas, gerando mais autonomia e autocontrole para as equipes, e muitas atividades tornaram-se dispensáveis pela presença da tecnologia de informação. Uma verdadeira revolução.

Outra lição inesquecível foi a busca pelo aumento radical da eficiência dos processos e da agregação de valor para a empresa e para o cliente. Esse conceito criou a nova consciência de que todo esforço é pouco quando se trata de redução de custos, redução de tempo e melhoria da qualidade dos serviços.

Uma terceira, mais importante ainda, e seu legado principal: após a análise de valor de cada processo, deve haver a clara decisão de eliminar as atividades que não agregam valor à companhia ou aos clientes. Foco na eficiência do negócio e na satisfação do cliente. Busca de melhoria e inovação permanente pelo *benchmarking* e do *Plan, Do, Check, Act* [Planeje, Faça, Verifique, Aja] (PDCA), outro método de gestão utilizado para garantir controle e melhoria contínua de processos e produtos.

Depois da experiência que tive na Gerdau com o processo de Reengenharia, minha cabeça nunca mais foi a mesma. Impossível buscar uma grande transformação sem antes pensar nos processos de negócio e de apoio e de sua relação com a Estratégia do Negócio.

Definida a Estratégia e estabelecidos os objetivos estratégicos, a primeira pergunta que me vem à mente é: "Que processos de negócio ou de apoio vão viabilizá-los? E como devem ser esses processos?". Tem de ter dono, agregar valor à companhia e aos clientes, menor custo, dentro do menor tempo, e com a maior eficiência e a melhor qualidade, apoiado pela tecnologia de informação de ponta.

Todo ano, na época da revisão estratégica após a definição dos objetivos estratégicos, é momento também de repensar os processos de negócio e os de apoio, o primeiro passo da etapa de Alinhamento Organizacional.

Estabelecido o processo, o passo seguinte é responder: "Que estrutura vai ser necessária para que funcione bem?". Hora de revisar a estrutura organizacional para suportar os processos. Uma coisa puxa a outra, que puxa a outra, e assim sucessivamente... Tudo pode ser repensado no alinhamento organizacional. É a oportunidade para reaprender, revisar e reinventar a organização. Nesse processo aprende-se muito com as conclusões a que chegamos por meio da reengenharia.

De acordo com Otto Levy:

Com menos gente, tudo fica mais fácil

Outro conceito que vale para estrutura é: com menos gente, fica mais fácil. É porque o processo fica mais rápido e direto. Menos gente é menos estrutura e menos burocracia. Na realidade, a estrutura, quanto mais simples, melhor. *Flat organization* [organização plana], isso muda tudo.

Contudo, para que isso aconteça você tem de ter pessoas boas.

Você tem de melhorar as pessoas em todos os níveis. E também precisa ter menos gente onde gente representa um custo muito elevado. Na área de serviços, normalmente, gente representa um custo razoável, mas é o que dá solução. Se você tem mais atendentes e isso significa não deixar o cliente esperando vinte minutos, vale a pena? Vale a pena. A organização tem de estar alinhada com resultado.

Otto Levy

A fala de Levy representa muito bem o conceito de alinhamento organizacional, no qual todos os ajustes serão feitos de modo que estejam orientados com a geração de valor e de resultados.

Transformação pela estrutura

Estrutura é a representação gráfica do *status quo* da empresa, é seu estágio atual, sua posição no momento. Se quiser rompê-lo, tem de mudar a fotografia. Mudanças importantes somente acontecem quando se mexe nos três vetores: processo, estrutura e pessoas. Estrutura, sem dúvida, é a mais visível e significativa. Qualquer alteração nela inverte as relações de poder, a amplitude de controle, modifica o *status quo*. Por meio da revisão da estrutura, é possível redefinir, de forma profunda, um novo ambiente de negócio, criando soluções que alteram a relação com os clientes externos, internos e, até, com a concorrência.

Jorge Gerdau, por exemplo, é um homem de princípios e convicções liberais. Por outro lado, é também um empresário com ideias muito próprias, extremamente pragmático, com capacidade de leitura fácil do ambiente e uma rara atitude de aprender constantemente. Sempre está se renovando e reinventando. Ele projeta na Gerdau todas essas características: desenvolvimento, inovação e atualização. Sempre exigiu coerência nas ações, objetividade nas soluções e busca incessante das melhores práticas do mercado, em companhias concorrentes diretas da Gerdau, ou não.

Em relação ao tema deste tópico, Estrutura Organizacional, Jorge é um exemplo na aplicação dessa importante ferramenta. Ele a usou muitas vezes como seu principal ponto de apoio para as grandes mudanças organizacionais necessárias nos momentos de transição, quando quis inovar com conceitos de negócio ou de gestão, e para as alterações na Cultura da Gerdau. Hoje, passados alguns anos, olhando com outra perspectiva, consigo entender melhor os três princípios norteadores de suas decisões nessa área, que misturam seus ideais liberais com seu pragmatismo empresarial. São eles:

- Respeito ao indivíduo e ao seu potencial

"O potencial humano é infinito. Basta oferecer condições e oportunidades" (Jorge Gerdau).

Embutida na frase, está o ideal liberal de respeito ao valor do indivíduo e de seu potencial. Mais ainda, essa atitude traz em si a prática do conceito da profecia autorrealizável: as pessoas respondem ao que se espera delas.

- Os sistemas transformam as pessoas

Ele gosta muito de citar o filósofo Armando de La Torre, com a frase, que é um corolário do princípio anterior: "Não existem pessoas boas ou ruins. Existem sistemas que tornam as pessoas potencialmente capazes ou menos capazes".

As pessoas aprendem e se ajustam aos sistemas em que estão inseridas. Cabe à organização oferecer-lhes um sistema inteligente que explore, da melhor forma, suas características e seu potencial, favorecendo seu crescimento profissional.

- Princípio da subsidiariedade

Quando começamos a discutir algumas inovações organizacionais, ele, luterano, citou o Papa Pio XI. Diante da minha cara de espanto, falou do Princípio da Subsidiariedade, tão caro aos liberais, pois delega ao indivíduo, através de seus círculos concêntricos, mais poder.

Encontrei esse conceito numa citação da carta encíclica *Quadragesimo Anno*, do Papa Pio XI, de 1931, na qual ele reage ao comunismo e ao socialismo e fala sobre a importância da economia de mercado:

> [...] assim como é injusto subtrair aos indivíduos o que eles podem efetuar com a própria iniciativa e capacidade, para confiar à coletividade, do mesmo modo

passar para uma sociedade maior e mais elevada o que sociedades menores e inferiores podiam conseguir, é uma injustiça, um grave dano e perturbação da boa ordem social.

Subsidium, em latim, significa ajuda. Os fundamentos que sustentam esse princípio são: deixar fazer, ajudar a fazer e fazer por si mesmo. Dos princípios norteadores e de sua profunda crença na visão de processos, Jorge Gerdau fez nascer uma nova organização, que tem como principais características:

- Visão de processos, com enfoque em resultado.
- Foco no cliente.
- Empoderamento para pessoas e equipes.
- Autonomia e autogestão.
- Trabalho em times.
- Liderança participativa.

Da conexão de todos esses conceitos e todas essas ideias foram criadas soluções de estrutura para atender à Estratégia do Negócio.

Do repensar organizacional, surgiu a prática da organização plana, a autogestão, na qual não são necessários tantos níveis de supervisão, que são eliminados gradativamente. Poucos níveis, que geram a aproximação da direção com a operação e da empresa com o cliente. Dessas reestruturações, surgiram outras tantas mudanças corajosas na Cultura Gerdau, configuradas no ambiente de trabalho:

- Horizontalidade – menos níveis hierárquicos.
- Eliminação de paredes entre áreas.
- Salas transparentes.
- Processos organizados em células e ilhas de trabalho.
- Superior e equipe sentados na mesma ilha de trabalho.
- Eliminação de obstáculos físicos entre as pessoas.
- Maior integração de tarefas e pessoas.
- Maior sinergia de pessoas e times propiciada pelo ambiente.

A atitude ousada e destemida de Jorge Gerdau me faz lembrar uma frase do grande pensador e poeta alemão Johann Wolfgang von Goethe: "Não basta saber, é preciso aplicar. Não basta querer, é preciso fazer".

A visão dos líderes sobre estrutura

A estrutura tem de representar a estratégia

A estrutura precisa refletir a estratégia porque se eu quero crescer na América Latina, eu tenho de ter um "dono" da América Latina. Não existe eu crescer num lugar sem eu saber de quem eu vou cobrar para crescer, sem ter um plano de ação para crescer naquele lugar. Não posso querer crescer na Índia, se não tiver alguém na Índia. Tem de ter alguém responsável pela Índia, uma estrutura que reflita uma estratégia de crescimento naquele país. Se for diferente, está errado.

Ronaldo Iabrudi

A estrutura deve ser coerente

A estrutura da organização deve ser reavaliada de acordo com a situação do negócio. Se ele está mudando muito, a estrutura tem de mudar bastante. Se está mais estável, talvez não. A estrutura – sinceramente – pode ajudar ou pode atrapalhar. Porque ela pode limitar a estratégia global, se você, por exemplo, cria feudos regionais.

Otto Levy

Estruture a empresa conforme suas prioridades

A organização tem de ter uma forma tal que lhe permita monitorar cada uma de suas prioridades, desde ajudar a atingir o cliente até garantir os resultados. Você começa a pensar no orçamento para o próximo ano. Aí precisa saber: quem vai cuidar do quê? Quem vai ser responsável por isso e por aquilo? Colocar a organização em função das prioridades. Para cada negócio que você tem, para cada prioridade que você tem, tem de ter um dono. Para cada caso uma meta e um plano de ação.

Ronaldo Iabrudi

Decidir também faz parte da estrutura

Alguns executivos acham que processo decisório faz parte da Cultura organizacional. Processo decisório é uma coisa solitária. O CEO ouve várias opiniões, mas, no final das contas, a decisão sempre é dele, do líder. Sempre. Você pode concordar, ou não. Eu não acredito nessas decisões por consenso. Sempre alguém fica insatisfeito ou não se toma a decisão. Conheço organizações que são muito mais ágeis porque não têm essa preocupação de criar o consenso. Quando o mais importante é não quebrar a estrutura, a consequência ruim aparece nos resultados.

Otto Levy

A pessoa certa no lugar certo

A estrutura é importante, mas eu acho que funciona quando tem a pessoa certa no lugar certo. Se você colocar a pessoa errada, não vai ter o comportamento certo. E se você tiver a pessoa certa e o líder errado também não vai dar certo. É mais importante você acertar nas pessoas do que achar que pode colocar as pessoas erradas porque tem um sistema que vai mudar o comportamento delas. Não vai mudar. As pessoas raramente mudam. Você pôs o cara errado, acabou.

Otto Levy

Eficiência e produtividade

Nas discussões sobre estrutura, sempre se reflete sobre qual será a função e o tamanho do centro corporativo, a quantidade dos níveis de supervisão e a amplitude de controle ideal. Na minha vida profissional, passei por várias tendências. De tempos em tempos, aparece um novo conceito que dita os modelos ideais de estrutura do negócio: centralização, descentralização, estrutura *staff-line* [alto nível de especialização], *mainframe*, *outsourcing* [terceirização], reengenharia, *downsizing* [organizações mais enxutas], *flat organization* [organização plana, horizontalizada], *cluster organization* [atividades altamente integradas], quarteirização etc.

Todos esses modelos oferecem menos custos fixos, mais eficiência dos processos, melhor atendimento aos clientes. De forma simples e, como se fosse um toque de mágica, as organizações tornam-se mais ágeis, flexíveis, inovadoras, rápidas e, principalmente, mais competitivas. Eu resumiria o que vi e aprendi de melhor, mais eficiente e mais funcional sobre o tema Estrutura Organizacional da seguinte maneira:

- Centros corporativos enxutos focados em estratégia.

- Diretrizes e políticas de controles essenciais.
- Estratégia construída com a participação das operações.
- Poucos níveis hierárquicos (quatro ou cinco) entre a direção e o chão de fábrica.
- Eliminação de diferenças e símbolos de status entre níveis.
- Autonomia de execução para as operações.
- Estrutura por processos centralizados no cliente.
- Gestão orientada para geração de receita e redução de custos.
- Organização por times e células autônomas.
- Quadro de pessoal em constante revisão.
- Questionamento contínuo das funções de pessoal.

Depois de fazer o resumo de minhas crenças sobre a estrutura ideal de uma organização eficaz, comecei a entender uma frase que julguei quase uma blasfêmia, quando ouvi de um colega, vice-presidente de Recursos Humanos: "Aqueles que não têm o que fazer na corporação, para que tenham o que fazer, sempre vão arrumar mais o que fazer para aqueles que já têm muito o que fazer nas operações. Grandes estruturas escondem grandes mediocridades. *Less people, less problems* [menos gente, menos problemas]".

A solução para organizações que, de fato, conseguem ser altamente eficientes e, ainda, encontram a sinergia necessária para eliminar processos que mais geram custos do que resultados é a construção de uma Cultura capaz de dar autonomia às equipes. Com isso, como afirmado por André Johannpeter, diminui-se a necessidade de controlar tudo, permitindo-se que o andamento da empresa flua de maneira mais natural:

Mais Cultura, menos controle

Temos evoluído com relação à estrutura, a fim de reduzir o controle. Existe um processo de governança que deixa a estrutura mais leve e mais ágil. Todas as instâncias estão bem orquestradas e, na medida em que você evolui nesse conceito, menos precisa de controle. Uma Cultura forte reduz a necessidade de controle!

André Johannpeter

Repensar a liderança

> *O verdadeiro método, quando se tem homens sob as nossas ordens, consiste em utilizar o avaro e o tolo, o sábio e o corajoso, e em dar a cada um a responsabilidade adequada.*
>
> Sun Tzu

Nesta etapa do alinhamento organizacional, surge outra grande oportunidade para a transformação da empresa: repensar a liderança – tanto o modelo adotado quanto os próprios líderes. Citando o pensamento de Sun Tzu, grande filósofo chinês, cada batalha necessita de um tipo de general, pois cada desafio requer habilidades específicas. O objetivo desejado, os acidentes do terreno, a posição e as forças do inimigo, a estratégia e as táticas definidas estabelecem o perfil do comandante mais adequado para a organização.

Trata-se do momento de reorganizar as forças, e analisar se o modelo de lideranças e as pessoas que assumiram seus papéis como líderes estão de acordo com a estratégia da empresa e possuem o perfil necessário para alcançar os resultados tidos como metas da organização. Muitas vezes, aqui, percebem-se grandes buracos que até então estavam camuflados. Por exemplo, a raiz para a desmotivação da equipe que, por motivos diversos, não entra em acordo com o tipo de liderança que está à sua frente.

Dentro do processo de revisão estratégica, as empresas tendem a fazer importantes alterações de rumo e, por simples comodismo ou falta de visão crítica, mexem em tudo, mas não analisam nem questionam a liderança existente, seja quanto ao modelo seja quanto aos ocupantes dos cargos. Sem perceber que, ao pular esse ponto fundamental, além de não resolver os problemas transformam todo o processo de trabalho em um ciclo vicioso de ineficiências.

É o momento de questionar sobre quanto os líderes estão comprometidos com o *status quo* que se deseja alterar e qual sua capacidade de se adaptar e responder aos novos desafios propostos pela mudança necessária, além de sua eficiência na maneira de engajar a equipe.

A simples manutenção da liderança existente pode significar abrir um flanco para o fracasso da transformação necessária. Não tenha medo! Aprenda a desconstruir. Busque as melhores soluções e não se adapte ao que já está instalado. Reveja o quadro de comando a cada ano em função da estratégia. Para o sucesso de seu empreendimento é fundamental não ser condescendente.

Um taco para cada jogada

Escolher o líder é como escolher o equipamento certo para determinado jogo. No golfe, você tem tacos diferentes para momentos diferentes. Em relação ao CEO da companhia, o pensamento não é diferente. Se você errar um milímetro na posição do taco, vai dar um *slice* (bola curva para a direita), um *hook* (bola curva para a esquerda), ou qualquer resultado que não condiz com seu objetivo. E, por mais que você tenha uma boa diretoria ou um bom conselho, essa posição é muito solitária. Você não tem pares, pode ter muita gente em cima e muita gente embaixo, mas a responsabilidade é só sua.

E a forma que descobrimos para fazer isso funcionar é alinhar esse indivíduo com o conceito de propriedade, com o conceito de dono. Usando, por exemplo, o *stock option*,[9] para que a pessoa se sinta parte daquilo. Se o gestor não tiver sentimento de propriedade, ele não vai conseguir tocar a manada. Às vezes, em situações de muita crise, você consegue pôr um *interim management*,[10] alguém para fazer um serviço específico de urgência durante seis meses, um ano. Contudo, não é o que constrói uma organização.

Então, o alinhamento das pessoas que têm os mesmos valores vem disso. Vem da meritocracia no sentido mais amplo possível e da garantia de que a liderança é a certa, adequada para o momento e para o desafio daquela companhia. É o maestro, o que orquestra. Portanto, se ele não tiver os braços corretos, ele não vai ser, por definição, um bom CEO. Ele pode até atingir resultados, mas muito mais por sorte do que por juízo.

Fersen Lambranho

---

[9] *Stock option* é a abertura obrigatória da possibilidade de o gestor adquirir ações da empresa para a qual trabalha. (N. E.)

[10] Contratação de gestores para cuidar de um ou mais departamentos por um período específico, a fim de implementar novas metodologias e novos processos de maneira rápida e eficiente. (N. E.)

PARTE 3

DESVENDANDO O TRIÂNGULO – Sistema de Gestão

CAPÍTULO 8

SISTEMA DE GESTÃO

O Sistema de Gestão é 100% da nossa crença. O que acontece normalmente é o seguinte: as pessoas sabem o que têm de fazer, têm acesso ao que têm de fazer, mas falta a convicção profunda e absoluta. É a fé. Falta a fé. A fé que faz com que você ande na adversidade. A fé que faz com que quando você for criticado, você diga: eu vou seguir.

Fersen Lambranho

Nada é mais verdadeiro na Magnesita do que essa frase de Fersen. Constatei-o de maneira concreta desde meu primeiro dia de trabalho na empresa e durante o processo de absorção das várias unidades da LWB. Quando Fersen se refere ao Sistema de Gestão como crença à qual se devota fé, fala de sua convicção profunda e absoluta de que é o caminho único e necessário a percorrer para garantir a obtenção dos resultados e do sucesso das companhias controladas. Na primeira palestra aos novos colaboradores da empresa recém-adquirida, logo depois de uma breve introdução sobre a nova controladora e seus valores, é apresentado o Sistema de Gestão. Nesse momento, fica obviamente evidenciada sua importância para a obtenção dos resultados e a necessidade da adesão de todos à sua prática. Vi isso na LWB, mas sei que o mesmo ritual se repete a cada nova aquisição. O que está por trás disso?

Bem-sucedidas são aquelas companhias que transformam sua visão em realidade pela execução de sua estratégia, missão que deve ser garantida com a máxima fidelidade e consistência pelo Sistema de Gestão. Por ele, são definidas as diretrizes, que são transformadas em metas, que estabelecem a direção a ser seguida, que reforçam o esforço de todos no que interessa para a estratégia por meio de seu pleno envolvimento no processo.

No Sistema de Gestão, o orçamento, a gestão de metas e a meritocracia são os componentes essenciais para alavancar o desempenho de líderes e equipes, a fim de obter os resultados do negócio. Sistema de Gestão não é um instrumento, ele é o próprio processo de transformação. Por intermédio de sua implantação, por ser o principal modelador dos comportamentos desejados, todos os outros elementos da Cultura GP de Gestão começam a surgir com naturalidade e a se instalar. Ele é a porta pela qual a nova Cultura adentra na vida da empresa e se estabelece no comportamento das pessoas.

As empresas do GP Investments são de ramos diferentes, atendem diversos segmentos e estão distribuídas em vários pontos do Brasil e do mundo. Isso as torna, em essência, distintas e com ambientes organizacionais variados, porém todas têm um ponto em comum: o Sistema de Gestão. Ele é o elemento de unidade e integração entre as diversas empresas, a linguagem única, simples e direta entre a direção e seus colaboradores e da direção com os controladores.

A mesma abordagem serve para o Gerdau Business System (GBS) [Sistema de Negócios da Gerdau], que tem em si a essência de todos os processos de negócio, que embasam as orientações de gestão de procedimentos pelas empresas da Gerdau em catorze países. É o eixo condutor do jeito Gerdau de fazer negócio. É a bíblia de seu negócio, seguida por todos.

O Sistema de Gestão e o GBS são o coração da Cultura de Negócio de ambas as empresas que, juntamente com os valores, fornecem os parâmetros para o funcionamento de toda a organização. Os componentes da Gestão de Pessoas e a Liderança nele se alinham, com ele se ajustam e para ele trabalham para que as metas sejam alcançadas.

Sistema de Gestão sob a óptica de Ronaldo Iabrudi, Fersen Lambranho, André Johannpeter e Otto Levy

Sistema de Gestão existe para gerar resultados

Primeiro: o que é Sistema de Gestão? É um conjunto de processos, de formas de gerir a companhia para atingir um resultado. Isso é Sistema de Gestão. A essência dos elementos da organização é o Modelo de Gestão. E o Modelo de Gestão é transformar o que é o desejo possível do Conselho, do dono ou da direção, em metas, e essas metas são os indicadores para a construção do orçamento. Crescer X%, aumentar o EBITDA 10%, 20%, reduzir o capital de giro em tantos dias são os indicadores que estarão refletidos no Orçamento. Orçamento é um contrato a ser implementado ao longo do ano.

Ronaldo Iabrudi

Chuteira boa não faz um bom craque

Sistema de Gestão é a ferramenta para chegar aonde e da forma que você quer. Serve para um e serve para o outro. É igual a jogar futebol: todos usam chuteiras, meias... Todo mundo pode calçar isso. Agora, tanto o time do Barcelona quanto o outro estão uniformizados, mas não fazem a mesma coisa. Só chuteira boa não faz um bom craque.

Fersen Lambranho

Cuidado para não engessar a empresa

O grande risco do Sistema de Gestão é engessar a empresa. Esse é o nosso aprendizado. Ele serve para trazer resultado. Tem de ser simples e prático. Em dez anos, a organização dobrou de tamanho e precisávamos de um instrumento de controle e gestão. Precisávamos disseminar práticas e metodologias, porque, senão, viraríamos uma soma de operações e cada lugar faria uma coisa diferente.

Reforçamos muito o Gerdau Business System e tivemos muito resultado e replicação das melhores práticas. Agora evoluímos para um sistema de gestão com mais foco no resultado e menos nos meios, com adaptação a diferentes negócios e situações de mercado.

André Johannpeter

O peso do líder

O Sistema de Gestão funciona porque tem um líder. Se você é o líder, você que faz. Para mim o líder tem pelo menos 70% do peso. Se a liderança é errada, você pode ter método, pode ter conhecimento, pode ter o escambal. O trem vai para o buraco mesmo.

Otto Levy

Os três pilares do Sistema de Gestão

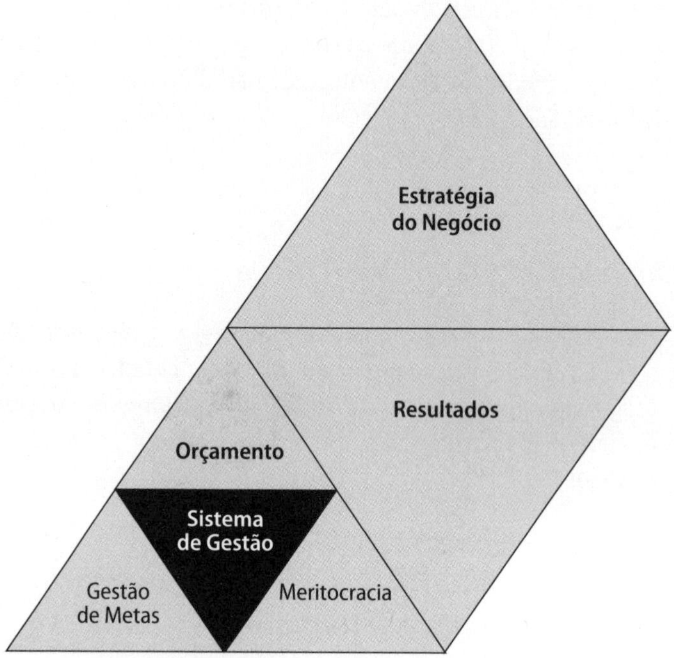

O Sistema de Gestão, como método, é o caminho que empurra a empresa para o resultado desejado. Este triângulo fica na parte inferior esquerda do Triângulo Transformador e tem como principal função transformar em resultados as metas da companhia, que são desdobradas dos objetivos estratégicos.

Depois de definidas as metas do presidente no orçamento, o Sistema de Gestão desdobra-as para os diversos níveis, em cascata, até atingir cada um dos colaboradores, que as transformam nos resultados finais da companhia. Depois de apurados os resultados, pela meritocracia, os colaboradores, que se tornam cossócios por sua contribuição aos resultados obtidos, podem receber seus dividendos, parcelas de lucro, em dinheiro, bonificações de reconhecimento e de ascensão na carreira.

O Sistema de Gestão tem três pilares principais que o sustentam:

- Orçamento: o desafio da superação

As metas do presidente são o desdobramento da estratégia e da visão para o ano. É o resultado do consenso formado entre a direção e os líderes das operações e dos processos de negócio, em um movimento contínuo de consulta e ajustes. Ele define as metas anuais da companhia no tocante ao lucro ou EBITDA, um dos indicadores de desempenho da empresa, à receita, aos custos fixos e variáveis, ao capital de giro e aos investimentos.

É o desdobramento das expectativas financeiras do negócio, transformadas em metas, para gerar os resultados desejados. É a realização da visão prevista nos objetivos estratégicos divididos e desdobrados para um ano. É o momento de sonhar. É o primeiro passo da caminhada para transformar a estratégia em prática objetiva, mas é também o momento da construção compartilhada do sonho com os cossócios dos diversos níveis da companhia.

Seja qual for a metodologia para a definição das metas do ano – digamos que seja SWOT (análise das forças, fraquezas, oportunidades e ameaças) para reduzir o foco –, o importante é que elas sejam poucas e alinhadas à visão e aos objetivos estratégicos da empresa.

O processo de discussão das metas, que envolve todos os níveis, deve se caracterizar por uma atitude de insatisfação constante e pela busca contínua do alinhamento das metas com a visão e com os objetivos estratégicos da companhia.

Com a utilização da metodologia do orçamento base zero, no qual cada item deve ser explicitamente aprovado sem se prender aos resultados dos anos anteriores, torna-se mais fácil fugir da acomodação dos desempenhos anteriores e buscar novos desafios, eliminando os referenciais históricos como alinhadores de base. É o desafio da contínua superação.

- Gestão de metas: garantia dos resultados

Depois da aprovação do orçamento pelo Conselho, inicia-se o processo da gestão de metas. Por meio dele, as metas são transformadas em objetivos mensuráveis para os diversos níveis da companhia, executadas e acompanhadas consistentemente, a fim de corrigir os desvios e garantir sua realização.

Nesse momento, cada área, processo e colaborador recebe as "frações" que lhe cabem como cossócio na divisão do todo da companhia, considerando-se o papel de cada um.

Lembrando dos fractais, o todo é dividido em *frações*, que são distribuídas a cada um em proporção ao que lhe cabe em responsabilidade e autoridade. A exemplo do orçamento, as metas deverão resultar do processo de envolvimento e discussão nos diversos níveis. A adesão é proporcional ao envolvimento e à discussão estabelecidos entre todos os membros e os departamentos da organização.

Após a definição e a aprovação das metas e dos respectivos KPIs (indicadores de performance), a prática do PDCA (persistência e determinação no *follow up* dos resultados, reuniões de acompanhamento de resultados, incentivo às conquistas e correção dos desvios) é a melhor maneira de assegurar que as metas sejam alcançadas.

- Meritocracia: distribuição dos dividendos

Se as metas atribuídas são as "frações" que cabem a cada colaborador na obtenção dos resultados, a meritocracia é o meio pelo qual lhe são distribuídos os dividendos, os reconhecimentos por sua contribuição. Pertencerá a cada colaborador a parte proporcional às "frações" que lhe forem adequadas em função de seu nível de contribuição, da qualidade de seu desempenho, de sua prática do Sistema de Gestão e de sua adesão aos valores da organização.

Há diversos instrumentos para premiar, reconhecer e reforçar os resultados obtidos pelos indivíduos e pelas equipes e o efetivo nível de adesão ao Sistema de Gestão e aos valores da companhia. As práticas mais concretas são a remuneração variável por resultados e o plano de carreira.

Os três pontos refletem a importância do processo pós-planejamento, a execução com máxima qualidade e a integração dentro da companhia. Otto Levy reforça a importância desse quesito na seguinte fala durante a entrevista que realizamos:

Empresas iguais, resultados diferentes

Eu já vi várias empresas que têm tudo igual, têm as mesmas ferramentas, mas seus resultados são diferentes. Isso se deve ao fato de o mais importante ser a execução e, mais importante do que a execução, o foco e a coerência da liderança. Porque a verdade é esta: liderado tem de ser liderado pelo exemplo. Liderar só por conversa dura um mês ou dois.

Eu acho que uma parte fundamental é o *check*, a verificação. A Magnesita tem um *check* real de resultados, todos os meses. Não só dos resultados, mas também daquilo que foi feito para atingi-los. E não dá para ter um sistema de gestão forte se a liderança é fraca, se a Gestão de Pessoas é fraca, se não há valores para estabelecer limites. Porque se o meu foco é só resultado, sem limites, aí vale tudo. Aí eu vou cruzar a barreira da ética.

Otto Levy

Nesse aspecto, Jorge Gerdau é extremamente enfático no que diz respeito ao domínio dos processos para assegurar desenvolvimento econômico e sustentabilidade socioambiental:

Tolerância zero

Todo sistema de gestão é um processo. E só existem dois tipos de processos: os que entendemos e os que não entendemos. A chuva é um processo. A gravidez é um processo. Tudo é um processo. E, à medida que entendemos o processo, temos oportunidade de melhorá-lo. O domínio dos processos significa não só o desenvolvimento econômico para sustentabilidade social e ambiental. No campo dos acidentes, nossa tolerância tem de ser zero.

Jorge Gerdau

Espelhar-se no que deu certo não diminui o mérito

Inovações que criam valor são úteis, mas copiar o que funciona bem é um caminho mais prático.

Jorge Paulo Lemann

Sempre fui fã incondicional de Peter Drucker, professor austríaco, considerado o pai da Administração moderna. Nada existe em Administração moderna que não tenha seu toque, sua sabedoria óbvia, que nos encanta pela simplicidade, pela racionalidade e pela clareza de conceitos. A extensão de sua influência, por vezes, nos surpreende, afinal, com quase um século de vida, Drucker distribuiu seu pensamento mundo afora, dando uma dimensão humana à Administração, muito além da abordagem técnico-científica anterior a ele. A melhor maneira de definir seu trabalho recorre justamente à marca da simplicidade na busca por resultados.

Esses mesmos conceitos – simplicidade, racionalidade e clareza – encantaram os japoneses, em uma de suas missões ao Japão do pós-guerra, como apoio do governo norte-americano na reconstrução do país. Drucker tinha acabado de lançar, em japonês, seu livro *The Practice of Management* [A prática da gestão], que continha os conceitos da Administração por Objetivos (APO), e faria lá uma palestra com o título "Policy and Planning" [Política e Planejamento]. Juran e Deming, destacados pensadores da área de Gestão, andavam, na mesma época, pelo Japão, pregando seus ensinamentos sobre qualidade, que viriam a ser os fundamentos do "Total Quality Management" [Gestão com qualidade total], que levou a indústria japonesa ao sucesso.

O doutor Yoji Akao, especialista em qualidade, dentro do espírito analítico, teve a sagacidade de sobrepor os conceitos do PDCA, trazidos por Deming, aos apresentados pela Administração por Objetivos (APO) de Peter Drucker, garantindo que cada passo previsto acontecesse com consistência. Além disso, acrescentou-lhes as ferramentas da Qualidade, criando, assim, o *Hoshin Kanri*.

Hoshin Kanri é um sistema de gestão, liderado pelo presidente da empresa, que tem por objetivo desdobrar as diretrizes anuais em metas e ações, atingindo todos os níveis da organização e utilizando o processo participativo para envolver todos os colaboradores no estabelecimento das metas, na definição dos planos de ação e na prática do PDCA.

Em 1990, depois de vê-lo expandido mundo afora, o doutor Akao lança seu livro *Hoshin Kanri: Policy Deployment for Successful TQM* [Hoshin Kanri--implantação da política para o sucesso do Sistema de Qualidade Total]. No Brasil, esse conceito começa a aparecer lá pelos anos 1990, pelas mãos do professor Vicente Falconi Campos, graças às suas consultorias e ao lançamento de seu livro *Hoshin Kanri – Gerenciamento pelas diretrizes*, de 2004, conhecido como GPD.

Não se pode desprezar a sabedoria do doutor Akao em aliar os três elementos citados – APO, PDCA e as ferramentas da Qualidade. Seu maior mérito, entretanto, conhecedor que era da Cultura industrial japonesa, talvez tenha sido temperá-los, incluindo no método dois elementos essenciais presentes nas empresas e no povo japonês e que têm sido a grande razão de seu sucesso: o pleno envolvimento e a participação dos empregados na solução dos problemas e a rigorosa disciplina e obediência aos padrões estabelecidos.

APO talvez não tenha tido mais sucesso porque não alcançou a ênfase necessária quanto ao envolvimento dos empregados, nem a disciplina exigida pela prática do PDCA. São lições que nos passou o doutor Yoji Akao:

- Basear-se com inteligência num modelo, acrescentando o que temos de melhor não é vergonha, é sabedoria.
- Ter um método, com passos definidos e regras claras, ajuda-nos a definir foco e direção, sem os quais não se chega a lugar nenhum.

- Tratar os colaboradores como os principais aliados, envolvendo-os em todas as etapas do processo e tornando-os parte da solução.
- Manter disciplina e rigor no acompanhamento de todas as etapas: constância de propósito.

Recorrendo ao velho chavão "nada se cria, tudo se copia", podemos dizer que empresas do mundo inteiro imitaram o doutor Akao, copiando e implementando seu método. E as que o sabem fazer com consistência alcançam grande sucesso.

Menos é sempre mais

> *O bom senso é sempre melhor que as ideias complexas. O simples é sempre melhor que o complexo.*
>
> Jorge Paulo Lemann

Vivi um longo tempo como executivo sem a dimensão adequada do valor da simplicidade. Era um tempo em que o recurso era abundante. O dia passava quase lentamente. Em RH, sempre havia espaço para discutir alternativas de caminhos, possibilidades de metodologias e formas de abordagem. O tempo podia esperar, pois nossa sensação de controle era forte. André Johannpeter, já como vice-presidente, provocava-me: "Lima, em RH, tudo pode ser feito em um terço". Falava sorrindo, dizendo a verdade. Contudo, terminei a carreira na Gerdau sem me dar conta da dimensão real do que ele queria me dizer.

Comecei a trabalhar na Magnesita imediatamente depois do início da crise de 2008. A dívida da empresa era astronômica, o mercado estava em queda e o mundo econômico, turbulento. Esse ambiente veio reforçar ainda mais o espírito de simplicidade da Cultura GP: estruturas enxutas, processos simples, ambiente frugal. Busca da melhor solução, pelo caminho mais rápido, com a máxima escassez de recursos.

Ali comecei a entender, sentindo na pele, a mensagem do André: ser focado, simples e direto, sem se perder com firulas. *Keep it simple, stupid!* [Mantenha simples, estúpido!]. Em todas as empresas adquiridas, a implantação do Orçamento Base Zero, do Sistema de Gestão baseado no GPD, sustentado pela prática do PDCA como método principal, e a aplicação rigorosa da Meritocracia se repetem consistentemente. A partir desse tripé, o resto vem associado, embutido, incluído. É a mesma e única abordagem na absorção das empresas adquiridas.

Este é mais um exemplo do culto à simplicidade, ao foco e à objetividade GP. Por que mexer se já deu certo? A perseverança reforça a fé. E percebemos que menos é sempre mais!

CAPÍTULO 9

ORÇAMENTO – O desafio da superação

Soa paradoxal, mas é profundamente verdadeiro e importante o princípio da vida de que a maneira mais provável de alcançar um objetivo não é mirando nele em si, mas em algo mais ambicioso acima dele.

Arnold Toynbee

O orçamento é o começo de tudo, o alinhador de todas as decisões, a origem de todas as ações. Nele estão contidas todas as informações essenciais para o sucesso do negócio. A Visão inicia sua realização por ele. A forma como é conduzido define a dimensão do sonho daquele ano e estabelece a garantia de seu sucesso. Mediante seu processo de idas e voltas, de ajustes contínuos para a busca do consenso, compartilham-se as ambições de crescimento, a ampliação de mercado, o ataque à concorrência e a orientação dos investimentos.

O processo do orçamento significa o desdobramento da Estratégia do Negócio, com a participação de todos os responsáveis na corporação e nas unidades, transformando cada um em dono e corresponsável por sua realização. É o grande contrato social das metas da companhia entre os "cossócios". Seu resultado final será a decomposição das expectativas financeiras do negócio em metas para gerar os resultados desejados.

O EBITDA[11] desejado é o grande nivelador. Dá a dimensão do sonho. "Por que sonhar pequeno, se dá o mesmo trabalho de sonhar grande? Então, por que não sonhar grande?", diz Jorge Paulo Lemann, o grande ícone da GP. A partir do resultado do EBITDA, começam a ser buscadas as metas que viabilizarão, ou não, sua realização.

Retomando o conceito de orçamento base zero. O processo do orçamento é da responsabilidade do presidente da companhia. É o momento mais precioso do ano. Momento de lançar o sonho grande, de extrair dos principais líderes o melhor de suas competências e de seu potencial de contribuição, de cooptá-los para a jornada rumo a um futuro de mais prosperidade para a companhia. É momento de desafiar e pensar com ousadia.

As metas quantitativas ou qualitativas podem vir de todos os lados: dos objetivos estratégicos, de *benchmarking* com os melhores do mercado, da necessidade de resolver problemas crônicos do negócio ou de metas internas da própria organização. O essencial é que estejam alinhadas com a visão do negócio e que signifiquem desafio, levando a companhia a um novo patamar.

A escolha dos objetivos finais, de diretrizes ou metas do presidente, resultará do processo de análise de prioridades – seja pela Lei de Pareto (20% dos esforços geram 80% dos resultados), SWOT, seja o método que for –, e do processo de discussão e análise que envolve os diversos níveis da organização. Entretanto, depois de tantas idas e vindas, ajustes e apertos, alguém tem de decidir: o presidente. Ele definirá o tamanho do sonho para aquele ano. Segundo Fersen:

O contrato social

O orçamento e as metas são o contrato social entre os acionistas e o *management* [o gerente]. Até para que o *management* da companhia tenha liberdade de ação. Aprovados o orçamento e as metas, ele será cobrado por elas, vai ser cobrado pelo orçamento. É um contrato entre as partes para que haja disciplina e harmonia. O orçamento tem de ser feito necessariamente pela turma de baixo, pelo time, liderado pelo CEO, que é quem inspira e quem orquestra. Fechada a negociação entre as partes, acertado o contrato, o Conselho aprova.

Fersen Lambranho

---

[11] EBITDA é uma sigla, que vem do inglês, para "*Earnings before interet, taxes, depreciation and amortization*" [Lucros antes de juros, impostos, depreciação e amortização]. É uma das principais ferramentas para a análise do balanço da contabilidade das empresas de capital aberto.

Uma aula sobre orçamento

Tive o privilégio de ter uma verdadeira aula sobre orçamento no depoimento de Ronaldo Iabrudi. Em sequência, com domínio de mestre, demonstrando seus anos de experiência na construção de orçamentos nas diversas empresas pelas quais passou, foram elencadas suas principais convicções:

Orçamento, o que é?

É mais do mesmo. Pego o que eu fiz este ano como base e pergunto-me como devo fazer no próximo ano para melhorar, ser mais eficiente e, assim, defino, mês a mês, o que eu preciso ter de receita, custo, despesa, EBITDA, capital de giro e investimento.

Por que EBITDA?

Normalmente é o indicador mais simples de entender. É a receita menos o custo e a despesa. Todo o mundo sabe fazer isso. Na sua casa, você tem o que ganha, o que gasta e o que sobra. Então, esse é o conceito. Há uma tendência muito grande de evoluir para EVA, que considera capital de giro, investimentos. Agora, explicar isso para o chão de fábrica é muito mais complicado. Explicar isso para uma gerência média já é complicado. Por isso, normalmente, todo mundo fala em EBITDA.

Fez um orçamento benfeito? Pode rasgar!

Pode rasgá-lo, porque você sabe muito bem o caminho que tem de seguir e você não precisa estar olhando. A construção dele fez com que você incorporasse o conteúdo. Porque, para mim, o orçamento é: como eu trabalharei no próximo ano do ponto de vista de receita, custo, *working capital* [capital de giro], *market share* [participação de mercado] etc. O que nós tratamos como orçamento? O orçamento é uma análise, um estudo, uma apuração de todos os dados que você tem para planejar o futuro. Não tem como fazer um orçamento de custos sem entrar no detalhe do custo. O orçamento é a melhor maneira de você conhecer a organização.

Cuidado com as armadilhas

No fundo, o orçamento é o que você quer a mais. Contudo, há uma armadilha, na qual todo mundo que já fez orçamento cai. Se a cada ano – e isso é clássico –, quem tem a responsabilidade de bater o martelo e aprovar o orçamento exige mais, a cada ano o orçamento vem com mais manga, com mais gordura. Gordura é uma forma de se proteger. Porque todos sabem que, na receita, ele vai querer aumentar, no custo, vai querer reduzir, no capital de giro, vai querer reduzir. E eu fiz isso durante vinte anos.

Eu levava o orçamento, as pessoas traziam o orçamento e eu dava um corte, dentro da minha sensibilidade, e eu levava para o Conselho e o Conselho dava outro corte. Nos últimos três anos, tenho aprendido que antes de fazer o orçamento, a gente se reúne e define: o que seria bom de receita? Independentemente de o *management* ter trabalhado o que seria bom de EBITDA ou custo/despesas, o que seria bom de investimento, o que seria bom de capital de giro. Definimos uma faixa, sempre levando em conta o *benchmarking* dos concorrentes. E, se a companhia vem com o orçamento dentro dessa faixa, eu tenho aprovado. Isso nos Conselhos em que tenho trabalhado. E aí tratamos o que vem dentro dessa faixa como sendo ótimo, ou uma nota dez. Sempre colocamos objetivos adicionais que representam notas onze, doze, treze, de acordo com a complexidade.

Minha história sempre foi a de apertar e, depois que eu apertava, alguém acima de mim apertava de novo. E o que eu aprendi é que o pessoal conhece o mecanismo e vem com coisa gorda. Por mais que você aperte, ele vem frouxo. Então, é melhor você olhar como o mercado está crescendo, como seus competidores estão crescendo, porque isso é uma condição, você pode crescer pouco, mas, se você crescer mais do que os concorrentes, ótimo. E isso vale para receita, vale para EBITDA, vale para redução de capital de giro, enfim, é o que assegura a competitividade.

O Conselho tem total capacidade de definir parâmetros do que vai ser bom. Então, você tem mecanismos para assegurar um bom orçamento. E, para mim, o orçamento é tudo na companhia. O orçamento é uma análise, um estudo, uma apuração de todos os dados que você tem para planejar o futuro. Não tem como você fazer um orçamento de custos sem entrar no detalhe do custo. Você tem um custo de energia elétrica e tem de saber qual o consumo de cada equipamento, tem de saber qual o horário que a energia é mais barata, você pode trocar energia elétrica por combustível, usar gás.

Vale para a construção do orçamento tanto de custo e de despesa, quanto de receita. E, na receita, é mais bonito ainda, porque você vê onde tem *market share*, onde não tem, qual produto vende mais, qual tem maior margem. É um detalhamento e um aprofundamento como uma tomografia, um diagnóstico.

O orçamento não pode ser feito somente pelo financeiro, porque ele tem de estar refletido num plano de ação. Não adianta falar: "Eu vou aumentar 10% da receita". Como? Onde? Quem é o responsável? Nós vamos ganhar *market share*, ou onde nós estamos entrando o mercado está crescendo? Tem de ter um desenho, um plano de ação.

Ele deve ser elaborado de maneira que lhe permita transformá-lo em algo concreto. Não adianta ter um orçamento anual de vendas e dizer "vou terminar o ano e faturar X bilhões". Preciso saber quanto vou faturar em janeiro, o que vou faturar em São Paulo, no Nordeste etc. Não é uma meta global. É uma meta distribuída por negócio, ou por cliente ou por produtos. E necessita de um acompanhamento. Contudo, de nada adianta acompanhar, se não houver um balanço de consequências. Isso é a meritocracia.

O orçamento é de todos

O orçamento coloca os parâmetros para as pessoas. O chefe sugere, as pessoas discutem. Por exemplo: o chefe provoca, com as premissas, o que ele espera. E as pessoas trabalham para ver se aquilo é factível, ou não. Entretanto, para falar que não é factível, você precisa ter uma boa argumentação. Por isso, é importante envolver todo mundo. Numa empresa que tem sistema de gestão, o orçamento não é do financeiro. O orçamento é de todos. O time se apodera e se empodera com o orçamento.

Orçamento é Cultura concreta

Pelo jeito de fazer o orçamento, você ajuda a construir a Cultura. Por quê? Porque na hora que faz o orçamento, você fala com o responsável de vendas: vai crescer onde? De qual competidor você vai retirar ou reduzir o *market share*? De quem você vai tirar? Vai crescer porque o mercado está crescendo? Quem é o responsável por isso? Qual será sua margem? Então, nesse movimento, o time aprende o trabalho que deverá fazer no ano seguinte. Isso vale tanto para a área de vendas, como para os pacotes de custo, para o *working capital*, para o investimento.

Logo, Cultura é a maneira como você trabalha para atingir o resultado. E uma forma de tornar a Cultura concreta é o orçamento. É um conjunto, não uma parte. Não se fala de missão, visão, valores. Fala-se do todo. E, concomitantemente à fala, vem a implementação, que coloca as pessoas no trilho. Certo? Assim, o conceito importante é: Cultura é um todo.

E outra coisa: você aprende o negócio fazendo o orçamento. Porque você deve entrar num nível de detalhe tamanho que o melhor momento para aprender o negócio e fazer uma integração é ir fazer o orçamento da companhia. Porque, assim, as pessoas entendem a companhia, entendem o custo, quais são os *gaps* em relação à concorrência, como é o sistema de qualidade, como é o investimento. Enfim, fazendo com que os *gaps* identificados sejam transformados em metas. Quanto mais for desdobrado em metas e transformado em planos de ação, maiores serão as possibilidades de atingir o orçamento.

Orçamento e estratégia (e vice-versa)

A estratégia para o crescimento orgânico do negócio se reflete no orçamento. O que não é crescimento orgânico, passa por M&A[12] e você pode ter outra instância para resolver isso. A base de tudo é o orçamento. Posso não ter missão, não ter valores escritos. Se eu tiver o orçamento, eu sei o caminho. Com o orçamento, definem-se as metas de tudo. E elas são os objetivos estratégicos.

Com quantas metas se faz um orçamento?

Quantas metas num orçamento? Primeiro, antes de fazer o orçamento, a alta direção (Conselho/Diretoria) já sabe os desafios adicionais daquele ano. Esses desafios devem ser transformados em metas com planos de ação. Você pode ter de cinco a dez metas do presidente/organização, mas serão transformadas/desdobradas em milhares na organização.

Ronaldo Iabrudi

[12] Aquisições e fusões. (N. E.)

Simplificando a equação

Quando uma companhia decide trabalhar com metas, ainda mais com forte envolvimento dos colaboradores, principalmente usando o GPD como método, o aspecto essencial a ser cuidado é o claro entendimento e a aceitação por todos dos critérios e das metas desejadas.

O primeiro entendimento começa pela escolha do EBITDA, como o indicador principal de resultados. Ou seja, receita menos despesas, mais depreciação e amortização. Nele não estão incluídas as despesas financeiras. É um indicador, cujos componentes e cuja fórmula são facilmente aceitos e entendidos pelos envolvidos com uma simples explicação.

As metas da corporação e das unidades serão decorrentes das metas do orçamento quanto à receita, aos custos (fixos e variáveis), investimentos e ao capital de giro. Delas se desdobram as metas das quais são gerados os planos de ação em seus diversos níveis.

A receita é decorrente da fome de mercado e da estratégia de vendas, mas a capacidade de interferência da companhia é limitada pelas regras do mercado e pela ação dos concorrentes. Assim, custos é a área com maior potencial de ganho e a que demanda ação de todos para a obtenção de resultados. Para tanto, a estrutura de pacotes, com sua abordagem matricial, é de vital importância.

Isso explica a obsessão do GP por cortar custos: "Sempre corte custos. Isso é algo que está sob seu controle e assegura sua sobrevivência", de Jorge Paulo Lemann, ou "Custo é como unha. Tem de cortar sempre", de Beto Sicupira.

Com a estrutura de pacotes dentro dos conceitos do orçamento base zero, tem-se um dono de pacote de determinado item escolhido como prioritário, responsável, com poder de decisão e com raio de ação para que as coisas aconteçam. Sua atuação sobre o item será vertical em toda a companhia e horizontal perante o respectivo responsável pelo centro de custo do item em questão. Por essa abordagem matricial, que envolve os principais responsáveis, o tema é tratado horizontal e verticalmente, sem dar brechas para que alguma situação fuja do controle.

O processo interativo e participativo da construção do orçamento e do estabelecimento dos planos de ação pelos líderes com suas equipes é o principal fator para o entendimento e a aceitação das metas propostas. A associação das metas com um programa consistente de meritocracia, conhecido e transparente para todos, reforçará ainda mais o envolvimento e o engajamento de todo corpo da organização.

Simplificando a equação, a definição do orçamento é resultado da participação dos líderes do negócio que, utilizando os *inputs* dos objetivos estratégicos definidos pelo Conselho e pela executiva da companhia, definem as metas quantitativas e qualitativas. Todas alinhadas à visão da empresa.

Para essas metas, são definidos os KPIs e, a partir disso, são divididas em cascata em planos de ação para todos os níveis. O ideal é que esses planos sejam construídos de maneira participativa pelos líderes com as equipes. Após a análise do papel do departamento na realização dos planos e das metas, a proposta é levada para aprovação do nível superior dentro da hierarquia da empresa.

É fundamental reforçar que esses planos devem ter acompanhamento periódico e sistemático. Os desvios devem ser tratados e relatados, a fim de compreender o que os gerou e o que pode ser feito para evitá-los de modo mais eficiente. E, em relação aos resultados obtidos, a organização aplica os critérios dos programas de remuneração variável, cujas regras são de conhecimento dos envolvidos.

Os guardiões dos resultados

> *Ser paranoico com custos e despesas, que são as únicas variáveis sob nosso controle, ajuda a garantir a sobrevivência no longo prazo.*
>
> Jorge Paulo Lemann

Quando se trabalha com *commodities*, produtos de origem primária, a definidora do preço do produto é a lei da oferta e da procura, e o espaço de manobra para a otimização dos resultados acontece, necessariamente, dentro de casa.

Portanto, baseando-nos no método EBITDA, se o preço do produto vendido é definido pelo mercado, o grande definidor do valor do EBITDA são os custos e as despesas. Isso porque são as duas grandezas sobre as quais, nesse caso, a organização tem mais controle, podendo, quando há necessidade, fazer ajustes necessários a fim de que o preço do produto final não saia da faixa ideal de mercado.

Diante disso, é fácil entender a importância da definição dos pacotes, o cuidado em seu desdobramento e o controle sistemático sobre eles: verticalmente, pelos donos dos pacotes; horizontalmente, pelos gestores dos centros de custos.

Essa etapa cabe dentro do processo de montagem do orçamento, quando deve-se decidir quem são os responsáveis pelos pacotes. Quem a lidera deve ter algumas características preferenciais: determinação com paciência, firmeza com negociação, rigidez com flexibilidade, cara feia com bom humor... Isso porque são pessoas incumbidas de tarefas altamente sensíveis que demandam um senso crítico aguçado. A escolha correta dos responsáveis é essencial para a vitória da empresa diante do mercado competitivo que enfrenta todos os dias. Depende de sua ação positiva e doutrinadora a transformação de cada líder e de cada membro de suas equipes em soldados desse exército. Pois, como você bem sabe, nessa guerra não há espaço para nenhum vacilo. E uma equipe cujo lema seja "um por todos e todos por um" assegura muitos passos de vantagem.

Além disso, a garantia dos resultados só é possível tendo como premissa o rigor e o ritual das reuniões de acompanhamento como prioridades, sem nenhuma desculpa que justifique adiamento. Não há justificativa cabível para postergá-las ou "empurrá-las com a barriga", porque, quando isso acontece, os gestores só se darão conta de que o andamento das coisas não vai bem quando o resultado não chega.

Como liderança, é de sua responsabilidade acompanhar efetivamente os passos realizados, ou não, dos planos de ação e, quando algo sofre desvio, a análise profunda e a aprovação dos ajustes necessários devem ser feitas com perspicácia, não deixando passar nenhum detalhe. Identificado o desvio e sua causa, é momento de definir os caminhos a seguir e selar a união de todos na busca de uma solução que gere o menor impacto possível no plano geral.

A receita depende da competência da empresa, mas o mercado define seu tamanho em volume e valor. Enquanto custos e despesas estão em nossas mãos e dependem unicamente dos esforços internos em reduzi-los e cortá-los, o potencial de ganho está nas mãos de todos e a intensidade de nossa fome, nossa determinação e, principalmente, nossa obsessão serão seus principais definidores. A liderança do processo está nas mãos dos "donos de pacotes", os guardiões dos resultados.

Objetivos estratégicos e metas anuais: do sonho para a realidade

> *A principal conclusão é a de que os gênios sobressaem-se porque se comprometem de uma maneira muito mais intensa com o que querem alcançar. A vida, para os gênios, resume-se ao trabalho. Todo o resto está subjugado a isso, o que torna a convivência com eles bastante difícil. Entretanto, todos podem ser gênios.*
>
> Robert Weisberg

A definição e a viabilização concreta dos objetivos estratégicos, por intermédio das metas do orçamento, são os passos vitais para a transformação da missão e da visão da empresa em realidade. É o grande desafio do líder que conduz uma organização – e qualquer erro, aqui, será fatal para o futuro da companhia.

Aprendi algumas lições interessantes sobre o tema ao observar e analisar a maneira como os líderes com quem convivi conduziam os objetivos perante suas equipes. As exigências que faziam para seus colaboradores poderiam ser chamadas de regras de ouro, a raiz para a orientação dessa etapa. Elas se aplicam tanto na definição dos objetivos estratégicos e na formulação da estratégia, quanto na definição das metas anuais e na montagem do orçamento.

Tenho certeza de que grande parte do sucesso de suas companhias se deve a esse momento, pela maneira como se posicionam, a abordagem que utilizam e a atitude na condução das equipes para a realização dos resultados de suas empresas:

Tenha foco

Jorge Paulo Lemann, o fundador da GP e o ícone brasileiro do sucesso empresarial, dá como primeiro conselho para o sucesso: "Foco, foco, foco. Poucos objetivos, mas essenciais, que podem garantir a vida do negócio e seu crescimento". Ronaldo Iabrudi, o presidente da Magnesita, tem uma frase simbólica sobre o mesmo tema: "O importante não é definir o que se vai fazer e sim saber o que não se deve fazer". Steve Jobs dizia: "Foco é dizer não". E André Johannpeter afirmava: "Menos é sempre mais. Com 30% de esforço e recurso, é possível atingir 100% do que se deseja".

Lembro-me de uma situação em que André colocou em uma folha de papel, usando as quatro dimensões do BSC, os objetivos estratégicos da Gerdau North America (GNA), operação que, naquele momento, assumia como vice-presidente.

A lição que aprendi deles foi que concentrando em poucos, mas fundamentais objetivos essenciais, fica mais fácil dirigir os esforços, comunicar e usar os recursos disponíveis. Além de torná-los mais claros para o entendimento de toda a organização, em todos os seus níveis.

Busque a eficiência

Isso serve para o nível operacional, para o processo, para a área, para o negócio e também para as pessoas. Faça *benchmarking* continuamente em todos os níveis, ou seja, certifique-se de que cada ação representa o posicionamento de mercado almejado. Nunca se esqueça: seu concorrente é seu desafio. Busque referências e aplique-as ao seu modelo de negócio. Jorge Gerdau dizia que, para ser competitivo, o operador de qualquer máquina deveria ser melhor do que o melhor operador do concorrente. Isso é buscar a eficiência operacional em seu sentido máximo.

Reduza os custos sempre

A margem do EBITDA é um indicador que avalia a capacidade de geração de caixa de uma companhia, e o valor do EBITDA é o multiplicador comumente usado para definir *market value*, valor de mercado, da empresa.

E como são as variáveis de maior controle da organização, quanto mais enxuto for seu orçamento e quanto mais conseguir otimizar o uso de seus recursos, melhor para a definição do preço de seu produto/serviço.

Cuide dos detalhes

"O diabo está nos detalhes", diz o velho provérbio inglês. E eu acrescentaria, "a perfeição e as oportunidades também". Este raciocínio completa o anterior. Os pequenos vazamentos é que dão os grandes prejuízos. Um furo de 2 mm no encanamento pode gastar até 3 200 litros de água por dia! Imagine, então, o que pode acontecer dentro de uma grande empresa, caso não seja de todos a valorização pelo zelo em relação aos detalhes.

Crie a Cultura do cuidado com o detalhe. Lembro-me de que diziam que o senhor Curt, pai de Jorge Gerdau, no tempo das máquinas de datilografia, quando recebia uma carta para assinar, colocava-a contra a luz para ver se não havia alguma rasura. Se houvesse, ele a devolvia para o responsável. O primor é uma das preocupações mais valiosas em qualquer negócio, pois se reflete na satisfação do cliente.

Alinhe os objetivos

A definição dos objetivos a partir das quatro dimensões do BSC é uma forma de alinhá-los à missão e à visão da empresa, mantendo o foco no que é essencial para garantir a sobrevivência e o crescimento do negócio. Na montagem do orçamento, é essencial que as metas anuais estejam alinhadas aos objetivos estratégicos. Qualquer desvio ou acréscimo de alguma meta que não esteja alinhada será desperdício de esforço e recursos. O mesmo vale para o desdobramento delas para os demais níveis da organização. É o momento de alinhar a organização para a mesma direção, com o mesmo enfoque e com a mesma ênfase, de modo que se evite que cada departamento reme para um lado, com prioridades diferentes – algo que acontece frequentemente em diversas organizações.

Desdobre as metas com consistência, de cima para baixo, não deixando escapar nada que não esteja a serviço dos objetivos estratégicos. Fique de olho nas metas criadas no meio do caminho. Não se esqueça: qualquer vazamento significa desperdício de recurso, sem ganho para o todo.

Comprometa e engaje pela participação

Use o processo em U do *ringisei*, de cima para baixo, de baixo para cima. Obtenha a contribuição dos responsáveis principais, ouça-os, inclua suas ideias nas discussões. Torne-os donos dos objetivos e faça-os sonhar os mesmos sonhos. Busque esclarecer a causa e o efeito de cada objetivo e procure dar a cada um deles a prioridade estratégica com pesos específicos para cada demanda.

O entendimento de cada membro da equipe induzirá ao engajamento e à apropriação dos objetivos, de modo que ele será levado para seus pares e suas equipes, criando força e unidade para conquistar os objetivos.

Comunicar, comunicar e comunicar

O processo participativo pela discussão dos objetivos e do debate sobre sua construção e sua formulação é, por si só, o principal processo de comunicação, divulgação e engajamento para a causa. Mesmo assim, todas as situações que se oportunizarem para reforçá-los, mostrar sua razão de existir e consequência e para demonstrar suas prioridades devem ser usadas com consciência e convicção. O lema é: comunicar, comunicar e comunicar. A repetição continua sendo a grande mãe da aprendizagem.

Trabalho, determinação e persistência

Se fosse resumir a razão do sucesso de ambas as empresas na conquista dos objetivos a que se propõem, elencaria três tópicos:

- Cultura do trabalho, trazida da ética protestante de Jorge Gerdau e de Jorge Paulo Lemann.
- Determinação incansável diante dos obstáculos que a vida empresarial lhes ofereceu. Apropriando-me de uma expressão alemã para representar essa busca de maneira simples e direta: "*Von ein Will, ein Weg*!". [Onde existe uma vontade, ali existe um caminho].
- Persistência, própria dos campeões que não desistem até alcançar o pódio. Ambos foram campeões em seus esportes preferidos, hipismo, para Jorge Gerdau, e tênis, para Jorge Paulo Lemann.

CAPÍTULO 10

GESTÃO DE METAS – Garantia dos resultados

O todo sem a parte não é todo,
A parte sem o todo não é parte,
Contudo, se a parte o faz todo, sendo parte,
Não se diga, que é parte, sendo todo.

Gregório de Matos

Pelo processo de desdobramento de metas, as metas do presidente são repassadas aos membros do Comitê Executivo e, sucessivamente, o mesmo acontece em todos os níveis, até chegar ao nível de cada um dos colaboradores. Ao fim do processo em cascata, cada colaborador recebe sua "fração" do todo, ou seja, as ações da companhia que lhe cabem para alcançar os resultados. Não por coincidência, *share* em inglês também significa "fração", ou "ação" de uma companhia.

Nada mais fractal: "o todo está na parte e a parte está no todo". Cada um recebe sua parte proporcionalmente à responsabilidade de sua função. O processo da meritocracia, no fim do exercício, vai pagar a eles os dividendos proporcionais ao desempenho de suas "ações". Nada mais consistente.

Ronaldo Iabrudi traz uma reflexão muito importante no que diz respeito à importância da gestão de metas:

Do que eu preciso para chegar lá?

O alinhamento das metas é a forma como você se organiza para chegar aonde quer e com os resultados que quer. Isso vale para qualquer empresa. O alinhamento assegura que as metas sejam compartilhadas. Assim, o alinhamento das metas é a essência – falando de forma muito simples – de como você faz para um negócio dar resultado. Prepare metas que sejam interdependentes e com planos de ação com um responsável. Acompanhe os resultados e exerça o balanço das consequências. Pode ter certeza de que o resultado virá.

Ronaldo Iabrudi

Três princípios básicos

Precisamos, o tempo inteiro, estar criando o desconforto e gerando desafios para criar um ambiente para o crescimento do ser humano.

Vicente Falconi

Quando fui contratado para trabalhar na Magnesita, ouvi de amigos e colegas: "Prepare-se para rever seus conceitos de RH. O Sistema de Gestão GP é *carrot and stick*". Contudo, o que apavorava os outros era exatamente o que mais me atraía no GP. Queria entender a famosa obsessão por "bater as metas", conhecer os segredos atrás da forma com que definiam e geriam suas metas e as transformavam em ouro, por meio dos resultados obtidos. Queria descobrir a razão de seu sucesso.

O mais interessante é que as mesmas práticas de gestão de metas, responsáveis pelo sucesso de suas empresas, eram alvo de severas críticas dos que as olhavam de fora ou daqueles que nelas tinham fracassado. *Carrot and stick* me lembrava o condicionamento operante, proposto por Bhurrus Skinner, reconhecido psicólogo norte-americano do século XX: estímulo-resposta-reforço, o behaviorismo radical, algo que já se questionava desde meu tempo de faculdade, com o argumento de que homem não era ratinho de laboratório.

Ao estudar o Sistema de Gestão GP, especificamente a maneira como era administrada a gestão de metas, percebi que estava diante de algo muito maior e mais efetivo, muito além do condicionamento operante que era minha expectativa. À medida que entendia o processo, percebia alguns achados teóricos que eu já conhecia e que tinham sido levantados e comprovados por pesquisadores behavioristas posteriores a Skinner.

A partir de pesquisas com estudantes de escolas públicas e equipes de atletas de alta performance, eles se aprofundaram no entendimento dos aspectos determinantes para a motivação dos indivíduos e das equipes. Percebi que princípios, conceitos e práticas do Sistema de Gestão GP envolviam muitos desses conceitos, os quais eu já vivenciara nos meus muitos anos na Gerdau.

Nas duas empresas, pude constatar, a partir da direção, a orientação e, em especial, a prática rigorosa de três princípios básicos, que se colocam acima de tudo e sem os quais o sucesso na Gestão de Pessoas seria impossível: colaboradores tratados como cossócios, fé inabalável no potencial humano e confiança absoluta na resposta positiva das pessoas.

Parceria

Tanto na Gerdau quanto no GP, os colaboradores são vistos e tratados como parceiros, sócios do negócio. Quando colocados nesse patamar, todos, indistintamente, devem ser tratados com respeito e de forma equânime, sem nenhuma diferença nem discriminação. Isso significa destruir a hierarquia nos relacionamentos e simplificar as relações. Essa é a primeira regra de uma sociedade duradoura.

Todos comem no mesmo refeitório, usam o mesmo capacete, usufruem do mesmo meio de convivência. Na Gerdau, o senhor Curt, pai dos atuais controladores, percorria, uma vez por semana, a fábrica e os escritórios para ter contato com seus colaboradores, de forma pessoal e calorosa. Estendia a mão e cumprimentava os empregados com uma frase própria para cada um deles. Seu filho, Jorge, interpretava de maneira simples esse gesto que ainda hoje se repete na empresa: "Todos recebiam o mesmo tratamento respeitoso. Em consequência, todos se sentiam respeitados da mesma maneira". Um pequeno gesto que criou uma Cultura de respeito pessoal e individual.

Não é à toa que, na Gerdau, os empregados são denominados colaboradores. Aqueles que colaboram, que trabalham juntos e são parceiros no negócio. Na Magnesita, percebi o mesmo tipo de ambiente. Empregados eram chamados pelo primeiro nome, havia foco e todos tratavam da causa comum: a sobrevivência e o crescimento do negócio.

O ex-CEO da norte-americana Nucor, Ken Iverson, em seu livro *Plain Talk*, já afirmava:

> Não há nenhum motivo para entrarmos em ideologia. A melhor razão para promover a igualdade acontece por motivos muito práticos, como produtividade, eficiência e crescimento. O negócio precisa de empregados motivados para competir no longo prazo e a Cultura igualitária é uma maneira extraordinariamente prática de garantir a motivação do empregado.

Trata-se do primeiro passo para a construção de uma relação de confiança e é absolutamente essencial para gerar uma parceria verdadeira e duradoura. Falando em termos práticos, transformamos os colaboradores em sócios quando distribuímos a cada um deles, por intermédio das metas a eles confiadas, a parte que lhes cabe da sociedade.

Fé

Existe uma frase que Jorge Gerdau usa com cristalina e absoluta convicção: "O potencial humano é infinito. Seu desenvolvimento depende de nós oferecermos oportunidades, capacitação e valorização".

É preciso criar sistemas e ambientes que deem aos indivíduos oportunidade para a plena expressão de todas as potencialidades. Eliminar as grades, próprias das relações hierárquicas, atendendo às demandas de autodesenvolvimento. Liberdade e autonomia são a base do crescimento individual.

A fé inabalável no potencial dos colaboradores dá à empresa a coragem de ousar nas metas e, a eles, a chance de explorar os limites do próprio potencial para responder aos desafios. É o que garante o crescimento de cada um de forma exponencial e seu desempenho para cumprir as metas que lhe foram confiadas.

Confiança

Não dá para afirmar se esse princípio é causa ou efeito do anterior. Nada é mais verdadeiro do que aquilo que o psicólogo norte-americano Robert Merton chamou de "profecia autorrealizável: quem faz a profecia, vai fazer tudo para que ela se realize".

Na década de 1960, Douglas McGregor, economista norte-americano influente na área de Relações Humanas, em seu célebre estudo sobre Teoria X e Y, mostrou que a expectativa dos gerentes sobre os subordinados afeta diretamente o desempenho destes. Quando eles esperam coisas positivas, elas por certo virão. O mesmo se aplica quando a expectativa é negativa. Coisas negativas, por certo, também virão. Na Gerdau e no GP, percebi que, no momento em que são fixadas as metas, o potencial dos indivíduos é desafiado. Então, é muito sábio ter confiança absoluta na resposta positiva das pessoas.

Visão geral sobre metas

Quais são as metas?

Cabe ao presidente identificar quais são as metas fundamentais para que o orçamento seja atingido e também assegurar seu acompanhamento, porque de nada adianta fazer um "ótimo" orçamento, que envolva todo o time e considere todas essas variáveis, se você não acompanha. E tem de ter o balanço de consequência. O que é balanço de consequência? É o exercício da meritocracia.

Porque a escolha das metas para avaliar a companhia e, por decorrência, o time inteiro é de novo um exercício para você definir claramente qual a estratégia, o caminho, que vai seguir. A partir do momento que se escolhem as metas, estamos informando à companhia qual é o caminho que devemos seguir. O caminho tem de estar dentro do orçamento, porque as pessoas vão ser cobradas e acompanhadas com base nele. Uma coisa a salientar é que a escolha das metas indica ao time o que é estratégico e, em decorrência disso, como cada executivo será avaliado pela companhia.

Ronaldo Iabrudi

Metas libertam

Às vezes, a impressão que dá é a de que, com metas, você subjuga. Bem ao contrário, o Modelo de Gestão leva à valorização do indivíduo, à sua autonomia e à busca de seu potencial máximo. Com metas definidas, você liberta e permite o questionamento. Porque, se a meta está na parede, você está vendo: "Meu departamento aqui não está atingindo a meta, porra. O chefe fica em xeque".

Fersen Lambranho

Meta tem dono e prazo

Meta é um objetivo a ser atingido, tem um valor, um prazo e um responsável. Isso é meta. Isso tem a ver com meritocracia. Eu fiz um orçamento, eu desdobro as metas. E, então, pelo menos a avaliação quantitativa das pessoas deve ser feita baseada no resultado das metas de cada um. Se a meta foi benfeita, a contribuição da pessoa tem efetivo resultado.

Otto Levy

Metodologia como elemento fundamental

A empresa tinha um pouco de Cultura paternalista, reflexo de seu tamanho, pois era pequena. Claro, as pessoas se engajam, envolvem-se de uma maneira que o meu concorrente não tem. No entanto, com o crescimento da organização, foi preciso reforçar a meritocracia. É preciso ter metodologia. É preciso cobrar resultado, mas sem perder o engajamento, o desafio é buscar o balanço. Nossas grandes metas envolvem segurança, comprometimento, EBITDA e lucro e ROCE.[13] São as principais.

André Johannpeter

Ajuste as metas

Lá na Magnesita, historicamente, quais as áreas que tiram a maior nota? Pesquisa e desenvolvimento, recursos humanos, auditoria. Por quê? A meta do pesquisador é sobre uma pesquisa da qual ele tem 100% de controle. Ele define sua meta e ele mesmo a controla. Aí o que a gente faz? Ajusta as metas, limitando o número delas que não tem uma ligação direta com o resultado. Por exemplo, o pesquisador hoje tem uma meta, o *market share*. Ele precisa desenvolver produtos que o ajudem a ganhar *market share*.

Otto Levy

Todos no mesmo barco

Para mim, a maior contribuição do doutor Akao ao desenvolver o Gerenciamento por Diretrizes, mais do que a inclusão das ferramentas da qualidade, foi a intro-

[13] Retorno do capital empregado. (N. E.)

dução do *catchball*, conceito por meio do qual se pode obter o consenso de todos quanto às metas e seus valores. Não deixa de ser uma prática objetiva do *ringisei*, com outra denominação. Esse é o início da apropriação dos envolvidos das próprias metas e da formação da parceria.

É um processo de interação contínua, de baixo para cima e de cima para baixo. O presidente propõe as metas para a equipe. Elas são discutidas e negociadas com os responsáveis pelos processos das áreas-fim e das áreas-meio das unidades de negócio, e assim por diante. À medida que as metas vão se fechando, de outro lado, o presidente as negocia com o Conselho em busca de consenso para fechar o orçamento. Na verdade, mais do que fechar os números do orçamento, o que acontece é uma orientação de foco, uma definição de prioridades, uma doutrinação de negócio.

Da mesma forma, e com a mesma intensidade, o processo de negociação das metas deve chegar a cada equipe do chão de fábrica e a cada colaborador. De maneira simples, todos deverão entender que sua fração é parte essencial no todo da organização, sem a qual o todo não existe. As metas de cada um garantem a meta de sua equipe, que, por sua vez, sustenta as metas de seu chefe, e assim por diante, em sequência ascendente. Todas as metas existem para suportar as metas do presidente.

É um processo rico e intenso. Existem os prazos a ser cumpridos, mas o processo deve ser esgotado para obter o melhor de seu ganho. Ele será tão eficiente quanto mais conseguir colocar todos no mesmo barco, olhando para a mesma direção.

A prática faz toda diferença

> *O que não é definido, não pode ser controlado; o que não é controlado, não pode ser medido; o que não pode ser medido, não pode ser melhorado; o que não é controlado, não pode ser gerenciado.*
>
> Peter Drucker

Essa famosa citação de Peter Drucker define bem a função do Sistema de Gestão de Metas. Coordenar, de forma consistente, as ações necessárias para que as metas do orçamento aconteçam, garantindo, assim, os resultados da companhia. Ele pode ser assim descrito:

- Anualmente, no fim do exercício, é definido o orçamento, resultado da negociação entre o executivo e o Conselho. É a peça básica do planejamento estratégico da companhia para o próximo exercício.
- As metas anuais, definidas no orçamento para o presidente, são desdobradas por todos os níveis da companhia até o chão de fábrica, dentro de uma cadeia estruturada e alinhada com os objetivos e os resultados planejados para a companhia, plenamente ajustadas com prazos e KPIs consistentes.
- Os planos de ação, com prazos e responsáveis, são definidos para todas as metas, a fim de garantir que os resultados sejam alcançados.
- Reuniões de acompanhamento periódico devem ser realizadas, no mínimo, uma vez ao mês. Devem ser feitas para analisar todas as metas e todos os planos de ação, verificando a evolução dos resultados e permitindo a tomada de medidas corretivas.
- As metas devem estar alinhadas com o plano de remuneração variável.

Uma aula sobre PDCA

PDCA tem engenho e arte

O modelo GP começou na Lojas Americanas e foi desenvolvido totalmente pela prática: copiando Bradesco, copiando Walmart, copiando Goldman Sachs, copiando grandes exemplos. O GP foi criado para replicar essas coisas numa escala maior. Já fizemos mais de cinquenta negócios até hoje usando isso. Eu diria que, se não tivesse um Modelo de Gestão, não existiria o GP.

Hoje temos dez empresas. Tivemos mais de cinquenta por algum tempo. Umas entram, outras saem. O trabalho que o GP faz é o trabalho de levar a companhia de um patamar A para um patamar B. Não foi o GP que criou o Modelo de Gestão. Ele é resultado da compreensão de que havia um Modelo de Gestão que poderia ser replicado de forma mais ampla. Nós acreditamos no modelo, implementamos, checamos e fomos replicando.

E erramos muito. Nossa vida é cheia de erros. Nem todos os investimentos que fizemos foram bem-sucedidos. Contudo, eu sempre penso nessa figura de linguagem: quando você vê uma criança aprendendo a andar, que é a primeira grande experiência de vida de um ser humano, você já percebeu como ela cai? Cai, levanta, cai, levanta.

O ser humano só aprende de um jeito: errando. Errando e corrigindo, errando e corrigindo. PDCA (Planejar-Executar-Verificar-Ajustar, do inglês: *Plan-Do-Check--Act*) é importante por quê? Porque você vai errar. Se você acertar, não precisa do PDCA. Ele existe para fazer com que você mude a rota a tempo de chegar lá. Então, por definição, você vai errar. Quem acha que é imune ao erro não vai a lugar nenhum.

Minha tese sobre PDCA é a seguinte: o PDCA encontra resistência no *middle management* [gerência mediana]. Porque o PDCA é uma maneira de transformar operário em engenheiro. Na hora em que o operário começa a participar de um processo de reanálise do sistema e de busca de soluções para atingir resultado, você entrou em engenharia. Ali tem engenho e tem arte.

Fersen Lambranho

Como na bolsa de valores

Pensando como uma Bolsa de Valores, dentro de processo participativo e negociado, o desdobramento de metas define a cada um dos colaboradores, em todos os níveis, a parte que lhe compete de responsabilidade diante dos resultados da companhia, em termos de número e valor das ações. É a parte que resultará de processo negociado entre superior e subordinado e será proporcional à dimensão do cargo na estrutura.

Em cascata, as metas do presidente vão se desdobrando pela estrutura dos processos de negócio e de apoio e pelas unidades de apoio e de negócio, até atingir o último nível funcional no chão de fábrica. Desse desdobramento, surgem as metas quantitativas e as qualitativas.

Para avaliar sua consistência, o somatório das metas quantitativas dos subordinados deve resultar na meta de seu superior. As metas qualitativas devem ser avaliadas quanto à aderência às diretrizes e às orientações vindas da estratégia, pois, as equipes e seu somatório suportam a meta de seu líder.

Para cada uma das metas, será atribuído um peso relativo e o respectivo KPI, que define a medida que avaliará o progresso no sentido da meta definida. "Somente o que é medido, pode ser gerenciado" (Peter Drucker). Essa é a definição do "valor das ações". No fim do processo, todos os empregados terão suas metas estabelecidas em várias dimensões, com os respectivos objetivos, métricas e prazos definidos e, em processo ascendente, deverão sempre ser aprovadas pelo superior imediato.

Daí para a frente cabe a ele gerar valor para as "ações", mediante seu desempenho e sua contribuição, cujo efeito será medido pelos resultados de seu processo, pela unidade e pelo resultado da companhia como um todo. Esses resultados definirão o valor dos "dividendos" a ser distribuídos por intermédio dos programas de meritocracia. Exatamente como se fosse uma Bolsa de Valores, que considera a participação de cada acionista.

Reuniões de follow-up: a chave do sucesso

Para quem usa a Gestão por Diretrizes como Sistema de Gestão, existem algumas conclusões absolutamente óbvias:

- Apenas o desdobramento das metas não é suficiente para seu atingimento. Os planos de ação são os importantes alinhadores, empurradores das ações para atingir as metas desejadas.
- Para todas as metas, em todos os niveis, devem ser definidos planos de ação, com o cuidadoso detalhamento dos 5Ws e 1H (*What/When/Where/Why/Who* e *How*).
- Os planos de ação serão tão mais bem-sucedidos quanto mais se obtiver a plena interdependência entre eles, de baixo para cima, de cima para baixo, vertical e horizontalmente.
- O PDCA é o método único e infalível para gerenciamento de rotina, melhoria e inovação nos processos.
- Os planos de ação, com a prática consistente do PDCA, fazem as coisas acontecer e garantem, em grande parte, o atingimento das metas.

Descobri, entretanto, algo não tão evidente assim e que, por isso, muitas vezes não recebe o devido crédito no Sistema de Gestão. É a prática das reuniões de acompanhamento de resultados. Muitas vezes, elas são vistas como uma etapa burocrática a mais no GPD, uma rotina para se livrar. Invenção de japonês chato, metódico e persistente. Contudo, inúmeras vezes percebemos como essas reuniões são fundamentais para a concretização dos objetivos.

Vivenciei na Magnesita uma abordagem séria dessas reuniões e repito que se deve a elas a outra grande parte do sucesso na Gestão de Metas. Para garantir método, disciplina, organização e previsibilidade em todos os níveis da estrutura, do Comitê Executivo ao chão de fábrica, é feito um calendário do primeiro ao último mês do exercício, que é seguido com rigor. A pauta das reuniões é prefixada e seguida religiosamente:

- Pendências do mês anterior.
- Análise dos resultados das metas.
- Análise da execução dos planos de ação.
- Análise e aprovação dos relatórios de anomalias.

Para cada meta não atingida será feito um Relatório de Acompanhamento, resultado da análise dos desvios e de suas causas com as respectivas contramedidas necessárias para o atingimento, que passará a fazer parte do plano de ação. Esse relatório será o gancho da próxima reunião. Com esse processo de reporte e análise que envolve todos os níveis da estrutura, cria-se uma corrente dentro da companhia, na qual, de um lado, todos se sentem envolvidos e responsáveis pelos resultados e, de outro, convocados a contribuir com seu conhecimento e sua experiência na busca da solução dos desvios.

A esse processo sistemático e rigoroso, por meio das reuniões de acompanhamento de resultados, com uma programação anual definida e com seu ritual obedecido, justifico 50% do sucesso da Gestão de Metas. É, sem dúvida, a grande chave do sucesso!

Otto Levy e Ronaldo Iabrudi reforçam o valor que dão ao acompanhamento:

O meio existe para suportar o fim

Todo mundo quer a zona de conforto, ter 100% de controle sobre a meta, mas o mais importante para a companhia é o alinhamento com os objetivos, a menos que seu processo seja só meio. Ser orientado para o fim não é fácil, não. É doloroso. Tem de ter liderança em cima, senão não vai.

Tem de ter o sistema de follow up. Você definiu as metas, você tem os objetivos a atingir ao final do ano. Contudo, você tem de desdobrar essas metas mensalmente e tem de fazer o acompanhamento. Cobrar o resultado. Ter um placar que mostre o resultado que você está tendo. E que também seja uma coisa simples, que as pessoas entendam. Porque é claro, você faz um plano, mas o mundo muda, o cliente muda, o concorrente muda. Tudo muda. Você tem de ficar mudando o plano. O sistema é dinâmico.

Se você é focado só em meios, o maior erro que você pode fazer é transformar os meios em coisas estáticas. Porque o meio tem de mudar para você garantir o resultado. O que não muda é o orçamento, que é o fim. Contudo, com o meio, você pode fazer o que quiser. Ele existe para suportar o fim.

Otto Levy

Meta sem follow-up não é meta

Não adianta nada ter meta, se não há acompanhamento. Não se pode esperar chegar no final do ano para olhar as metas! Então, não precisa ter meta. Na organização, o sistema de metas, além de ser direcionador, de refletir o que está no orçamento, buscar estratégia, servir de *benchmarking*, tem um papel de permitir que o time acompanhe o resultado do seu próprio trabalho. Sabe por que as pessoas gostam de esporte? Porque elas veem o resultado de sua ação quase imediatamente. Nas organizações, deveria ser muito parecido, ou seja, checar o resultado de seu esforço quase imediatamente.

Ronaldo Iabrudi

O comportamento humano diante das metas

Se você não sabe para onde está indo, qualquer estrada pode lhe servir; se você não sabe onde está, um mapa não vai ter serventia nenhuma.

Watts Humphrey

Para entender um pouco mais sobre o comportamento humano diante das metas, fui buscar o que existia de novo sobre o tema. Encontrei alguns achados dos pesquisadores behavioristas sobre motivação de indivíduos e equipes, que vêm ratificar tudo o que vimos até agora e que ajudam a explicar o sucesso da Gestão de Metas e sua importância, como alavancadora de desempenho na Gerdau e na Magnesita:

Discrepância como energia para a ação

Discrepância, ou incongruência, é a denominação dada à sensação experimentada por uma pessoa quando percebe o descompasso entre seu estado presente e o estado ideal desejado. Ela fica numa posição de desconforto e insatisfação, impulsionando-a a tomar uma ação para sair da situação. A discrepância gera a energia necessária para a ação.

A diferença entre o estado atual e o estado ideal define o tamanho da discrepância. Ela é o princípio motivacional fundamental para dar início a um plano de ação em busca do objetivo desejado. As metas, em suas diversas dimensões e para os diversos níveis, existem para gerar essa discrepância.

As empresas, ao definir a visão, estabelecer os objetivos estratégicos, colocar as expectativas financeiras no orçamento, realizar *benchmarking* com os melhores, comparar seu desempenho e o dos concorrentes, estão criando uma situação de discrepância para si e para seus colaboradores. Ou seja, elas criam um descompasso por meio de metas de longo prazo, que visam tirar as pessoas do estado presente e levá-las ao estado almejado. E essas metas geram as ações que as levam até ele.

Metas para chegar ao estado ideal

O que são as metas nas empresas, se não o desdobramento da visão, dos objetivos estratégicos ou do orçamento, que afetam a empresa como um todo, cada unidade, cada departamento e cada indivíduo? Estabelecer metas gera a discrepância entre o estado atual e o estado ideal e a motivação e a energia que levam à ação para atingi-lo.

Quando observaram estudantes e atletas, os pesquisadores concluíram que os que têm metas apresentam desempenho superior aos que não as possuem, assim como os que aceitam essas metas têm desempenho superior ao daqueles que não as aceitam. Parece uma conclusão óbvia, mas, sem uma gestão inteligente e exigente das metas, seria muito difícil chegar a algum lugar.

Desafios maiores potencializam o desempenho

O estabelecimento de metas, de modo geral, melhora o desempenho, porém, os tipos de metas e a forma com que elas são definidas estabelecem o montante.

Quanto mais difíceis e mais específicas as metas, maior é o desempenho gerado porque maiores são o esforço e a persistência e, consequentemente, maior a energia empreendida para alcançá-las.

As metas precisam ser desafiadoras para criar energia. A especificação de como, quando, onde aumenta a atenção e o planejamento para executá-las. O somatório de energia com direção é igual a desempenho superior. Ao contrário do que muitos acreditam, o fato de as empresas desejarem superar, contínua e fortemente, suas marcas e criar novos desafios é fator motivador essencial para gerar desempenhos superiores e criar uma Cultura de alto desempenho.

Feedback para sustentar o desempenho

O estabelecimento de metas se transforma, efetivamente, em aumento de desempenho, quando apoiado por um processo de feedback consistente, organizado e programado, que permite às pessoas avaliar seu progresso em direção ao alcance.

A combinação de metas com feedback produz efeito emocionalmente significativo, pois alcançar uma meta alimenta a satisfação, assim como o fracasso gera insatisfação. E ambos, cada um a seu modo, têm propriedades motivacionais suficientes para gerar ações em busca de um novo equilíbrio.

Se atingida a meta, o indivíduo se sente competente para buscar um novo patamar, mais elevado, por meio de outra meta ainda mais difícil e complexa. Se não atingida, a insatisfação gera o desejo de eliminar a discrepância existente com aumento de esforço, persistência, atenção e método. O processo de feedback age como sustentador e alimentador de desempenho.

A firmeza e a clareza no momento do feedback, individual ou em grupo, seja nas reuniões de acompanhamento, na prática consistente do PDCA, nos programas de avaliação de desempenho seja em outros tantos programas, são fatores essenciais para empurrar o desempenho para outro patamar. A verdade é o caminho mais curto entre duas pessoas.

Negociação para a adesão

Além de ser desafiadoras e específicas, e ter um processo de feedback consistente, as metas precisam ser aceitas por quem cumprirá o plano de ação para atingi-las. A aceitação das metas caracteriza uma variável crítica. Somente se aceitas e, consequentemente, internalizadas, elas melhoram o desempenho. Aceitação cria comprometimento. São quatro os fatores determinantes para aceitação ou rejeição:

- Dificuldade da meta proposta.
- Participação no estabelecimento da meta.
- Credibilidade de quem determina a meta.
- Incentivos decorrentes de sua realização.

Metas fáceis favorecem a aceitação. Quanto mais difíceis, maior a rejeição. A participação no estabelecimento delas, por meio de negociação e convencimento, leva mais facilmente à adesão. Enquanto isso, a credibilidade se refere ao grau de confiança, conhecimento e apoio de quem propõe as metas para seus colaboradores. E, por fim, quanto aos incentivos e às consequências decorrentes, a aceitação aumenta em proporção ao benefício decorrente de seu sucesso.

A formulação participativa das metas, dentro de um processo negociado, com idas e vindas, ajustes e reajustes, somada à meritocracia, é o motivo mais concreto e verdadeiro para sua aceitação.

Plano de ação para evitar os desvios

Naturalmente, as pessoas têm dificuldade de começar a agir, assim como de persistir na ação e concluí-la no tempo previsto, conforme a quantidade de prioridades e as demandas não previstas. Os planos de ação existem para definir início, meio e fim das ações necessárias para que as metas sejam alcançadas com sucesso. A falta deles é o principal motivo que leva as pessoas a fracassar em suas missões, tanto profissionais quanto pessoais.

Com o plano de ação, fica mais fácil retornar ao caminho, com rapidez e sem muito esforço, quando há desvios. Definir os planos de ação de forma prática e formal, com a plena participação dos envolvidos, torna a realização das metas um processo mais fácil. Para isso, pode-se utilizar o PDCA e o relatório de 3 Gerações, que consiste em analisar passado (o que foi planejado e realizado), presente (o resultado alcançado e os problemas que surgiram) e futuro (propostas de solução).

Autorregulação para motivar novos desempenhos

Quando as pessoas podem monitorar seu desempenho relativo às metas propostas, elas tendem a revisar seu comportamento, quando necessário. A informação gera uma discrepância interior positiva ou negativa. Ou seja, satisfação ou insatisfação.

Se insatisfeito, o indivíduo tende a buscar o equilíbrio no sentido do estado ideal. Se satisfeito, tende a se propor nova meta, para se superar e ter um melhor desempenho. A autorregulação consiste em oferecer meios de incentivar a motivação do colaborador, acompanhando de perto seus resultados e seus níveis de desempenho.

Comunicação a serviço de todos

Os quadros de gestão à vista, distribuídos pelos corredores e expostos no chão de fábrica, têm uma importância bem maior do que um simples instrumento de informação e atualização. Na realidade, ao oportunizar a comparação entre o desempenho e a meta proposta, seu papel principal é atuar como instrumento de correção de desvios e motivar novos desempenhos.

O processo participativo por intermédio da discussão dos objetivos estratégicos e das metas, o debate sobre sua construção e sua formulação, é, por si só, o principal processo de comunicação, divulgação e engajamento para a causa da companhia, a realização de sua visão. Mesmo assim, porém, todas as situações que se oportunizarem para reforçar os objetivos e as metas devem ser exploradas.

Os quadros de gestão à vista, distribuídos em locais estratégicos, de passagem obrigatória de colaboradores e visitantes, têm papel essencial na comunicação interna. A exposição da missão, da visão e dos valores, justaposta com o quadro de metas e resultados é uma forma direta de indicar o caminho a seguir para chegar ao status desejado. Na Gestão de Metas, os quadros desempenham o papel essencial do feedback imediato e de autorregulação perante os resultados obtidos. Mais do que informar, pelos seus dados e elementos dos desempenhos históricos, possuem a função de reforçar a performance e gerar o desejo de se superar em busca de um resultado superior, ou de provocar um ajuste para garantir o alcance da meta estabelecida.

Sua função é, assim, bem mais complexa do que informar os resultados. Seus dados chamam para os *gaps* e para os desafios. Os quadros, acessíveis a todos, chamam a atenção e empurram para o alto, reforçando o comprometimento de todos com as metas estabelecidas. Devem ser usados como elementos-chave de mobilização do pessoal.

Quando o uso e o acesso às informações dos quadros, que devem estar sempre rigorosamente atualizadas, tornam-se rotina entre os colaboradores, sua efetividade é assegurada. Afinal, é um meio de formalizar para o conhecimento de todos o estágio de todos os processos da empresa.

CAPÍTULO 11

MERITOCRACIA – Distribuição dos dividendos

Como falamos anteriormente, por meio da prática da meritocracia, os colaboradores recebem os "dividendos" que lhes cabem, proporcionais aos resultados obtidos por suas "*fr'ações*" e pelo resultado do todo. Esses "dividendos" se referem à valorização que deu a suas "fr'ações", por seu desempenho, por meio do atingimento das metas, da prática do Sistema de Gestão e de sua adesão aos Valores. São o fim e o reinício de um círculo virtuoso.

O desdobramento das metas é a demonstração objetiva da crença no potencial dos indivíduos e o reconhecimento de sua autonomia, dando-lhes asas para alçar o próprio voo. As pessoas respondem ao que se espera delas e, quando se espera muito, passam a esperar muito de si e criam a confiança de que podem dar muito, comprometem-se e vão em busca de realizar a própria expectativa, que é o espelho da expectativa da empresa.

Quando as pessoas atingem as metas por meio da meritocracia, nós as reforçamos em sua autoestima, estimulando seu potencial e a autodeterminação, propiciando-lhes a oportunidade de desejar para si um voo ainda mais alto. Isso pode ser feito por meio da remuneração variável por resultados ou pelo plano de carreira ascendente. Diferentemente do que pensam os críticos da meritocracia, que a veem como um reforço condicionante de comportamento mediante compensação pecuniária, ela exerce, mais do que tudo, a função de reforço emocional aos indivíduos pela valorização de sua autonomia e do reconhecimento da efetivação de seu potencial por meio da realização das metas, dando-lhes oportunidade de almejar metas ainda mais desafiadoras e gerando, assim, um círculo virtuoso dentro da organização.

Fersen e Otto argumentam sobre ela da seguinte maneira:

Só é feliz quem é reconhecido

Eu divido resultado quando a companhia cresce e abro espaço para o cara passar a ser um gerente, passar a ser um diretor, mudar de área. Isso também é dividir resultado. Têm organizações que dividem muito dinheiro, mas dividem pouco resultado. Até porque as pessoas de sucesso e que vão liderar as companhias no futuro, concluem em certo ponto que o dinheiro é meio, não é fim. E que a vida é muito mais do que simplesmente o dinheiro.

Se sentir pertencendo a alguma coisa passa pelo negócio da meritocracia. Quer dizer, você só se sente feliz num lugar em que se sente reconhecido. E não basta ser reconhecido, basta que você reconheça que quem está do seu lado mereça estar do seu lado. Então, a meritocracia nos mais jovens está intimamente relacionada ao espaço que você abre para ela ao longo da vida.

Fersen Lambranho

A César o que é de César

Para mim, meritocracia é dar a César o que é de César. Exatamente. Ser recompensado na medida do seu resultado. E não todo seu esforço. O cara fala assim: "mas fulano trabalhou menos e o resultado dele foi bom". Eu prefiro um cara sortudo e malandro com resultado do que um trabalhador azarado que não dá resultado.

No entanto, para não ser uma coisa completamente dura, no sistema de bônus, 70% são medidos e 30% são discricionários. Assim, você usa 30% para reconhecer um pouco do esforço. Contudo, não pode ser a maior parte o reconhecimento do esforço. Porque é aquilo: "Pô, eu trabalhei tanto, eu fiz tanto. Contudo, seu resultado foi zero".

Otto Levy

Na meritocracia, todos devem ganhar para que a máquina e o colaborador continuem operando a toda velocidade.

O jogo de ganha-ganha

Meritocracia, radical e aplicada em todos os níveis, sendo fundamental para a nossa política de gente e remuneração.

Valor do GP Investments

Essa declaração, vista de fora, sempre dá a ideia ultrapassada de pequenas bonificações por grandes esforços. Fica a ideia minimizada de reforço positivo e castigo, do condicionamento operante. É, entretanto, antes de tudo, um exercício de consistência e de inteligência empresariais. Quanto à consistência, ela, vista com mais cuidado, está muito além do vil metal. É a coroação de um contrato emocional entre as duas partes, baseado na comunhão de valores, na confiança mútua, na valorização do potencial do indivíduo e na crença de que o limite humano pode ser infinito.

A essência da meritocracia é o reconhecimento das individualidades e a discriminação positiva dos melhores. Nada mais consistente para empresas que acreditam no valor dos indivíduos, na livre iniciativa e nas leis do mercado.

Que vença o melhor! E o aumento de competição estimula naturalmente a produtividade e a eficiência das empresas e dos indivíduos. É o reforço final de tudo em que se acredita no Modelo de Gestão. Assim, mais do que pagar pelas metas alcançadas, é o momento de valorizar a essência do modelo: os resultados obtidos, a adesão aos valores e a prática consistente do Sistema de Gestão.

A meritocracia acontece, de modo geral, por dois caminhos. O primeiro, mais identificável, é a chamada remuneração variável por resultados. O outro, menos evidente, é o plano de carreira. O sistema de meritocracia, mais do que um programa de remuneração, pode se transformar em mais um desafio a ser superado.

Na remuneração variável, ao estabelecer uma amplitude de nota mínima 7 para desempenho inferior a 10% ao planejado, 10 para o planejado e 15 para um resultado 20% acima do planejado, que pode gerar ganho proporcional ao valor contratado, cria-se um desafio adicional à meta contratada em busca do maior desempenho do indivíduo.

Esse resultado vale 70% do todo a ser pago. Os outros 30% são a parte discricionária definida pela chefia. Ou seja, ela é separada e é definida para reconhecer as atitudes e os comportamentos quanto à prática do Sistema de Gestão e à adesão aos valores, a fim de reconhecer as contribuições para o resultado como um todo, pelo espírito de equipe.

Para o pleno sucesso de um programa de remuneração variável por resultados, as regras principais são:

- Prévio conhecimento e domínio por todos os participantes das regras, e sua aplicação justa e rigorosa.
- Metas objetivas, claras, desafiadoras, alcançáveis, mensuráveis e auditáveis.
- Comunicação das metas para todos os níveis da área.
- Acompanhamento constante dos resultados, por meio das reuniões de acompanhamento e dos quadros de gestão à vista.
- Apuração rápida e consistente dos resultados dependentes de um controle eficaz.

Quanto ao plano de carreira, a meritocracia acontece, de forma direta, por intermédio dos instrumentos clássicos de avaliação individual: a avaliação de desempenho, o mapeamento de potencial e a avaliação de competências. De novo, sem esquecer a prática do Sistema de Gestão e da adesão aos valores da companhia. Aqueles que melhor desempenham suas atividades, com o melhor potencial, terão as melhores oportunidades dentro da estrutura da organização. É o método da seleção natural.

Em ambos os modelos, percebemos a realização de um jogo de ganha-ganha, no qual todos saem vitoriosos: empresa e colaboradores.

Discutindo meritocracia com os grandes líderes

As funções do executivo na meritocracia

Dentro das três funções que o executivo tem, nós cada vez mais trabalhamos com a meritocracia. Cada vez mais levamos a organização a raciocinar em função dos três aspectos: EBITDA e lucro (resultado financeiro), pessoas (integridade, respeito às pessoas) e fazer certo com qualidade (qualidade do processo). Na análise do Ebitda, a peça-chave é o retorno do capital aplicado.

Jorge Gerdau

De olho no resultado

Não dá para falar em meritocracia, se você escolhe para seus assessores só seus amigos. Concorda? Isso eu vejo em empresas a toda a hora. Por exemplo, pode ser um problema em empresa familiar. Por que o filho do dono é que tem de ser automaticamente o presidente? Para mim, o filho de um cara, para ser o presidente da empresa, tem de fazer uma carreira, ou, por exemplo, conseguir posição semelhante numa empresa que não seja do pai dele.

Por que as pessoas preferem mais processos-meio do que processos-fim? Isso tem a ver com o conceito de meritocracia. Porque todo mundo é a favor de meritocracia, desde que receba o mérito. No entanto, quando você mede a meritocracia nos processos-fim, você não tem controle sobre 100% dos meios. Como no mercado, eu não consigo controlar meu concorrente. Eu, infelizmente, não consigo controlar meu cliente. Eu consigo controlar minhas ações e, para cada ação que eu tomar, haverá uma reação do concorrente e uma reação do cliente. É muito difícil eu garantir as coisas.

Existem empresas nas quais a meritocracia é medida pelos meios. Quantas visitas ao cliente você fez? Não pode ser assim. Claro, você tem de verificar isso, até porque é uma ferramenta. Se o cara não fizer o mínimo, a menos que ele seja um sortudo, ele não vai obter o resultado. Isso é a exceção da exceção.

Otto Levy

Meritocracia versus *longo prazo*

Meritocracia normalmente a gente associa a resultado. E resultado você acaba conseguindo medir no ano, no curto prazo. Você consegue ser muito eficiente em recompensar no curto prazo. Por consequência, é muito importante ter os programas de longo prazo (normalmente *stock options* ou suas variáveis) para medir e avaliar o desempenho de médio e longo prazos (três a cinco anos). Uma organização, que só acompanha o resultado de curto prazo, pode ir morrendo com muita saúde. Ou seja, o médio prazo lhe permite assegurar a estratégia do negócio.

Ronaldo Iabrudi

O reforço da Cultura de Resultados

Quando se fala de uma empresa que pratica a meritocracia, de imediato, vem à mente a ideia da seleção natural dos melhores por meio de um ambiente interno de extrema competição, quase hostil entre colegas.

Quando a meritocracia é usada dentro de uma empresa, incluída entre outros valores, e associada a regras claramente definidas e praticadas, de modo que a contribuição de cada um é parte essencial do todo e o resultado do todo define a parte de cada um, cria-se outro espírito: um por todos, todos por um, como os três mosqueteiros.

Claro que no desejo de ser incluído no elenco dos melhores, há o aumento de competição e a melhoria da eficiência individual e coletiva. Ganharão mais e terão os melhores postos os que atuarem melhor. Por outro lado, quando na avaliação do mérito, além do cumprimento das metas, entram fatores, como a prática do Sistema de Gestão e a adesão aos valores, incluindo espírito de equipe, o equilíbrio naturalmente se impõe. Na Gerdau e na Magnesita, com regras e características próprias em cada uma delas, isso acontece. São empresas com práticas iguais e ambientes organizacionais diferentes.

Na Gerdau, é uma prática natural, mais dentro do espírito germânico e protestante, sem muita ênfase no discurso, valorizando o desafio e o trabalho, a responsabilidade. Na Magnesita, dentro da Cultura GP, ela faz parte, de maneira importante, do discurso, começando com sua menção dentro dos próprios valores, e o acompanhamento sistemático das metas gera mais barulho e fricção da batalha.

Quando se dá uma ênfase declarada à sua prática, todos se sentem desafiados pelas metas ambiciosas negociadas por um lado, e extremamente estimulados, por outro. Dá-se em estado de contínuo alerta para os riscos e as oportunidades, com muito foco e cuidando de cada detalhe em seu trabalho e em seu processo, e sempre de olho no trabalho e no processo do colega ao lado, cuidando para que ele não pereça em sua missão e oferecendo-lhe ajuda, quando necessário.

Além do espírito de equipe, também se pode perceber o sentimento de pertencer a uma tropa de elite, que possui declarado espírito de luta em busca das metas e um desejo impetuoso da vitória.

Para mim, meritocracia é uma prática essencial no Modelo de Gestão, não somente pela justiça e pela maneira com que se propõe premiar os que melhor desempenham suas atividades, mas por esse espírito de coesão que cria, quando associada à prática de Gestão por Metas e à valorização do trabalho em equipe. É um reforço extremamente forte à Cultura de Resultados!

PARTE 4

DESVENDANDO O TRIÂNGULO – Gestão de Pessoas

CAPÍTULO 12

GESTÃO DE PESSOAS

Sempre tive em mente que a missão da Gestão de Pessoas era adicionar valor ao negócio, disponibilizando equipes e líderes com comprometimento e desempenho superiores para garantir o resultado do empreendimento. Hoje, depois de ver a importância do Sistema de Gestão, tenho dúvida quanto à sua real missão.

Dentro do Modelo de Gestão de que estamos falando, seus processos têm como função principal assegurar à companhia pessoas que façam diferença, que sejam empreendedoras, motivadas por desafios, comprometidas com resultados superiores, que se identifiquem com os valores da organização, mostrando sua adesão pela crença e pela prática diária, e que se realizem naquilo que fazem. Mais do que apresentar desempenho, espera-se das pessoas que apresentem envolvimento, adesão à causa, motivação pessoal, dedicação. Tudo isso pode ser resumido em uma única palavra: **comprometimento**, o fator multiplicador do desempenho na geração dos resultados.

Agora está mais do que claro para mim que a função diferencial de Gestão de Pessoas é ganhar o coração e a mente dos colaboradores para gerar seu pleno comprometimento, funcional e emocional. Não que os processos de RH não tenham papel importante na obtenção do desempenho, mas mediante uma liderança focada e competente, o Sistema de Gestão pode comandar a ação das pessoas.

Ganhar o coração e a mente das pessoas exige um pouco mais e é o maior desafio de Gestão de Pessoas: obter o pleno comprometimento de indivíduos e equipes para a realização da missão e da visão da empresa.

Se, no Sistema de Gestão, a gestão de metas e a meritocracia são os componentes principais que alavancam a ação e o desempenho dos líderes e das equipes, na Gestão de Pessoas, os componentes essenciais são a gestão da Cultura e a gestão de clima. Eles desempenham o mesmo papel para a obtenção de pleno comprometimento das pessoas. É a multiplicação de desempenho pelo nível de comprometimento que gera o resultado final do negócio.

O nível de satisfação define o de motivação que, por sua vez, estabelece o nível de comprometimento, que servirá de multiplicador para o nível de desempenho para gerar o resultado final da empresa. As pesquisas de satisfação, de clima ou engajamento, não importa o nome que lhes dê, não têm outro objetivo a não ser o de medir o nível de satisfação e motivação dos empregados e de avaliar seu nível de aceitação e adesão ao Modelo de Gestão como um todo.

Considero-as o principal medidor dos resultados da Gestão de Pessoas numa empresa. São a colheita dos resultados de políticas e práticas plantadas, definidas pelo RH e conduzidas pelas lideranças. Nas pesquisas da Great Places to Work – organização que estuda as melhores empresas para se trabalhar pelo mundo –, o melhor indicador das campeãs é o orgulho, a dimensão sempre mais bem pontuada e com maior relevância para seus colaboradores. Portanto, sentir orgulho daquilo que faz e para quem faz é a chave para encontrar a raiz da motivação das pessoas.

Cuide das pessoas

O maior patrimônio da empresa são as pessoas. Sabe como encerramos nossa palestra sobre valores? Com a palavra cuidado. Cuidar não é paternalismo. Cuidar é ajudar a pessoa a se tornar autônoma. O que o filósofo colombiano Bernardo Toro diz? Cuida da tua constituição física e do teu espírito, cuida dos teus amigos e da família e cuida do planeta.

Jorge Gerdau

Os três pilares da Gestão de Pessoas

Gestão de Pessoas é o cuidado com as pessoas. É o triângulo que fica na parte inferior direita do triângulo maior. Busca, por meio de seus processos e instrumentos, alinhar os interesses das pessoas e os da organização. Pela Gestão de Pessoas, as empresas visam obter o pleno comprometimento e o desempenho superior dos indivíduos e das equipes, essenciais para o alcance de seus objetivos. Seus três pilares principais são:

Processos de RH – foco no essencial

Definem princípios, políticas, procedimentos e ferramentas que apoiam líderes e equipes no atendimento de suas necessidades de desempenho, o desenvolvimento e a motivação em seus papéis e funções. Diferentemente da visão funcional clássica de RH, dividido em áreas, a organização por processos resulta da análise da Matriz de Prioridades do BSC, pela qual são definidos os processos existentes, ou por criar, que deverão entregar à organização as ações e os produtos necessários para o atendimento das necessidades estratégicas na condução e na formação de líderes e equipes.

Depois de entender a visão de processos, preferi organizar as atividades de RH desta forma: em vez de tentar encaixar os processos nos boxes rígidos das áreas tradicionais, procurei agrupá-los por objetivos similares, sob a coordenação de um dono, responsável por seus resultados, com metas e KPIs definidos. Essa abordagem faz com que se elimine o que não tem importância e que se dê foco às ações estratégicas, definindo-se metas, prazos e responsáveis, sem deixar questões com prioridades diferentes ser tratadas com mesmo peso.

Gestão da Cultura – reforço à adesão

Mais do que resultado de um acúmulo histórico, Cultura é o processo que busca obter dos colaboradores, por intermédio dos vários componentes propostos, os comportamentos necessários para a obtenção dos resultados desejados, transformando-se num elemento ativo e dinâmico para a viabilização da Estratégia do Negócio.

A visão ampliada da função e dos mecanismos da Cultura a serviço da viabilização dos comportamentos necessários para a realização da missão, da visão e dos objetivos estratégicos da organização, transforma-a continuamente em busca dos resultados desejados. A gestão cuidadosa de seus componentes associada a mecanismos de comunicação e reforço e de avaliação do nível de adesão para corrigir os possíveis desvios garantirão um ambiente coeso, harmônico e alinhado.

Gestão do clima – garantia do comprometimento

É a grande alavanca para ganhar mentes e corações. Permite avaliar o nível de engajamento dos colaboradores e, se preciso, agir sobre possíveis causas de insatisfação e, com isso, obter o pleno comprometimento de todos. É a pedra de toque de Gestão de Pessoas.

Se a pesquisa de clima serve como barômetro para medir a pressão interna da organização, a gestão inteligente de seus resultados, por meio da ação decidida sobre os fatores de insatisfação e do monitoramento diário do ambiente feito pelos líderes, será o principal gatilho do comprometimento, fator essencial para a obtenção de desempenho superior.

A verdadeira vocação do RH

Apenas o caminhar, o exercício de viver, esclarece os conceitos, viabiliza as ideias e garante o sucesso das práticas. Quando comecei a trabalhar em Recursos Humanos, na Pirelli, há mais de quarenta anos, a indústria automobilística, em fase de grande expansão, era a referência técnica, da qual se sorvia o que existia de mais moderno. Dela se copiava do organograma às práticas. Era o *benchmarking* a ser buscado.

Conheci e passei por todas as denominações e ênfases, desde o famoso Departamento de Pessoal, do pune e paga, passando por Relações Industriais, focado nas relações sindicais, depois Recursos Humanos, orientado para o desenvolvimento de pessoal, até chegar à Gestão de Pessoas, evoluindo para a dimensão quase ontológica e essencial de GENTE.

De um lado, as alterações das denominações representavam o desejo dos profissionais de maior valorização da área de dar uma dimensão maior às suas funções, buscando uma contribuição mais ampla para o negócio, sua aspiração por um posicionamento mais estratégico. De outro, a empresa, atendendo a essa demanda como forma de acompanhar a tendência e de modernizar sua imagem diante dos públicos interno e externo, busca a evolução permanente dos processos.

Foi o caminho percorrido até que fosse descoberta a verdadeira vocação de Gestão de Pessoas dentro de sua dimensão estratégica. Nesse itinerário, com marchas e contramarchas, fui formando minhas crenças, definindo as diretrizes em que acredito e pelas quais procurei me pautar:

- Ter a estratégia do negócio e a Cultura da empresa como principais balizadores de processos e projetos de RH.
- Construir as soluções, os processos e as ferramentas de Gestão de Pessoas a partir da perspectiva e com a participação dos líderes.
- Transformar os líderes nos principais responsáveis pela condução dos processos de Gestão de Pessoas e pela aplicação de suas ferramentas.
- Alinhar os interesses das pessoas e os da organização.
- Criar ambiente e condições para obter o pleno comprometimento e o desempenho superior de líderes e equipes.
- Atrair os melhores talentos do mercado e proporcionar oportunidade para seu desenvolvimento e seu crescimento.

- Desenvolver uma Cultura de alta performance e de mudança contínua.
- Dar autonomia às pessoas e estimular o trabalho em equipe.
- Ter um sistema de consequência e de meritocracia para reconhecer, reforçar os comportamentos diferenciados e remunerar pelos resultados obtidos.
- Implementar processos e ferramentas de Gestão de Pessoas interdependentes, simples e de fácil aplicação pelos líderes.

Dessas diretrizes, surgiram as declarações de missão e visão de Gestão de Pessoas das empresas nas quais trabalhei, que, na essência, diziam:

Missão

Ter líderes e equipes com comprometimento e desempenho superiores que garantam os resultados do negócio e que tenham plena adesão à Cultura e ao Sistema de Gestão da empresa.

Visão

Ser referencial na geração de equipes e líderes orientados pelos objetivos, focados nos resultados, alinhados pela Cultura e adeptos ao Sistema de Gestão.

Sobre a vocação de RH, Ronaldo Iabrudi é extremamente claro:

O "cara" de RH

Tem o RH do passado e tem o RH atual, que está envolvido no negócio o tempo todo. Ele fala do negócio, conhece a estratégia, participa e gere o Sistema de Gestão, com metas e plano de ação. Ele assessora os gestores para assegurar a meritocracia com justiça e é baseado em dados e fatos.

Quem lidera é o chefe, quem recruta é o chefe, quem motiva é o chefe, quem avalia é o chefe. O RH é responsável por construir os instrumentos para organizar o processo, para que o chefe faça isso de maneira adequada e vinculada à estratégia da companhia.

Ronaldo Iabrudi

Comprometimento ou engajamento?

Em fins da década de 1990, quando discutia a missão de RH da Gerdau, duas palavras apresentaram-se como essenciais: comprometimento e desempenho, a fim de colocar em acordo com "adicionar valor ao negócio, disponibilizando equipes e líderes com comprometimento e desempenho superiores".

Quando fui apresentar essa missão em nossa operação norte-americana, fui questionado pelos colegas de Recursos Humanos sobre a adequação da palavra "comprometimento". Segundo eles, o que eu apresentava como "comprometimento superior", poderia ser traduzido em uma única palavra: "engajamento". Entretanto, resisti. Resisti, por achar que era mais um novo *buzzword* que tinham acabado de descobrir na "Academia", e que as consultorias tinham descoberto como novo filão de ouro.

Nos meus tempos de universidade, os ativistas políticos do grêmio estudantil classificavam os que se alinhavam às suas ideias como "companheiros engajados", e os demais, como "reacionários alienados". Incluía-me entre os últimos. Daí minha resistência, também por motivo pessoal. Nas décadas de 1950 e 1960, *engagé* tinha o claro significado de alguém comprometido, moral e politicamente, com uma causa, uma ideologia ou um partido.

Voltando de lá e deixando minha resistência de lado, fui pesquisar a literatura especializada. Ela se refere ao engajamento, ao envolvimento, ao comprometimento e à satisfação do empregado com seu trabalho. Ou como o nível de comprometimento no qual o empregado, comportando-se como dono, faz o que for necessário para o benefício dos clientes interno e externo e para o sucesso do negócio como um todo. Outra definição, ainda mais simples e direta, encontrei em uma publicação de Mark Schumann, presidente da International Association of Business Communicators (IABC): "O engajamento profissional é uma combinação de comprometimento funcional com emocional".

Quando estou comprometido, estou consciente do meu compromisso funcional, que cumpro com meus papéis e minhas responsabilidades. Fiz um acordo com algo ou com alguém e trabalharei até que a promessa do produto, do serviço ou da experiência se realize. Quando estou engajado, estou envolvido emocionalmente, há uma disposição e uma conexão emocional que fazem meus olhos brilhar.

Aliança necessária

No início da década de 1990, li um estudo da IBM sobre Recursos Humanos no mundo, conduzido pela Towers Perrin, "Priorities for Competitive Advantage"

[Prioridades para vantagem competitiva], com dados de doze países, incluindo quase a metade da lista das 500 companhias da *Fortune*, buscando mapear as mudanças necessárias para o século XXI.

A principal conclusão do estudo, com 3 mil questionários respondidos, os quais envolveram CEOs, RHs, professores e consultores de RH, era a de que, a partir deste século, seria crítica, como competência corporativa, a criação da parceria entre gerentes de linha e RH para obter vantagem competitiva e atingir as metas gerais do negócio. E, para que isso acontecesse, as políticas, as diretrizes e os programas de RH, por definição, deveriam:

- Responder às condições do mercado e às estruturas do negócio global.
- Estar vinculados aos planos estratégicos do negócio.
- Ser concebidos e implementados em conjunto por RH e gerentes de linha.
- Ser focados em qualidade, serviço aos clientes, produtividade, envolvimento do empregado, trabalho de time e flexibilidade da mão de obra.

Quando lemos o relatório da IBM com a equipe da Gerdau, sentimos certo orgulho ao analisar os resultados. O que se estabelecia como um futuro desejado, já estávamos praticando havia mais de uma década.

Na Gerdau, tudo começou em um momento crítico e muito específico. Em fevereiro de 1977, na unidade industrial na qual eu trabalhava, analisando os índices alarmantes de rotatividade e absenteísmo, tomamos a decisão de criar um comitê que envolveu diretor e gerentes de linha da produção. Meu chefe, na época, o gerente de Relações Industriais, militar reformado, para justificar a convocação do diretor e dos gerentes da linha de produção, evocou Georges Clemenceau, primeiro-ministro e ministro de guerra francês na Primeira Guerra Mundial: "A guerra é uma coisa demasiado grave para ser confiada apenas aos militares".

Criou-se, então, a Comissão Interna de Redução de Rotatividade (Cirra), inspirada no sucesso da Comissão Interna de Prevenção de Acidentes (Cipa), prevista na legislação da Segurança do Trabalho, e que vinha obtendo bons resultados. Foi uma decisão tão bem-sucedida que, rapidamente, foi replicada nas demais unidades industriais da Gerdau.

Dessa experiência, surgiu o Comitê de Relações Industriais (Cori). Com a participação da equipe de RH e dos principais gerentes da produção, o Cori analisava, mensalmente, os principais índices de pessoal, definia as ações corretivas, acompanhava os principais programas em andamento e os problemas prioritários de suas áreas, buscando soluções e ações compartilhadas.

Posteriormente, num processo evolutivo, todo ano, começaram a ser discutidas no Comitê as necessidades de pessoal, os projetos de melhoria e de inovação a ser desenvolvidos pela equipe de RH. Durante o ano, fazia-se o acompanhamento de sua implementação e definiam-se as medidas de correção de desvios. Participavam do PDCA completo do Plano Anual de RH. Já na função corporativa de RH, expandimos essa ideia para todos os níveis da operação.

Com essa administração colegiada, por intermédio dos vários comitês, em instâncias e papéis definidos, além da corresponsabilidade global na Gestão de Pessoas, pôde-se obter a análise estratégica e integrada das questões críticas de pessoal, o intercâmbio da experiência de todos, a uniformização de politicas e diretrizes e a solução compartilhada de problemas.

De forma simples, as decisões começavam a ser implantadas a partir do começo das discussões. Embora sua função fosse deliberativa, os comitês funcionavam executivamente na medida em que seus participantes tinham a responsabilidade pela implementação das medidas aprovadas.

Do conceito de gestão compartilhada surgiu a definição dos níveis de competência e de responsabilidade para cada processo de Gestão de Pessoas, em cada uma de suas etapas, envolvendo desde o Conselho de Administração, passando pelo Comitê Executivo e RH Corporativo, chegando até as unidades de negócio.

Nas palavras de Fersen Lambranho:

Quem gerencia pessoas é o líder

Sobre o tema de Gestão de Pessoas, tenho uma visão muito clara, que é a seguinte: quem gerencia pessoas é o líder. Você tem de ter uma área de desenvolvimento e facilitação dos processos, para que essa gestão aconteça corretamente. Contudo, eu, quando tocava a companhia, não botava pessoa de RH para entrevistar candidato. Tem gente que faz. Eu não faço, não gosto. Mesmo no caso de estagiários e trainees, quando eu era CEO, eu entrevistei todos. Todos.

Minha percepção é a seguinte: quanto mais alto na hierarquia você estiver, mais deveria gastar tempo entrevistando gente. Eu vejo a área de RH com a missão de garantir que as pessoas da companhia estejam sendo devidamente instruídas, educadas para cumprir seu papel. A gente gosta de chamar de gestão de gente. As ferramentas estão disponíveis para todo mundo. Responsabilidade de contratar, acompanhar, dar feedback, o gestor é quem faz ou, na minha opinião, não existe. Cada líder é um RH, responsável por sua tropa, ou por seu time, dentro das regras e dos conceitos estabelecidos.

Fersen Lambranho

Redefinindo os papéis na Gestão de Pessoas

A "transformação" de RH em Gestão de Pessoas teve como corolário natural a redefinição dos papéis dos líderes, da equipe de RH e do próprio colaborador perante seus processos. Dentro do conceito de gestão compartilhada, os atores devem se comportar e agir continuamente em parceria, de maneira integrada e complementar entre si.

Papel dos líderes

Os líderes são os efetivos responsáveis pela Gestão de Pessoas com suas equipes, a fim de obter seu pleno desempenho e comprometimento, mediante execução local das políticas, dos processos e das ferramentas oferecidas pelo RH.

Para que isso aconteça, os líderes devem ter consciência clara de seu papel e devem investir parte substancial de seu tempo na gestão e no desenvolvimento de sua equipe, agindo de forma alinhada com os valores da companhia e com as competências de gestão pertinentes à sua função.

São seus principais desafios na gestão de suas equipes:

- Definir a estrutura de pessoal adequada para sua equipe, para atender às metas do orçamento.
- Definir perfil profissional adequado para o desempenho das funções.
- Recrutar, identificar e desenvolver equipes de alto desempenho.
- Propor metas desafiadoras às equipes.
- Definir estratégias e planos para obter a melhor equipe.
- Identificar necessidades de sua equipe e servir-lhe de canal de comunicação perante a empresa, e vice-versa.

- Avaliar desempenho, reconhecendo os que têm desempenho diferenciado, e orientando aqueles com desempenho abaixo das metas.
- Fazer coaching e promover o desenvolvimento pessoal e profissional de seus colaboradores.
- Estruturar rotinas de avaliação e acompanhamento do trabalho de sua equipe.
- Criar um ambiente de satisfação e realização.
- Servir como modelo.

Papel de Recursos Humanos

Em 1997, cansado da caixa preta do *mainframe*, em que eram processados todos os dados de RH, fui participar, em Seattle, do encontro anual promovido pela International Association for Human Resources Information Management (IHRIM), cujo título era "Technology Applications for HR Functions" [Aplicações tecnológicas para funções de RH]. Queria muito sair do sufoco do *mainframe* da IBM e respirar novos ares, novas tendências. Eram mais de 6 mil participantes que discutiam um mundo novo das transações de RH e da relação dos empregados com a empresa, um admirável mundo novo na tecnologia de informação.

Lembro-me de uma palestra na qual ouvi o conceito de hardware-software-humanware, da ideia do Service Center, e principalmente, da preocupação em facilitar a relação do colaborador com a empresa, por meio da tecnologia da informação, tornando-a algo bem mais fácil, mais leve e mais direto e, sempre que possível, por meio de produtos *self-service*.

Em meu retorno, aproveitamos e implantamos as melhores ideias que, depois do ERP da SAP (sistema de informação integrado para empresas), evoluíram ainda mais. O que me impressionou, entretanto, naquela oportunidade, foi a palestra de Dave Ulrich, que, a partir de então, passou a ser meu guru. Ele tinha acabado de lançar seu livro *Human Resources Champions* [Campeões em Recursos Humanos].

Diz-se que admiramos e aprovamos os autores que pensam como nós. Comprei o livro, que passou a ser minha bíblia com a equipe. Dele, vieram alguns conceitos que passaram a pautar minha maneira de pensar sobre a função e os papéis de RH. Conforme Dave Ulrich, são os seguintes os papéis do profissional de RH:

- **Parceiro estratégico**: Participar ativamente na definição da estratégia do negócio e procurar viabilizá-la, alinhando a estrutura organizacional e os processos, as ferramentas e as práticas de Gestão de Pessoas às suas diretrizes, buscando impulsionar a ação dos líderes e das equipes para o alcance das metas desejadas.
- **Agente de mudança**: Liderar e/ou apoiar processos de gestão de mudança, atuando com líderes e equipes. Inovar e ajustar os próprios processos e as ferramentas para as necessidades de transformação da Cultura do negócio.
- **Ouvinte dos colaboradores**: Promover o envolvimento e o comprometimento dos colaboradores, entendendo e atendendo às suas necessidades e aos seus interesses, gerando, assim, aumento de confiança na relação empresa-colaborador. Obter deles o desempenho e o comprometimento essenciais para atingir os resultados necessários para o sucesso da organização.
- **Especialista do processo**: Buscar a excelência do processo de Gestão de Pessoas e de suas ferramentas, por intermédio da reengenharia de processos, buscando sua otimização, a redução de custos e a garantia da qualidade.

Papel do colaborador

Em busca de um Modelo de Gestão em que se reforça o valor do indivíduo e o respeito ao seu potencial – ressaltando sua autonomia e sua autodeterminação –, o colaborador se transforma no ator principal, no protagonista da ação e do resultado. Ele cuida de si, de seu cargo, de suas metas, de seu desenvolvimento e de sua carreira. Dentro desse conceito, ele se responsabiliza por:

- Pautar seu comportamento e sua ação de acordo com os valores da empresa e segundo as competências inerentes ao seu cargo.
- Comprometer-se com resultados superiores para atingir as metas propostas, dentro dos prazos estabelecidos.
- Buscar o feedback de seu desempenho e o apoio para seu desenvolvimento pessoal e profissional.
- Compreender o objetivo das ferramentas de Gestão de Pessoas disponíveis, capacitar-se para seu uso na autogestão de seu desenvolvimento e de

sua carreira.

Facilitando a vida dos clientes

Minha ida a Seattle realmente não foi em vão. Depois da apresentação do meu relatório do encontro da IHRIM, em discussão com a equipe, decidimos que, daquela data em diante, os processos, as ferramentas e os produtos de RH deveriam ser:

- Tangíveis: facilmente percebidos pelo cliente (palpáveis);
- Autos: administrados de forma independente pelos próprios clientes;
- Amigáveis: com acesso fácil, simples e rápido;
- Simples: Kiss – Keep It Simple, Stupid!
- Integrados: contemplados pela estratégia e com solução dentro do próprio produto;
- Portadores de valor agregado: para o cliente e para o negócio;
- Customizados: personalizados (*taylor made*), atendendo a especificação do cliente.

Ou seja, era uma decisão óbvia e já um pouco atrasada, foco no cliente e nas necessidades do negócio. Antes tarde do que nunca!

Os dez fatores para o sucesso de RH

Estive à frente de RH durante quase quarenta anos. Tive uma carreira bem-sucedida em empresas de sucesso. Citando Paulo, Apóstolo, "Combati o *bom combate, acabei a carreira, guardei a fé*". Nesse período, obtive bons resultados, grandes conquistas e profunda realização pessoal e profissional, mas tenho clareza de que tudo teve a contribuição dos membros da minha equipe, que sempre escolhi a dedo.

No processo seletivo, como princípio orientador, sempre procurei encontrar alguém mais competente e mais completo do que eu em cada procedimento pelo qual ele seria responsável. Nunca me arrependi desse critério.

Além disso, coloco como os principais fatores de sucesso:

1. Envolvimento pessoal da alta administração em discussões e decisões estratégicas, tendo no CEO o principal patrocinador de Gestão de Pessoas.

2. Alinhamento das estratégias de RH com as diretrizes estratégicas do negócio e com as necessidades das unidades. Não existem necessidades corporativas, as necessidades são do negócio.
3. Vice-presidentes, diretores, gerentes e supervisores como os principais líderes dos processos de RH, sendo RH um órgão orientador, técnico, para a capacitação e o apoio dos líderes.
4. Decisões sobre questões e temas de pessoal sempre tomadas em colegiado, por meio dos vários comitês nas várias instâncias.
5. Ferramentas e produtos de RH desenvolvidos de forma simples e ajustados ao perfil do cliente, permitindo o *self-service*.
6. Decisões e ações do dia a dia pautadas pelas políticas e pelas diretrizes de RH: "*Walk the Talk*".
7. Participação ativa dos líderes em soluções e decisões de RH.
8. Sensibilidade para as necessidades da organização e das pessoas, em seu trabalho, em sua carreira e na vida delas.
9. *Benchmarking* constante dos processos e das ferramentas de RH.

Prática efetiva do PDCA nos vários processos e em suas várias etapas.

Convicções

Comecei a trabalhar em RH quase por acaso. Estava iniciando o curso superior e precisava muito trabalhar para me sustentar e pagar meus estudos. Iniciei como secretário de um engenheiro na Rhodia, como redator de francês, para preparar os relatórios técnicos que ele mandava para a matriz, na França. Papel de responsabilidade, mas extremamente burocrático. Nada a ver com meu perfil e minhas aspirações.

Na época, meu pai e meus irmãos trabalhavam ou já haviam trabalhado na Pirelli. Indicaram meu nome e fui chamado para trabalhar na Seção de Treinamento, que era subordinada à Gerência de Relações Industriais. Explicaram-me do que se tratava a função e acharam que eu poderia me adaptar. Quando dizia, fora da empresa, onde eu trabalhava e o que fazia como analista de treinamento, demorava algum tempo para ser entendido diante da novidade da área no Brasil. Isso foi no início de 1968. Lá começou minha carreira e minha paixão pela área. Desde então, comecei a desenvolver algumas convicções pessoais.

Propósito maior

Tudo o que eu fazia, parecia ter um propósito maior, algo que poderia mudar a vida das pessoas e gerar melhores resultados para a empresa. Foi um sentimento e uma percepção à primeira vista. Estava começando a fazer algo extremamente útil para a vida das pessoas e de valor palpável para a empresa.

Paixão por gente

Como a função de RH está diretamente ligada ao objetivo da empresa de potencializar ao máximo seus recursos humanos para obter os melhores resultados, somente será bem-sucedido na atividade de trabalhar com pessoas, o profissional que, antes de tudo, tiver paixão por gente, que estiver interessado em se envolver com as pessoas numa dimensão maior.

Visão do ser humano

Trata-se de pensar e sentir o ser humano como um todo, integral e integrado: corpo, alma, coração e mente. A partir do entendimento de que, para conquistá-lo em todos os aspectos, é preciso respeito absoluto a ele em todas as dimensões.

Ainda que possa parecer ingênuo, se as pessoas assim sentirem, um mundo se abre às possibilidades da transformação, com uma dimensão quase religiosa.

RH como missão

Desde o início na Pirelli, dei-me conta de que trabalhar em RH era mais do que um emprego, era uma missão. E a missão tinha dentro de si um sonho maior, cheio de possibilidades. Descobri, principalmente, a possibilidade de transformar sempre a organização, em todas as dimensões, pela transformação das pessoas. Para isso, era essencial ao profissional de RH o prazer em mudar: transformar-se para transformar, renovar-se para inovar.

Potencial humano infinito

Essa possibilidade começa a se realizar no momento em que existe a crença no potencial humano infinito, basta descobrir em cada indivíduo seu diferencial. Isso me lembra uma citação famosa de Albert Einstein, o gênio da Física: "Somos todos geniais. Se você julgar um peixe por sua capacidade de subir em árvores, ele vai passar a vida inteira pensando que é um estúpido".

Como diz Jorge Gerdau, "dê oportunidade às pessoas, que elas responderão com seu melhor e superarão as expectativas". Nada diferente, mas corroborando a teoria da profecia autorrealizável, a de que as pessoas respondem ao que esperamos delas, positiva e negativamente.

Equilíbrio entre as partes

RH deve ter a clareza de que não é possível a adesão dos indivíduos, a não ser que haja uma resposta efetiva às suas necessidades correspondentes às demandas da organização. Em seu pensamento e em sua ação, o profissional deve saber que somente funciona a relação em que haja interesses atendidos de ambos os lados, com o equilíbrio entre as partes. Ou seja, a relação deve ser biunívoca, sem o que não haverá sucesso na empreitada.

Aprendizagem constante

Transformar-se e transformar significa, antes de tudo, aprender. Entusiasmo e prazer em aprender. Entusiasmo e vibração com os avanços e os resultados. Fazer *benchmarking* constante, interno e externo, para o autoaperfeiçoamento e o desenvolvimento dos processos e de suas ferramentas. Isso significa ter humildade suficiente para aprender com os próprios erros e as próprias deficiências e com os acertos e os erros dos outros.

Eterno vendedor

A grande função de RH é a gestão contínua da mudança para a transformação das pessoas e da organização. O grande desafio da gestão de mudança não é outro além de vender. Você tem de vender ideias para alguém, convencer alguém, influenciar alguém. Vender, vender, vender! O exercício da profissão de RH me aperfeiçoou na técnica de vender ideias, sonhos e possibilidades.

CAPÍTULO 13

PROCESSOS DE RH – Foco no essencial

Sempre ouvi, com certo incômodo, profissionais de RH reclamar da falta de valorização da área, do não reconhecimento da importância estratégica de RH. Parecia-me mais do que discutir a função de RH, que era a busca de uma posição de maior relevância na estrutura. Questão de poder.

Consegui, definitivamente, esclarecer essa questão quando descobri e entendi a definição de processo. Michael Hammer, consultor e professor norte-americano, em um curso do qual participei em 1995, trouxe uma definição bem simples: "Um processo é um grupo de atividades realizadas numa sequência lógica, com o objetivo de produzir um bem ou um serviço que tem valor para um grupo específico de clientes".

Descobri, por meio da Reengenharia de Processos que foi feita na Gerdau em meados da década de 1990, que processo existe para atender ao cliente e para gerar valor para ele e, como consequência, para o negócio. Essa aprendizagem levou-me à revisão da missão e da visão de RH, conforme já mencionei, pois deram a RH a desejada dimensão estratégica.

Aprendi também, por intermédio do mapeamento e da revisão dos processos, que, se o processo, a atividade ou a ferramenta não está agregando valor, deve ser eliminado. E que processos podem ser simplificados, integrados ou eliminados. Das conclusões, foram geradas premissas que me ajudaram em sua condução:

- Os processos de Gestão de Pessoas são definidos para apoiar o alcance dos direcionamentos estratégicos da organização e suas metas quanto aos líderes e às equipes.
- Os processos, os subprocessos e as ferramentas somente fazem sentido se contribuírem para a realização dos objetivos.
- A eficiência específica dos processos de RH acontece se tiver metas para seus objetivos e Indicadores para medir seus resultados: não se pode gerenciar aquilo que não se pode medir.
- A eficiência final dos processos de RH é medida pela realização dos resultados da empresa e pelo nível de adesão das pessoas ao Modelo de Gestão e à Cultura e aos valores da organização.

A aplicação das premissas tornou-se mais objetiva com a implantação do BSC, em especial a partir dos direcionamentos estratégicos das dimensões de Processos Internos e de Pessoas, Aprendizado e Crescimento. Assim, em vez de um RH estruturado com suas funções clássicas, organizou-se por processos que possibilitam e reforçam o Modelo de Gestão proposto para viabilizar a estratégia do negócio:

- Planejamento e Controle de Pessoal.
- Recrutamento e Seleção.
- Capacitação e Desenvolvimento.
- Gestão do Desempenho.
- Gestão da Carreira e Sucessão.
- Comunicação Interna e Reconhecimento.
- Gestão do Clima e Cultura.
- Remuneração e Benefícios.
- Administração do Contrato e Relações do Trabalho.
- Saúde e Segurança do Trabalho.
- Gestão de Terceiros.
- Desligamento.

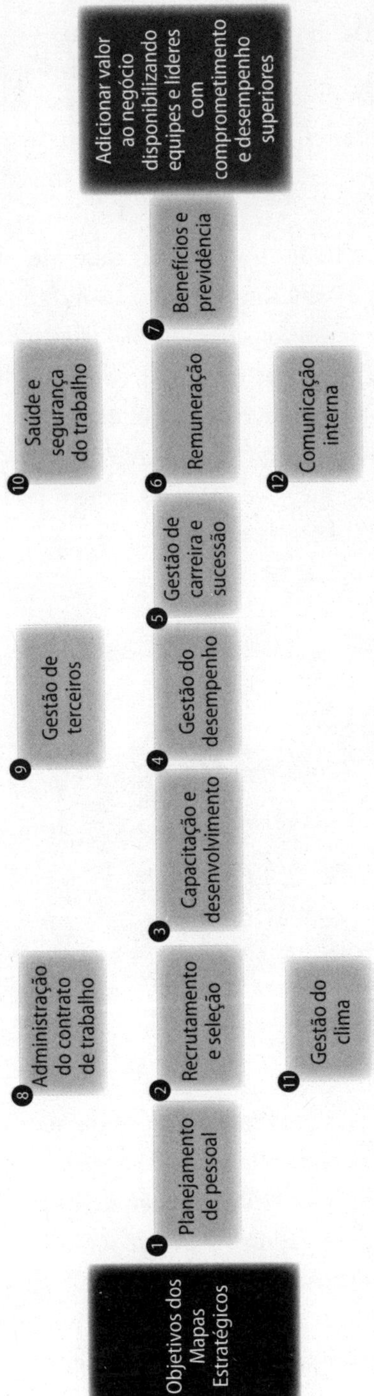
Objetivos dos Mapas Estratégicos
1 Planejamento de pessoal
2 Recrutamento e seleção
3 Capacitação e desenvolvimento
4 Gestão do desempenho
5 Gestão de carreira e sucessão
6 Remuneração
7 Benefícios e previdência
8 Administração do contrato de trabalho
9 Gestão de terceiros
10 Saúde e segurança do trabalho
11 Gestão do clima
12 Comunicação interna
Adicionar valor ao negócio disponibilizando equipes e líderes com comprometimento e desempenho superiores

Relação biunívoca

A adesão das pessoas aos desafios do negócio será sempre proporcional ao atendimento de suas necessidades, entre as quais, as principais são a capacitação e o desenvolvimento, as oportunidades profissionais e de carreira, a remuneração e o reconhecimento.

Para obter a plena adesão das pessoas, cabe aos líderes atender às necessidades pessoais e profissionais. Os processos e as ferramentas de RH são seus importantes viabilizadores e serão considerados tão eficientes e bem-sucedidos quanto mais possibilitarem, pela ação dos líderes, a obtenção de bons resultados para o negócio, e conseguirem afetar, concreta e positivamente, a vida das pessoas.

Dessa relação biunívoca, surge o ambiente gerador do clima e da Cultura organizacionais. Para representar esse conceito, criei o gráfico apresentado a seguir, que a equipe denominou "pizza da adesão":

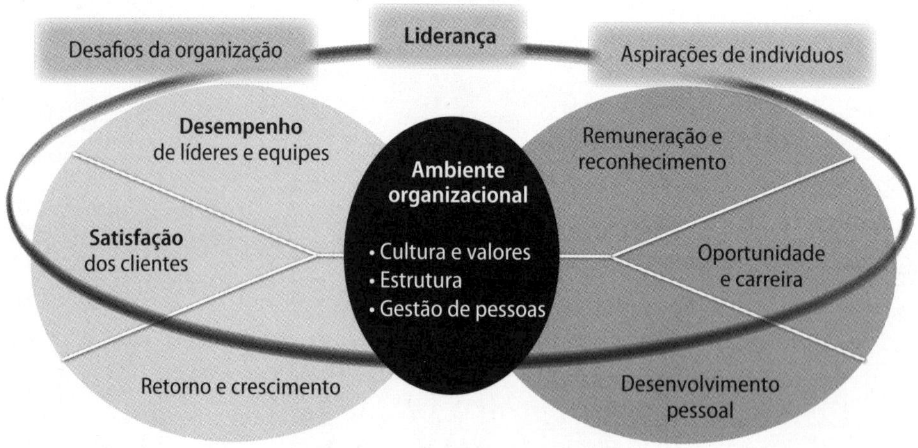

Toda empresa que visa resultados espera de seus colaboradores comportamentos consistentes que a conduzam a patamares superiores de performance. Por intermédio dos líderes e do processo de Gestão de Pessoas, procura-se desenvolver estímulos que levem os colaboradores a aderir a esses comportamentos dentro de um sistema claro de recompensas.

Os verdadeiros líderes procuram harmonizar as aspirações das pessoas com os desafios da organização, gerando, por meio de suas equipes, desempenhos superiores para a empresa e forte sentimento de realização nas pessoas, ambos simultaneamente. O duplo objetivo – organização/pessoas – é atingido pela prática de liderança participativa, pela constante inspiração dos valores e da Cultura e pela utilização pragmática das ferramentas de Gestão de Pessoas. Os líderes são, portanto, os principais responsáveis pela obtenção de um ambiente organizacional estimulador que oportunize desafios e possibilite a realização das pessoas.

Ao processo complexo de interdependência e de mútua complementariedade, dei o nome complicado de relação biunívoca! Poderíamos denominá-la relação ganha-ganha, uma mão que vai e outra que volta. Estímulo que, segundo Jorge Gerdau, efetivamente envolve as pessoas:

Ganha-ganha

E como envolver as pessoas? Desde a sua entrada na empresa. Quando recebíamos as pessoas que entravam na Gerdau, dizíamos (fosse telefonista, gerente, fosse porteiro): todos vocês são importantes. Porque se um falhar na cadeia de atendimento da empresa, corremos o risco de não atender satisfatoriamente nosso cliente. Vale também para o colaborador e o acionista. É tão claro: tratar todo mundo com respeito. Alinhar os interesses do indivíduo e da organização gera ganho mútuo, uma relação ganha-ganha.

Jorge Gerdau

Gerir pessoas e gerar mudanças

Quando comecei a refletir mais profundamente sobre a função de RH em tempos de mudanças aceleradas, de concorrência cada vez mais acirrada, de contínua transformação, percebi que o novo mundo, o mercado de forma mais objetiva, exige do negócio e, portanto, de seus principais agentes, líderes e equipes, o mesmo comportamento de transformação e de autotransformação. Minha regra de sobrevivência neste novo mundo: "Todos os dias, melhor do que ontem, melhor do que as metas, melhor do que o concorrente"!

Para atender aos objetivos da organização, garantindo sua sustentabilidade e seu crescimento, o principal objetivo dos líderes e do RH na Gestão de Pessoas é obter a cada dia melhores resultados para o negócio, por meio da melhoria contínua do desempenho e do comprometimento de cada colaborador. Para alcançar comprometimento e desempenho continuamente superiores, todas as ações conduzidas pelos líderes e aquelas resultantes dos processos de Gestão de Pessoas devem ter como meta promover novos comportamentos e novas atitudes para gerar performance e comprometimento elevados para propiciar ainda melhores resultados para o negócio.

Cada situação – seja para dar um aumento ou uma advertência, seja para negar algum pedido – deve servir para obter do colaborador um novo comportamento, uma nova atitude em busca de melhor resultado. A maneira de fazê-lo deve ser tão competente que ele saia dali mudado, mais comprometido com seus desafios. De outro lado, os processos de RH e suas ferramentas devem propiciar sempre alguma forma de reforço aos comportamentos e aos desempenhos obtidos. Por exemplo: a avaliação de competências pode gerar oportunidades de crescimento e de carreira, avaliação de desempenho pode gerar aumento salarial e remuneração variável, pesquisa de clima pode desencadear decisões de políticas de pessoal etc.

É um pensamento behaviorista primário, mas que funciona. A ação dos líderes e dos processos de RH têm como meta gerar as ações e os comportamentos necessários para o alcance das metas mediante um sistema de consequências, com mecanismo de reforço positivo aos comportamentos desejados.

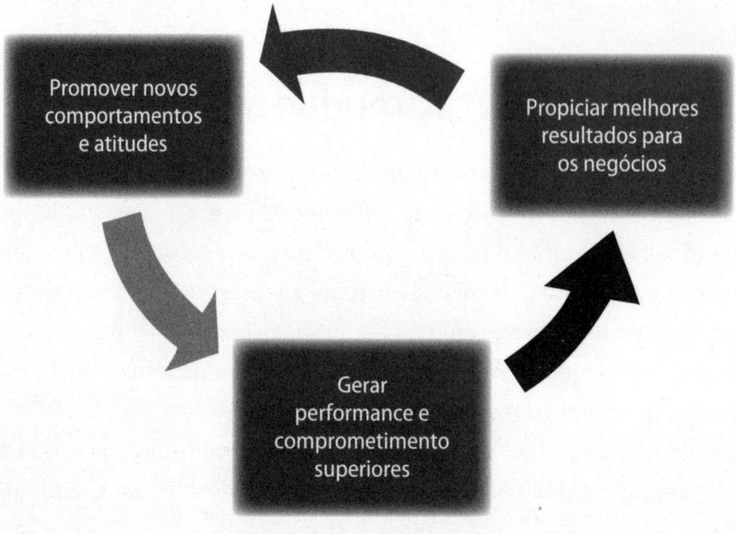

Esse círculo virtuoso traz comprometimento pleno e gera o desempenho superior, que leva aos melhores resultados, o que, por si só, retorna ao comprometimento, aumentando-o ainda mais, levando-o a um desempenho ainda maior, que termina em um resultado ainda maior.

A prática da meritocracia, prevista no modelo, é a forma mais concreta e direta de reconhecer e pagar a relação ganha-ganha por meio da remuneração variável e das promoções na carreira para aqueles que atingiram as metas e se comportaram de modo alinhado aos valores da Cultura. É a cereja do bolo! Gerir pessoas é gerar mudanças, num processo sem fim!

Processos críticos

Quais são os processos mais críticos em RH? Quais merecem prioridade de atenção? A cada ano e a cada época do ano, a prioridade vai se alterando, mas a eficiência de todos os processos é absolutamente crítica na medida em que todos foram definidos a partir das necessidades ou das diretrizes estratégicas da organização. Além disso, todos têm alguma função específica para a sustentação do Modelo de Gestão proposto. Entre os processos antes citados, existem aqueles, como:

- Administração do contrato e Relações do trabalho.
- Saúde e Segurança do Trabalho.
- Gestão de terceiros.

Esses processos ou atendem a uma demanda legal ou têm a função transacional de atender ou de fazer cumprir o que foi contratado. Os demais têm uma função específica de grande importância para apoiar o Modelo de Gestão. Vejamos.

Planejamento e controle de pessoal – balanço delicado

É o processo mais importante no atendimento do item "custos de pessoal", no qual se inclui o pacote de pessoal do orçamento. Por ele, são definidas as metas de ganhos de custos e produtividade, estabelecidos o número de pessoas e o perfil dos cargos necessários. É o balanço mais delicado a fazer e do qual todos querem fugir. É mexer com os valores e a vida das pessoas. É a parte difícil do Sistema de Gestão. Ronaldo e Otto são enfáticos em seus pontos de vista:

Quem vai trabalhar comigo?

Na hora em que você escolhe as pessoas que vão trabalhar com você, tem de optar por aquelas que combinam com seu jeito. Por exemplo, me perguntaram sobre como conheci um cara que contratei recentemente. Eu respondi: "Como eu o conheci não foi importante para mim. O que importa é que eu conversei com ele e percebi que o cara gosta de trabalhar, gosta de ganhar dinheiro, gosta de cliente e gosta de gente. Porque tem o tipo que gosta de gente e o tipo que gosta de máquinas e de números. Tem de gostar de gente! Ele quer pagar bem demais quem o faz ganhar dinheiro. Ele não quer estar junto com quem não o ajuda a tratar bem o cliente. O cara só fala disso. É o que eu quero, combinou comigo". Então, essa é a hora de você replicar o valor. É a hora de você escolher as lideranças para estar junto com você.

Ronaldo Iabrudi

Combinação entre pessoas e empresa

Eu gosto de fazer raciocínios por extremos. Por que o socialismo deu errado? Porque os valores de cada um são de cada um. Não adianta. As pessoas não são iguais. É aquilo: às vezes, para você, uma empresa que dá todos os benefícios, dá isso, dá aquilo, não é boa. Porque você anseia outras coisas. Você anseia uma empresa onde a carreira é mais rápida. Ou onde a competição é maior. Depende. Contudo, eu acho que tem de haver isso: uma combinação entre a pessoa e a empresa.

Otto Levy

Recrutamento e seleção – definição do futuro

É o processo pelo qual você define seu time. É o momento de distribuir as camisetas aos candidatos, internos ou externos, que mais se enquadram nos valores da organização e que também mais se ajustam ao Sistema de Gestão. Qualquer erro, aqui, será fatal. Jorge Gerdau dizia, com muita propriedade: "Este é o momento em que você garante o presente e define o futuro da companhia".

Sobre esse tema, Fersen, Ronaldo e Otto apresentam opiniões bem interessantes:

Quem tem talento?

Sempre dei muito valor a entrevistar as pessoas. E no final do dia, o que eu faço aqui basicamente é Gestão de Pessoas. E aprendi que há elementos da vida do indivíduo que já mostram se vai dar certo ou vai dar errado... Elementos da formação primária, da família, de como ele lida com a vida. Depois vêm as escolas por que ele passou. E pode não ser uma grande escola. Claro, você tem de olhar uma parte técnica. Porém, o mais importante de tudo é a atitude. A atitude do indivíduo perante a vida (trabalho, família etc.) e o que o seu olhar transmite.

Fersen Lambranho

Quem tem medo de errar não vai a lugar nenhum

Eu trouxe um rapaz que estudou nas melhores escolas, fez MBA nos Estados Unidos e morou lá durante dez anos. Não funcionou. Não funcionou, sabe por quê? Porque a família dele o criou de uma maneira tal, que ele tem medo de errar. E eu não tenho como corrigir esse negócio, porque foi a educação do pai e da mãe. Eles fizeram isso lá atrás.

Fersen Lambranho

Quem não arrisca não petisca

Currículo não é tudo. Peguei um candidato com formação extremamente superior, mas perfeito. Esse era o defeito dele. O cara que é perfeito não toma risco. E o erro é um caminho. O erro faz parte do processo de arriscar e aprender. Pessoas perfeitas não erram porque não se arriscam. Quem não arrisca não inova, não muda a organização, não inspira as pessoas.

Ronaldo Iabrudi

Burro não voa

Eu acho que se você colocar a pessoa errada em algum lugar da empresa, por melhor que ela seja, não vai ter o comportamento certo. É preciso ter a pessoa certa para o lugar certo. As pessoas não mudam. Você pôs o cara errado, acabou.

A verdade é: se você põe gente medíocre na organização, se você for cercado de gente medíocre, você vai ter uma organização medíocre. Se você pegar um burro, subir no trigésimo andar e jogar o burro, ele vai se esborrachar no chão. Porque burro não voa, não adianta. Águia voa. A águia você pode por no chão que ela vai voar.

Otto Levy

Capacitação e desenvolvimento – base da competitividade

Comparo a importância deste processo ao da educação para os países. Países desenvolvidos têm melhor educação. Empresas competitivas devem ter um nível de capacitação e desenvolvimento de seus colaboradores melhor do que seus concorrentes. "Meu operador de forno deve ser melhor do que o operador da melhor usina japonesa, senão não vou ser mais competitivo do que eles", dizia Jorge Gerdau.

A questão sempre passa por definir qual o limite para a capacitação e o treinamento das pessoas. Há um sério risco de dar mais do que o necessário. De forma objetiva, eu definiria que todos os programas devem estar focalizados em quatro objetivos:

- Adesão à Cultura e aos valores da organização.
- Capacitação para o Sistema de Gestão.
- Corrigir ou elevar os níveis de desempenho.
- Otimizar os resultados da organização.

Fora disso, será um trabalho supérfluo, uma perda de tempo.

Gestão do desempenho – pivô central

É a espinha dorsal para a prática da meritocracia, juntamente com o Sistema de Remuneração e o Plano de Carreira. A gestão do desempenho se propõe a avaliar os desempenhos individuais e os de equipes perante metas estabelecidas e sua adesão aos valores e ao Sistema de Gestão. Visa alavancar performances, reconhecer desempenhos e competências diferenciadas, bem como reorientar desempenhos e competências considerados insuficientes.

É o processo que propicia a percepção de ganho mútuo mediante a vinculação entre resultados, desenvolvimento, reconhecimento e remuneração, além de fundamentar o processo de carreira e sucessão. É o pivô central do processo de meritocracia.

Gestão da carreira e sucessão – escada para o pódio

Além de garantir os recursos humanos necessários, na quantidade e no tempo para as demandas estratégicas da organização, este processo tem a função, juntamente com a remuneração variável, de reconhecer os melhores, oferecendo-lhes, pelo desempenho e pela atitude apresentados, oportunidades de crescimento e de realização.

Um descuido ou um erro de decisão aqui é tão mais grave e relevante para as pessoas quanto um erro na remuneração variável, porque penaliza o futuro. É a escada para o pódio.

Cuidar dos talentos deve ser uma preocupação constante dos líderes. André se posiciona assim sobre o tema:

Cuide bem dos seus talentos

Pessoas eu tenho colocado cada vez mais na minha pauta, e mais focado. É impressionante quando a pessoa certa está no lugar certo. O que muda a nossa vida como gestores quando se acerta no líder. A diferença é da noite para o dia. Qual é a conclusão? Nós temos de investir muito tempo nisso, em desenvolver lideranças. Se acertarmos a pessoa teremos boa parte do resultado.

André Johannpeter

Comunicação interna e reconhecimento – mente e coração

Comunicação interna é o processo que conecta as mentes e os corações. Toca as mentes, levando aos líderes e às equipes as informações necessárias para sua autonomia na gestão dos processos e na definição das metas e do acompanhamento dos resultados. Sensibiliza os corações, procurando, por meio de seus vários instrumentos, reforçar a adesão à missão, à visão e aos valores, e obter o comprometimento com os objetivos do negócio.

É um importante instrumento que facilita e alavanca os processos de mudança organizacional, alinha a linguagem de todos e objetiva seus esforços. Possui a capacidade rara de motivar e integrar, de solidificar a identidade com os valores e com a Cultura e de fortalecer o sentimento de orgulho de pertencer. Incentiva, reconhece e celebra os resultados obtidos.

A comunicação interna competente deve inspirar e mobilizar, ser contundente o suficiente para tornar cada colaborador um aliado das causas da organização, seu principal agente de comunicação. Deve ser uma via de mão dupla e estimular a contribuição de todos.

Trata-se de um dos principais instrumentos da liderança, e se dá, prioritariamente, por intermédio do exemplo e da relação pessoal entre líderes e equipes. Os demais canais são meros instrumentos que apoiam essa relação pessoal.

Reconhecimento é instrumento essencial para o reforço da Cultura de Resultados. Pelos seus vários mecanismos, divulga e premia os comportamentos e os desempenhos alinhados a ela, reconhecendo, publicamente, seus autores pelos resultados obtidos.

Gestão do clima e Cultura – alavanca para o comprometimento

A gestão do clima deve propiciar um ambiente positivo, dinâmico, desafiador, realizador e compensador, que estimule, nos líderes e nas equipes, o orgulho de pertencer à empresa e participar de sua construção, resultando em motivação e comprometimento, elementos essenciais para gerar o desempenho desejado para atingir as metas estabelecidas.

Os líderes são os principais responsáveis pela obtenção de um ambiente estimulante que possibilite a realização das pessoas, por meio da definição de metas desafiadoras e recompensas pelos resultados obtidos. Sua competência em conciliar os interesses do colaborador e os objetivos da empresa definirá o nível de satisfação e comprometimento.

A Pesquisa de Satisfação, de Clima ou de Engajamento, qualquer que seja o nome que se dê, é o melhor instrumento para avaliar os resultados da Gestão de Pessoas e para definir os caminhos dos ajustes necessários.

Cultura e clima se superpõem e interdependem. Cultura é importante vetor do clima, assim como clima é fator essencial da Cultura, influenciando-se mutuamente. São quase irmãos siameses. Clima interfere de maneira importante no nível de adesão à Cultura e no nível do comprometimento dos colaboradores, e por ela é influenciada.

Remuneração e benefícios – fator motivacional

Os sistemas de remuneração hoje, mais do que antes, são desenhados para atrair, reter e valorizar as pessoas por seu desempenho e sua contribuição. De modo geral, ele é composto por três partes, que devem ser entendidas como um único composto chamado remuneração total:

- Fixa: salário mensal, condizente com práticas do mercado.
- Variável: negociada e proporcional aos resultados obtidos.
- Benefícios: adaptados às realidades do negócio e às práticas locais.

A remuneração fixa e o pacote de benefícios têm a função primária de definir o valor do trabalho diante das práticas do mercado.

A remuneração variável difere, dependendo da maneira como é desenhada e gerida como instrumento essencial da prática da meritocracia. Na medida em que seu valor é proporcional ao atingimento das metas negociadas, ao desempenho individual e ao cargo ocupado, é fator inequívoco para a adesão, o comprometimento e o desempenho de indivíduos e equipes.

Desligamento – o momento da verdade

No último ano, cada um de nossos 10 milhões de clientes entrou em contato com aproximadamente cinco empregados da SAS e esse contato durou em média quinze segundos. A SAS "criou" 50 milhões de oportunidades em um ano, quinze segundos por vez. Esses quase 50 milhões de "momentos da verdade" são momentos que, em última instância, determinam se a SAS vai ter sucesso ou vai fracassar como companhia. São os momentos nos quais nós precisamos provar aos nossos clientes que somos a melhor alternativa para eles.

Jan Carlzon

Quando li, no fim da década de 1980, o livro *Moments of Truth* [Momentos da verdade], de Jan Carlzon, sobre seus conceitos de serviço aos clientes na SAS, imediatamente os transpus para as atividades de RH, a fim de analisar as possibilidades de sua aplicação. Havia um campo enorme de oportunidades de melhoria em todos os processos, no que se referia ao atendimento de nossos clientes – os líderes e todos os colaboradores da empresa.

Contudo, o conceito me tocou tanto que me fez criar uma frase nas políticas de RH por ocasião do desligamento da pessoa, que julgo o momento mais crítico na relação Empresa-Empregado:

> O desligamento, por aposentadoria ou rescisão de contrato, é o momento da verdade em que se deve reforçar a valorização do indivíduo, o respeito à sua contribuição e dar atenção às suas críticas e sugestões, oferecendo-lhe todo o apoio necessário para enfrentar essa nova etapa de vida. Atitude consistente com as crenças e os valores propostos durante o período em que esteve na empresa.

Pela importância da decisão, ela deve ser baseada na justiça mediante critérios, dados e fatos do histórico profissional do colaborador.

A entrevista de desligamento é o melhor termômetro para avaliar a qualidade da gestão, do ambiente de trabalho e do clima organizacional. Pode servir, se bem conduzida, de forma aberta e empática, para analisar as causas da saída, ouvir críticas e sugestões e para aperfeiçoar o processo de Gestão de Pessoas. É a última imagem que ficará na cabeça do ex-colaborador e a que ele transmitirá sobre a empresa dali para a frente. Qualquer erro nesse momento será fatal! É o grande momento da verdade!

Novo sindicato

Comecei em um tempo em que se definia a função da área de Administração de Pessoal como "pune e paga". Há décadas, é claro. Hoje, sua função é administrar os contratos das relações no trabalho – individuais e coletivos – entre os colaboradores e a empresa, zelar pelo cumprimento da legislação e dos direitos do indivíduo e da organização e construir as bases de um relacionamento direto, confiável e duradouro.

A qualidade das relações no dia a dia entre gestor e sua equipe é o principal indicador da qualidade das relações com os empregados e tem reflexo direto na relação com o sindicato. Ao se tornar a voz do empregado, ele elimina, quase absolutamente, sua função reivindicatória. O gestor passa a ser o representante diante de sua equipe.

De outro lado, caso o colaborador, por temor ou outro motivo, não queira levar sua dúvida ou reivindicação ao superior imediato, a administração deve ser seu principal balcão de reclamação, substituindo o sindicato. É de sua função, em atitude empática, ouvir, entender, orientar e se propor a analisar, se for o caso.

Toda reclamação, ao gestor ou ao RH, deve ser vista como um sinal, que exige uma ação proativa. A atitude deve ser a de analisar, sem preconceito, ouvindo toda a história, sua origem e seus desdobramentos, e de buscar a solução, eliminando o mal pela raiz. Nunca se deve deixar de dar resposta a uma dúvida, queixa ou questionamento, comunicando-a a todos os envolvidos.

Com esse posicionamento, gestor e Administração de Pessoal, representante e balcão dos empregados, nos momentos de verdade, estarão construindo relações positivas, confiáveis e duradouras entre as partes, sem a necessidade da intervenção de uma terceira parte, o sindicato, ou de possível contencioso. A isso chamo de Relações Preventivas de Trabalho.

CAPÍTULO 14

GESTÃO DA CULTURA – Reforço à adesão

Já no início da década de 1950, em seu livro *Culture: a critical review of concepts and definitions* [Cultura: uma revisão crítica de conceitos e definições], Alfred Kroeber e Clyde Kluckhohn encontraram pelo menos 164 definições diferentes para o termo "cultura". Não pretendo inventar mais uma.

Edward Burnett Tylor, antropólogo britânico, considerado o pai do conceito moderno de Cultura, a definiu como "todo aquele complexo que inclui o conhecimento, as crenças, a arte, a moral, a lei, os costumes e todos os outros hábitos e capacidades adquiridos pelo homem como membro da sociedade".

Nas Ciências Sociais, é definida como "um conjunto de ideias, comportamentos, símbolos e práticas sociais, aprendido de geração em geração através da vida em sociedade. Seria a herança social da humanidade".

Como vimos antes, para as empresas, Cultura significa o conjunto de valores, crenças, rituais e normas que orienta, dá sinergia e assegura o resultado. Cultura tem a função de sustentar a estratégia e de gerar valor para o negócio!

O que quero ressaltar, por meio dessas definições, é que Cultura é sempre um conjunto complexo, composto de vários elementos, que se transmite de geração para geração, por intermédio de aprendizagem, observação, imitação, do ensino de alguém, ou ainda, do comportamento grupal ou do exemplo da liderança. Cultura é o grande contrato social.

Se, para as empresas, Cultura possui a função de sustentar a estratégia e gerar valor para o negócio, ela merece especial atenção e cuidado. Para administrá-la, são necessárias ações conscientes e planejadas a fim de transmiti-la, aperfeiçoá-la e mantê-la viva, transformando-a no contrato social que define as regras de convivência de todos para a realização dos objetivos dos indivíduos que a compõem e da própria empresa.

De maneira implícita, ela se transmite e se renova, no exercício diário da liderança, por meio do exemplo pessoal, nas palavras, pelo discurso à equipe e, nos atos, mediante as decisões tomadas sobre o negócio e sobre as pessoas, a definição das estruturas e as características do ambiente de trabalho e, principalmente, pelo nível de adesão ao Sistema de Gestão e à Gestão de Pessoas. É a Cultura vivida pela liderança, que permeia e se projeta, de forma objetiva, para todos os níveis da organização.

Como resultado, a partir do exemplo e da ação dos líderes, de forma viva e definitiva, ela se transmite, reflete-se e se solidifica nos relacionamentos e nos comportamentos de suas equipes que neles se espelham. No processo, as pessoas são, ao mesmo tempo, geradoras da Cultura e o próprio produto, fazendo com que ela exista e se transforme pela sua prática efetiva no dia a dia.

De maneira explícita, ela é também transmitida e reforçada, por meio da aplicação e da prática de algumas condutas ou instrumentos da Gestão de Pessoas, que, pelo conteúdo e pelos mecanismos, têm o objetivo de definir e alinhar os comportamentos esperados de colaboradores, líderes e equipes a fim de garantir o sucesso dos negócios.

Entre outros, são eles:

- Doutrinação dos valores.
- Competências de gestão.
- Código de ética.
- Comunicação interna.
- Programas de reconhecimento.
- Gestão da mudança.
- Ambiente de trabalho.

Vale a pena dispendermos algum tempo em cada um deles para poder perceber a dimensão de sua contribuição para a construção, a solidificação e o aperfeiçoamento da Cultura na organização.

Doutrinação dos valores

Reforço diário da fé

Missão define a razão de ser, a visão mostra o horizonte, e os valores são os preceitos que estabelecem os comportamentos necessários para o alcance dos objetivos do negócio. Não por acaso, usei as palavras doutrinação e preceito, porque valores são como os mandamentos da Tábua da Lei que devem ser conhecidos, dominados e praticados por todos, líderes e equipes.

Nas empresas em que encontrei esse nível de solidez de conhecimento e prática dos valores, sua transmissão vai muito além de sua apresentação nos programas de integração, de sua divulgação em pôsteres nos corredores e jornais internos ou ainda nos quadros de gestão à vista. Nelas, sempre encontrei duas práticas fortes e complementares buscando a consolidação dos valores. A primeira e a mais intensa refere-se aos líderes de todos os níveis, a começar pelo Chairman CEO, que assumem o papel de pregadores das palavras da fé; em todos os contatos com as equipes procuram falar de um valor ou de todos, associando-os a um problema que se está enfrentando ou a uma conquista que se está celebrando.

Há, por parte deles, a clara preocupação em dar-lhes vida e importância dentro da perspectiva do negócio, tirando-os do plano conceitual das palavras, trazendo-os à vida real, relacionando-os a uma demanda específica, tornando-os próximos e palpáveis. Essa atitude facilita a percepção de sua importância em todas as situações aplicáveis.

A segunda, tão essencial quanto a primeira, porém mais significativa porque valoriza objetivamente a prática pelos líderes no exercício de sua função diante das equipes. Ano a ano, na avaliação de desempenho dos líderes, após análise das metas quantitativas, é avaliada a adesão aos valores, medindo sua comunicação às equipes e sua prática objetiva no desempenho de seu papel.

Na prática da meritocracia, o resultado dessa avaliação qualitativa pode acrescentar pontos, premiando de maneira objetiva seu nível de alinhamento e prática dos valores, gerando elevação em sua remuneração variável.

Ronaldo e Otto têm opinião muito objetiva sobre a prática dos valores pelos líderes:

É preciso ter coerência

Certa vez, uma mulher desceu no elevador comigo e falou assim: "Eu vou votar no fulano, porque ele nunca me cumprimentou no elevador, e agora ele é candidato e continua não cumprimentando. É coerente". Ser coerente. Esse é o líder. Ele tem de ser do jeito que é. Agora, ele tem de dar exemplo, ele tem de seguir a meritocracia, tem de estar alinhado com a companhia.

Ronaldo Iabrudi

Líder tem de dar o exemplo

O que é liderança para mim? Falconi fala o seguinte: líder é aquele que atinge resultado por meio das pessoas. No entanto, como envolver as pessoas para que elas façam o que você quer? Eu acho que os valores têm de coincidir. Os do líder e os dos liderados. Não dá para você ter um líder com valores diferentes da organização (ou dos subordinados). Se o líder tem determinados valores e a organização tem outros, não vai funcionar. Além de ter os mesmos valores, o líder precisa praticá-los. Ele tem de dar o exemplo.

Otto Levy

Competências de gestão

Entendendo o papel das competências

Sempre considerei as competências de gestão importante instrumento de desenvolvimento gerencial. Para surpresa de muitos, coloco-as com quase igual nível de importância dos valores. A exemplo dos valores, que definem os comportamentos esperados de todos os colaboradores em seus respectivos temas, as competências definem os comportamentos necessários dos líderes no desempenho de seu papel.

Só não os coloco no mesmo nível porque os valores alinham e definem, em grande parte, as próprias competências. Elas, de outra maneira, formatam o comportamento de líderes que servem de padrão para suas equipes.

Para minha satisfação e alegria, um dia desses, consultando o site da Magnesita, encontro nossas crenças. Eram apresentadas, na sequência, missão, visão, valores e, de imediato, as competências de gestão que, de maneira consistente, reforçam ou complementam os valores. Estavam lá:

- Foco na estratégia e no resultado.
- Simplicidade e flexibilidade.
- Coragem para assumir riscos e tomar decisões.
- Adesão ao Sistema de Gestão.
- Conhecimento do processo.
- Liderança.

Minha satisfação e minha alegria se justificam. Satisfação porque, alinhado ao que sempre defendi, pela primeira vez, via uma empresa colocar as competências de gestão no devido lugar. Ou seja, mais do que um instrumento de avaliação e de desenvolvimento gerencial, elas são apresentadas como elemento formador de comportamentos dos líderes e definidor da Cultura de Gestão. Alegria porque mais do que uma simples declaração de negócio, é a afirmação de uma crença, ou seja, do que se espera que todos acreditem e cumpram. Religião! Cultura é religião, e religião é Cultura!

O conceito de gestão por competências aparece na literatura em meados dos anos 1980, mas foi-me apresentado, pela primeira vez, no início dos anos 1990.

A Gerdau, naquela época, ainda era bastante hierárquica e conservadora. Para preservar a relação de autoridade chefe-subordinado, depois de razoável explicação para as lideranças, comecei com a Avaliação de 180°. Começar com 360°, nem pensar! Somente veio a acontecer após duas rodadas.

Com apoio de uma consultoria internacional, foi definido um modelo de competências por processo e por nível hierárquico, complexo e trabalhoso, com participação intensa dos donos dos processos e da alta administração, utilizando como *inputs* os valores, as diretrizes estratégicas e a contribuição dos executivos consultados.

Para a implantação do modelo foi muito utilizada a tecnologia de informação – para os *inputs* dos dados e para os relatórios completos, que permitiam amplo cruzamento de dados –, gerando rico nível de informação para os feedbacks.

As competências de gestão ganharam, gradativamente, importância e valor, na medida em que os resultados dos mapeamentos foram utilizados para a definição dos planos de desenvolvimento individual e de parte do valor da remuneração variável, mudando, assim, de forma objetiva a vida das pessoas.

O eixo transformador

Aprofundando a análise dos dados obtidos nos relatórios dos mapeamentos dos líderes por meio de vários cruzamentos, dei-me conta de que ali existia importante material para alimentar os demais processos de RH quanto à gestão dos líderes. As definições das competências podem classificar, com maior profundidade e precisão, o perfil dos cargos de liderança, servindo, assim, para o planejamento de pessoal e para o recrutamento e a seleção.

Já os resultados dos mapeamentos de 360º podem servir como *inputs* para todos os demais processos na gestão dos líderes e se tornam tanto mais transformadores quanto suas reais consequências, em nível individual ou coletivo, nos planos de capacitação e desenvolvimento, na gestão de desempenho, na remuneração variável e no plano de carreira e sucessão de todos os líderes.

Transformar os líderes é, por si só, transformar a organização. Dessa minha descoberta, surgiu a figura que apresento a seguir para demonstrar o eixo transformador:

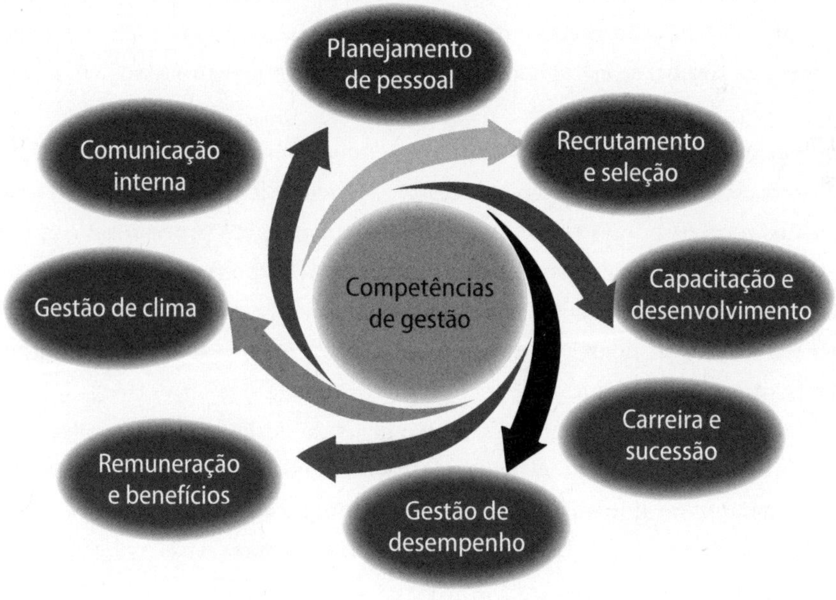

O tempo somente confirmou a convicção de que competências de gestão se transformam em importante elemento da formação e da consolidação da Cultura da empresa, na medida em que:

- Desenvolve um estilo de liderança alinhado às estratégias do negócio.
- Assegura a continuidade dos comportamentos alinhados à estratégia da empresa.
- Identifica oportunidades de capacitação e desenvolvimento.
- Serve de *input* para a gestão dos líderes nos demais processos de RH.

Assim vistas e conduzidas, as competências se transformam, definitivamente, no verdadeiro eixo transformador na vida dos líderes e, por consequência, na de suas equipes!

Simplificando o modelo

Depois da Gerdau, desenvolvi mais dois modelos de gestão de competências, um na Magnesita, e um em outra empresa à qual prestei consultoria.

Pensando em buscar uma abordagem mais funcional e mais ajustada à Cultura e à realidade das duas empresas, procurei construir um modelo muito simples, com ampla participação dos donos dos processos, de baixo para cima, utilizando os valores, as diretrizes estratégicas e as necessidades dos processos como balizadores.

Dentro de um processo participativo, por intermédio de grupos de trabalho com os *process owners* [donos dos processos], procurei levantar os comportamentos necessários para os líderes na condução de seus respectivos processos.

Os comportamentos resultantes foram agrupados por similaridade, surgindo, após longo processo de discussão, as competências essenciais. Elas serviram, igualmente, para todos os líderes de todos os processos, e tiveram variação de nota em função do nível de cada um.

Como exemplo, apresento as competências de gestão da Magnesita, que são uma clara orientação quanto às necessidades do negócio e que atuam como importantes elementos de integração, identificação e unificação dos comportamentos e das ações dos líderes para aquele momento da companhia:

- **Foco na estratégia e no resultado** – Antecipar e superar continuamente as metas da empresa, centralizando no cumprimento de prazos, na redução de custos, no aumento das vendas e na lucratividade do negócio. Tomar decisões baseadas nas estratégias da empresa, nas tendências de mercado e acompanhar indicadores que maximizem os resultados da organização e do cliente criando parcerias rentáveis e duradouras.

- **Simplicidade e flexibilidade** – Ter senso de urgência, simplicidade e objetividade. Estar aberto a novas oportunidades e novos desafios profissionais e assumir diferentes papéis sempre que solicitado. Expor ideias de forma clara, sendo persuasivo e considerando a opinião dos outros.
- **Coragem para assumir riscos e tomar decisões** – Encarar os desafios com determinação, assumindo riscos e tomando decisões (mesmo que impopulares) alinhadas com a missão, a visão, os valores da empresa em busca da superação das metas e do aprendizado com os erros. Agir como dono da empresa de forma direta e ousada, transformando planos em ações e promovendo o processo de mudança.
- **Adesão ao Sistema de Gestão** – Utilizar e orientar a equipe a adotar o Sistema de Gestão de acordo com a metodologia, em todas as etapas.
- **Conhecimento do processo** – Ter domínio do próprio processo de negócio, estando aberto à inovação, buscando continuamente melhorias e simplificação, reduzindo tempo e economizando recursos. Entender a relação e o impacto do seu processo aos demais.
- **Liderança** – Alcançar o comprometimento e o resultado da equipe e a parceria dos colegas para atingir os resultados do negócio. Liderar pessoas, inspirando pelo exemplo, atuando como coach e aplicando os princípios da meritocracia, identificando, desenvolvendo e retendo talentos.

Valores alinham, contudo, competências transformam, por sua assertividade e pelas consequências na vida dos líderes por meio da utilização dos resultados das avaliações, e atuam como importante eixo transformador de toda a organização!

Reforçando o vínculo

Como processo individual, o mapeamento de competências compreende a autoavaliação por parte do subordinado, avaliação por parte do superior imediato e dos clientes, e busca de consenso, entre gestor e subordinado, quanto às diferenças na avaliação. No momento do feedback, como fator gerador de motivação, desempenho e desenvolvimento, o gestor, na discussão dos resultados com o subordinado:

- Atesta padrões diferenciados de desempenho.
- Valoriza atitudes e competências diferenciadas.
- Focaliza resultados.
- Prevê ações de capacitação e desenvolvimento para diminuir os *gaps* de competência.

Os resultados do mapeamento oferecem dados para a elaboração do Plano de Desenvolvimento Individual (PDI), e também são utilizados para o mapeamento de potencial e de carreira, subsidiando a tomada de decisões sobre as possíveis evoluções funcionais.

Há forte tendência entre os gestores de RH, de que os processos de avaliação e a definição do respectivo PDI aconteçam anualmente, na crença de que a frequência acelera o resultado. O tempo me convenceu de que um ano não é suficiente para as mudanças negociadas e para o cumprimento do plano definido. Prefiro, nesse caso, a periodicidade bienal.

A escolha dos avaliadores, além do gestor, que podem ser pares ou clientes e também subordinados, deve ser algo negociado entre gestor e avaliado, para evitar o risco de escolha de pessoas que tendam a protegê-lo. Os resultados são de conhecimento do mapeado, do gestor e do RH. O processo de feedback feito pelo gestor é indelegável. É um momento da verdade para valorizar as qualidades, orientar quanto aos pontos a desenvolver e para reforçar o vínculo da liderança mediante diálogo positivo.

Código de ética

Escrever pra quê?

Em 2013, o Brasil obteve o 72º lugar no Índice de Percepção de Corrupção (IPC), pela classificação da ONG Transparência Internacional, entre 177 países. Obtivemos vergonhosos 42 pontos em um total de 100, notando-se que quanto menor o número de pontos, maior o nível de corrupção. Infelizmente, corrupção não é somente um privilégio nosso, é um mal maior que aflige grande parte dos países. Entre os pesquisados, 69% obtiveram menos de 50 pontos.

Num país que obtém essa classificação, no qual políticos corruptos, quando identificados e julgados, têm suas penas aliviadas e existe a famosa "Lei de Gerson", citada sempre jocosamente, pela qual, o "jeitinho brasileiro" propõe tirar vantagem em tudo, ética deve ser algo que merece a preocupação das empresas e que deve ser tratado com profundidade.

A criação de um Código de ética, integrante do Contrato de Trabalho como adendo, é uma forma objetiva de fazê-lo. As normas de governança corporativa da NYSE (Bolsa de Valores de Nova York) exigem que as empresas que possuem ações negociadas lá tenham e divulguem um Código de conduta e ética.

Nele está definido o conteúdo mínimo necessário: conflitos de interesse; oportunidades corporativas; confidencialidade; negociação justa; proteção e uso correto dos ativos da companhia; conformidade com as leis, as regras e os regulamentos (incluindo as leis de negociação interna); e encorajamento à denúncia de comportamentos ilegais ou antiéticos.

No Brasil, embora não haja essa exigência pela Lei das Sociedades Anônimas, muitas empresas adotam, com nomes diferentes, seu Código de ética aplicável a todos conselheiros, diretores e funcionários. E o fazem para:

- Ser transparente na relação entre a empresa e seus colaboradores, minimizando a subjetividade das interpretações sobre princípios morais e éticos.
- Comunicar as exigências e as condições que se aplicam a todos os colaboradores, contribuindo para a melhoria do clima organizacional.
- Permitir a manutenção e a melhoria da imagem da empresa, assegurando confiança e respeito de investidores, acionistas, clientes, fornecedores e comunidade.

Tanto a Gerdau quanto a Magnesita têm seu Código de ética, inclusive porque têm ações negociadas na NYSE. Ele é, de alguma forma, um detalhamento dos valores da empresa. A Gerdau, em seu Código de ética, usa seus valores para dividir e dar título às suas orientações; assim, reforça de maneira objetiva a Cultura da organização, afirmando positivamente as práticas esperadas dos colaboradores de todos os níveis quanto aos temas propostos em cada um dos valores.

A Gerdau, em seu site, vai ainda mais longe ao afirmar que gostaria que todos os *stakeholders* também o utilizassem como referência em suas atividades. Gosto muito da orientação geral que a empresa dá aos seus colaboradores, logo no início do documento, sob o título de "Tomando Decisões Éticas". Nada mais simples e direto:

Antes de decidir se uma conduta ou atividade é apropriada:

1. verifique se é contrária à legislação;
2. verifique se é contrária a este Código, à política, à diretriz ou à prática da Gerdau;
3. verifique se é inconsistente com os valores da empresa.

Se a resposta a qualquer das perguntas anteriores for positiva, o comportamento ou a atividade em questão é inadequado.

Adicionalmente, pergunte a si mesmo se você teria orgulho de contar aos seus amigos e à sua família sobre sua atitude ou de vê-la publicada em jornais. Respostas negativas indicam problemas. Sempre que estiver em dúvida, pergunte.

Aprendendo com os outros

Participei ativamente na construção do Código de ética da Gerdau, fiz antes várias visitas de *benchmarking* a empresas de referência. Dessa experiência, tirei as lições a seguir.

Construção coletiva

A formação de grupos de trabalho, com representantes dos processos do negócio, permite trazer perspectiva mais ampla e abrangente para a definição das orientações. Além disso, o fórum de discussões serve para dirimir possíveis dúvidas e definir uma unidade de pensamento sobre os temas tratados. Na formação dos grupos, é importante a participação de representantes dos principais processos envolvidos com o tema, bem como dos diversos níveis hierárquicos.

Linguagem e estilo

Por ser um documento cujo conteúdo deve ser do conhecimento e do domínio de todos os colaboradores, deve ter uma linguagem simples, direta e sem muitos rodeios. Quanto mais simples, curto e direto, melhor, pois assim se assegura que todos compreenderão seu conteúdo.

Canal de denúncias

A função do Código de ética é orientar e parametrizar comportamentos. Tem também a função de dar a todos os colaboradores a condição de avaliar atos e comportamentos que não são considerados adequados.

Quando houver essas situações, na dúvida de percorrer a estrutura formal, o gestor ou o RH, pela questão a ser tratada ou por temer retaliação, deve prever um canal de denúncias, instrumento confidencial, por meio do qual possa levar ao conhecimento da empresa suas dúvidas e suas preocupações ou a conduta ilegal, indicando os nomes dos envolvidos. A comunicação poderá ocorrer por via eletrônica ou telefônica, e será dada absoluta proteção ao anonimato do autor, sendo prevista a punição a qualquer tipo de retaliação.

Comitê de ética

É a instância, instituída pela empresa, responsável pelo cumprimento do Código e pelas alterações que se fizerem necessárias. Cabe ao comitê de ética avaliar a necessidade, ou não, de uma investigação mais detalhada da violação que foi denunciada.

Tratamento dos desvios

A violação do Código de ética estará sujeita a medidas disciplinares, que poderão desencadear, a critério do Comitê de ética e dependendo da gravidade, desde a advertência verbal até rescisão do contrato de trabalho, ou mesmo, ações legais contra o infrator. Importante é que a aplicação de pena ao infrator seja de conhecimento de todos para que a posição da empresa seja conhecida e possa servir de exemplo e reforço à Cultura.

Contrato de trabalho

Após sua aprovação, o conteúdo do código dever ser divulgado e assinado por todos, de modo que afirmem o conhecimento. A partir desse momento, será transformado em adendo ao contrato de trabalho. O processo deve ser repetido na admissão de cada novo empregado.

Para concluir este tópico, quero trazer uma fala de Ronaldo Iabrudi sobre a importância do alinhamento ético entre colaborador e empresa:

Resultado e alinhamento

Ter padrão ético é ter transparência, é dar feedback com o genuíno interesse de ajudar a mudar. Dizer: "você está indo bem" e mostrar por dados e fatos e vincular com os resultados é fundamental. O mesmo deve ser feito quando o resultado não aparece, ou o comportamento é inadequado. Fornecer o feedback, de forma natural, nas situações difíceis é ainda mais importante. Penso que dois fatores são a base de tudo: Resultado e alinhamento. Ou você está alinhado com os valores da organização ou você não está na organização.

Ronaldo Iabrudi

Comunicação interna

Instrumento transformador

A comunicação interna é um dos instrumentos mais poderosos da empresa e dos líderes para a gestão da Cultura e para os processos de transformação organizacional. Ela tem um papel importante e contribui de forma significativa para:

- Solidificar a identificação com a Cultura e com o Sistema de Gestão.
- Alinhar e comprometer todos os colaboradores com os resultados.
- Potencializar a autonomia de gestão dos processos e de suas metas em todos os níveis hierárquicos.
- Reforçar os vínculos com a empresa e a liderança.
- Facilitar os processos de mudança organizacional.

A comunicação interna é um ritual que inspira e mobiliza os diversos públicos, além de um importante facilitador e chamariz das transformações organizacionais. Deve inspirar, mobilizar e ser contundente o suficiente para tornar o colaborador um aliado das causas organizacionais. Deve, portanto, ser uma via de mão dupla e estimular a contribuição de todos. Gosto de uma citação de Marlene Marchiori, autora no tema, que reflete bem este conceito:

> Gerou atitude, você comunicou; não gerou, você simplesmente informou. A comunicação só se efetiva a partir do momento em que o público interno entenda, deseje, aceite, participe e desempenhe um comportamento que gere a mudança proposta pela organização. A comunicação, portanto, exige credibilidade e comprometimento, tendo o poder de criar valores, impulsionando a organização para a frente.

Comunicação que não transforma é blá-blá-blá, pura perda de tempo! Comunicar é transformar! Como disse Ronaldo Iabrudi:

Comunicar no trabalho não é falar de generalidade, é falar de resultado, é tratar do negócio. É sempre se reportar ao planejado/orçamento, é olhar a meta, é identificar os *gaps*. É falar do Plano de Ação. É também reavaliar o macrocenário e revisitar a estratégia, entender o concorrente e entender o que o cliente está comunicando. Enfim, comunicação no trabalho é assegurar que o time esteja enxergando o mundo ao vivo e em cores, como a alta administração. Este é o papel do líder para conduzir a comunicação ao time.

Os três agentes da comunicação

A empresa

A comunicação da empresa tem a finalidade de definir rumos, corrigir desvios, reforçar a Cultura e gerar desafios. A empresa se comunica com os líderes e as equipes, por meio dos comunicados oficiais, definindo diretrizes, orientações e estabelecendo metas por intermédio da alta administração ou das áreas de relação direta com os colaboradores, RH e Comunicação Corporativa. Qualquer que seja o conteúdo ou o agente de comunicação, a empresa deve preconizar uma comunicação que tenha os seguintes atributos:

- Consistência entre o discurso e a prática.
- Clareza, simplicidade e assertividade.
- Transparência, franqueza e objetividade.
- Senso de urgência e prontidão.
- Liberdade às pessoas para que exponham suas ideias.
- Via de mão dupla.
- Respeito e dignidade no tratamento.
- Informação com emoção.

O líder

O processo de comunicação interna se dá, prioritariamente, pelo exemplo e pela relação pessoal entre líderes e equipes. Os demais canais são instrumentos que apoiam essa relação pessoal.

Os líderes são os efetivos responsáveis pela qualidade da comunicação perante suas equipes e, como tais, devem estar preparados e conscientes da relevância desse processo para o desenvolvimento do negócio e para a motivação das pessoas, e devem fazer da comunicação uma prioridade.

As reuniões de comunicação entre líderes e subordinados devem merecer um cuidadoso planejamento quanto ao conteúdo e à data, e ter um rigoroso cumprimento, gerando a necessária credibilidade no processo. Incluem-se aí, principalmente, as reuniões para definição das metas, análise de resultados e de feedback.

Os colaboradores

Os colaboradores são os principais agentes de comunicação da empresa, seja pelas relações internas, seja pelas relações externas. A capacidade de replicar será proporcional à sua competência e à amplitude de suas redes de comunicação. Eles devem ser percebidos e tratados como tal pelos líderes, entendendo sua força e sua importância. Para prepará-los, deve-se alimentá-los de forma estruturada com as informações necessárias para desempenharem esse papel, e deve ser buscado deles, ao mesmo tempo, comprometimento pessoal com a mensagem recebida e repassada.

Está comprovado que a construção da imagem externa da empresa, em todas as dimensões, depende em grande parte do sucesso da comunicação interna. Cada vez mais se busca a integração da comunicação externa com a interna para alinhar os vetores e potencializar seus ganhos. Para isso, o público interno terá prioridade na divulgação das informações, salvo casos em que a informação necessite ser disponibilizada simultaneamente a outros públicos, em decorrência da imposição de normas legais.

Ronaldo Iabrudi tem uma posição muito clara sobre a atitude do líder no processo de comunicação:

Ouvir a própria voz é um pecado monumental

Tem líder que gosta de ouvir a própria voz. Para mim, o líder é muito mais quem ouve do que quem fala. Acho que o papel do líder é muito mais fazer a pergunta. O cara acha que ele tem de falar. Ouvir a própria voz é um pecado monumental!

Ronaldo Iabrudi

Menos é sempre mais

As áreas de comunicação interna e de comunicação corporativa são ávidas e prolíferas na criação de canais e instrumentos de comunicação. Em tempos modernos, com a proliferação das redes sociais e o bombardeio contínuo de notícias nos vários meios de comunicação e a total falta de tempo das pessoas, isso soa como um grande contrassenso.

O número necessário de canais é aquele que pode ser digerido naturalmente: murais de gestão à vista nas passagens dos corredores, intranet e algo mais. E apenas com a informação necessária para gerar a atitude, o comportamento ou a ação desejada, nada mais. Menos é sempre mais, e se você sobrecarregar os meios e as fontes de comunicação interna pode desviar a equipe do essencial. Ainda assim, o processo de comunicação deve ser continuamente revisado e avaliado quanto a conteúdo, fluxo e ferramentas.

Comunicação é ferramenta fundamental

André Johannpeter, Otto Levy e Fersen Lambranho expressaram durante as entrevistas a ação fundamental que o processo de comunicação interna tem na organização:

Foco em comunicação

Estamos focando muito em comunicação. O mundo está mudando muito rapidamente depois da crise. Então, nós criamos uma *call* trimestral com mais de mil pessoas para anunciar os resultados e atualizar sobre a situação dos negócios: como foi o trimestre, quais são os projetos, quais são os desafios. Ao mesmo tempo, para o mundo todo. No final, uma sessão de perguntas. Essa *call* ocorre de um a três dias depois da divulgação dos resultados. E ela segue basicamente o mesmo discurso da divulgação para o mercado.

André Johannpeter

Comunicar é reforçar valores

A função da comunicação interna é reforçar os valores e tudo aquilo o que leva aos resultados.

Otto Levy

Comunicar sem passar por cima

Quanto mais pura a mensagem chegar, melhor. E hoje, com o ferramental que existe, eu falo aqui agora e está passando no Japão. É barato. Custo zero. Direto, reto. Agora, com muito cuidado para isso não ser *by pass*, contornar as coisas com seu jeito, né? O processo de comunicação é para aumentar o nível de responsabilidade.

Fersen Lambranho

Programas de reconhecimento

Reforço à Cultura

No Brasil, a prática do reconhecimento começou muito timidamente e foi incorporada, de maneira gradativa, à medida em que se percebia seu uso e seu sucesso em outras empresas. Por trás dessa atitude cuidadosa, sobrevivia ainda, na cabeça dos líderes, o antigo refrão: "Não elogia que estraga, ele fica de salto alto".

Hoje, é algo bastante incorporado na Gestão de Pessoas. A prática do reconhecimento tem como objetivo principal reforçar comportamentos e atitudes esperados, desempenhos diferenciados, bem como celebrar resultados e conquistas para servir de exemplo a ser seguido por todos e para gerar motivação e comprometimento daqueles que são contemplados.

Não importa se formal ou informalmente, o importante é que seja algo vindo dos líderes ou da empresa, que aconteça e que todos vejam e impacte a vida deles! Há dezenas de formas de reconhecimento: o elogio pessoal ou para uma equipe, destaque em cerimônia pública, premiação ou indicação para um prêmio externo de prestígio, patrocínio de viagem de aperfeiçoamento, até a própria promoção na carreira e o aumento salarial.

Na minha vida profissional, recebi diversas demonstrações de reconhecimento, desde promoções e aumentos até homenagens e agradecimentos públicos. Recebi esses eventos com muita alegria e felicidade, pois com certeza aumentaram meu vínculo com a empresa e meu comprometimento diante dos desafios.

Nada marca mais, entretanto, do que um elogio público, que reconhece uma contribuição diferenciada, de forma espontânea, em momento totalmente inesperado. Isso aconteceu comigo e marcou minha vida. Passados alguns tantos anos, após a implantação das Células Operacionais Autogeridas, um importante executivo da Gerdau, conhecido por suas críticas e pela parcimônia em elogios, disse-me numa conversa dentro do carro, a caminho de uma unidade no interior de Minas Gerais: "Lima, tenho de reconhecer que o Grupo deve a você a implantação das Células Operacionais, algo que revolucionou nosso Modelo de Gestão!".

O elogio, que afirmava uma conquista desse tamanho, lavou minha alma e quase me fez esquecer todas as críticas que tinha ouvido desse mesmo executivo no passar dos anos quanto à minha gestão e aos meus projetos. Demorou tanto tempo, mas valeu a pena! Aprendi, em certa ocasião, com uma consultora, que feedback é um presente que nos dão e merece ser aberto aos poucos para apreciar todo o conteúdo. Este me veio embrulhado em papel azul, fechado com laços dourados!

Acho muito importantes os programas de reconhecimento das empresas com eventos, datas e premiações definidos, mas nada supera em efeito um feedback, pessoal ou público, caracterizado por uma apreciação mais pessoal, sem data marcada, de maneira sincera, espontânea, quase imediatamente após uma ação, atitude ou um trabalho benfeito. Aprendi algumas regrinhas quanto à prática do reconhecimento:

- Ser justo e igual para todos e, como tal, ser assim percebido por todos.
- Reforçar sempre positivamente os comportamentos esperados.
- Ser sistemático e imediato ao sucesso ou ao resultado alcançado, valorizando comportamentos e atitudes.
- Associar às ações formais e às informais uma efetiva celebração pelos sucessos dos resultados alcançados.

Reconhecer é um ato inteligente de sensibilidade, atenção e cuidado! Todos gostam de ser reconhecidos e valorizados. O ato de reconhecer um feito, uma atitude, um comportamento, uma história, um resultado ou uma conquista é uma maneira de dar evidência aos comportamentos que queremos reforçar na Cultura da empresa.

Gestão da mudança

A Cultura de mudança permanente

A primeira vez que ministrei uma palestra sobre Gestão da Mudança procurei uma frase para dar início à apresentação. Encontrei uma citação filosófica, tão cruel quanto verdadeira: "Não existe nada permanente, exceto a mudança", do filósofo Heráclito (540-480 a.C.). Achei a frase forte e definitiva. Para completar o raciocínio, usei, na mesma ocasião, outra mais científica: "Não é o mais forte da espécie que sobrevive, nem o mais inteligente, mas aquele que responde melhor às mudanças", de Charles Darwin (1809-1882).

Com isso, quero mostrar que o mundo sempre esteve em contínua mudança. O mesmo acontece com as empresas, seus processos, seus produtos, seu mercado e seus concorrentes, levando à alteração constante e afetando seus processos, suas estruturas, sua tecnologia e, principalmente, as pessoas. Todo esse cenário me remete a duas conclusões.

A primeira, a mais fácil, é a de que é impossível pensar em projetos de gestão da mudança para atender a tanta demanda ao mesmo tempo e com tanta velocidade. Seria uma tarefa impossível, por maior que fosse a estrutura profissional montada. A segunda, a mais difícil, é a de que a única solução viável é incutir na cabeça de todos o ensinamento de Heráclito de 500 a.C. Em vez de tratar mudança como algo especial que mereça um projeto específico, conduzi-la como parte natural do negócio, criando uma Cultura interna de mudança permanente.

Ronaldo Iabrudi e André Johannpeter expressam assim suas preocupações sobe Gestão da Mudança:

Antecipe-se à crise

Um papel fundamental do líder é antecipar os problemas, porque ele tem a capacidade de mobilizar o time. Se ele enxerga um cenário problemático, ele tem a obrigação de colocar a crise dentro da organização. Esse para mim é um dos maiores méritos de um líder: trazer a crise para dentro da organização antes que a crise chegue.

Ronaldo Iabrudi

Crise é oportunidade

Mudar uma empresa não é fácil. O líder pode fazer, mas o ambiente da crise cria a oportunidade. Quando tudo está andando muito bem é muito difícil mudar.

André Johannpeter

O caminho ensina a caminhar

No fim da Segunda Guerra Mundial, o Japão tinha toda a sua infraestrutura destruída e o que sobrou de sua indústria estava defasado, tecnológica e gerencialmente, com baixa produtividade e entregando produtos de qualidade ruim. Naquele momento, história que todos já sabem, alguns mestres japoneses, com a sabedoria e a humildade de aprender próprias de sua Cultura, não tiveram nenhuma vergonha em beber os conceitos, os métodos e as ferramentas da qualidade nos ensinamentos de Deming e Juran para ajudar a reconstruir seu país.

A partir dessa aprendizagem, surgem dois importantes instrumentos, o *Hoshin Kanri* (do qual já falamos) e o *Kaizen*, desenvolvidos e ensinados pelos professores Akao e Imai, respectivamente, que, dentro de um processo de mudança jamais imaginado, levaram a indústria japonesa ao nível de excelência em qualidade e em resultados.

Na filosofia do I Ching, do zen-budismo e do taoísmo, a mudança é algo inerente à existência das pessoas e das coisas. A permanência e a mutação são a mesma coisa e interdependem a ponto de que o constante mudar faz mais sentido do que o contrário.

É claro que pode-se buscar essa explicação filosófico-religiosa para a aceitação e a adesão dos japoneses ao processo de mudança pelo qual tiveram de passar, que incluiu desde as revisões dos processos industriais e de seu método de gestão até a forma de Gestão de Pessoas e a alteração de seus contratos de trabalho.

Esse conteúdo cultural, entranhado no coração e na mente dos japoneses, sem dúvida, desempenhou importante papel na maneira com que se comportaram e reagiram a toda a transformação pela qual passaram. O que mais os motivou foi a capacidade dos líderes desse processo, principalmente os dois mestres a que me referi, de criar uma Cultura da mudança urgente e contínua para garantir a sobrevivência da indústria, dos empregos e do país, que apenas seria possível com a busca de novos patamares de qualidade e de produtividade para assegurar sua competitividade.

Falando especificamente sobre *Kaizen*, que significa mudança para *melhor*, foram colocadas sob seu guarda-chuva várias ferramentas que poderiam ser úteis para a mudança proposta. Utilizando-se da força do espírito coletivo e dos valores próprios resultantes de sua Cultura, criaram um sistema que levou a um novo comportamento, que visa à melhoria contínua e traz como suas características principais:

- Entendimento do todo e não apenas de parte do problema.
- Envolvimento de todos os níveis nos processos de mudança.
- Preocupação em melhorar e buscar sempre espaço para crescer e aprimorar em todas as situações.
- Participação de todos na busca de soluções.
- Método e disciplina na identificação e na solução dos problemas.
- Trabalho em time, de cima para baixo, de baixo para cima.

Que conclusões tirar? Em primeiro lugar, transformaram a mudança em uma necessidade social e em uma obrigação coletiva. Todos fazem parte dela e são parte essencial da solução. Em segundo, caracterizaram os processos de mudança como experiência de aprendizagem e oportunidade de crescimento, trazendo consigo o ganho para todos, dando mais foco no que se ganha e permanece do que naquilo que se perde.

De forma simples, eles transformaram o risco em oportunidade, com o envolvimento e o ganho de todos. Em terceiro lugar, talvez mais importante, criaram o espírito de mudança permanente. Nada mais próprio do que o lema do *Kaizen*: "Hoje melhor do que ontem, amanhã melhor do que hoje!".

Diferentemente dos japoneses, os ocidentais, por possuírem outra Cultura e outros valores, talvez mais materialistas e individualistas, enxergam e tratam a mudança como risco pessoal iminente, rompimento com tudo o que foi construído, o que gera sentimentos de perda, dor e frustração, faz nascer impotência, medo, insegurança e raiva. Na expectativa de preparar as pessoas para as mudanças e lidar com esse sentimento eliminando as resistências decorrentes, foram criados os programas de Change Management [Gestão da Mudança].

Depois de refletir muito sobre o assunto e de ter vivenciado algumas experiências de mudanças radicais na Magnesita e na Gerdau, hoje, talvez muito tarde, chego à conclusão de que a abordagem aos processos de mudança deveria ser outra, muito diferente. Penso que a preparação das pessoas para a mudança não deve acontecer com programas articulados, que tentam eliminar as resistências. A gestão da mudança deve acontecer com a "mão na massa", por intermédio de uma liderança competente. Líder é quem leva seus comandados de uma posição para outra.

Identificada uma mudança necessária, definem-se as metas, convocam-se os principais envolvidos na mudança, discute-se sua abrangência e sua importância para os resultados do negócio e, com eles, definem-se os passos necessários para alcançá-la. Está iniciado o processo.

Vivi essa abordagem, com sucesso, na Magnesita e na Gerdau. Portanto, o próprio processo prepara os envolvidos para a mudança necessária, à medida que começam a analisar e discutir os problemas, definir os caminhos para sua solução e preparar o processo de comunicação às equipes.

A exemplo dos japoneses, respeitando a Cultura e os valores da companhia no tratamento das pessoas, o foco do processo deve ser nos ganhos necessários para a sobrevivência do negócio e em suas naturais consequências para as pessoas. O foco é no ganho e não nas perdas. O caminho possível para lidar com a mudança é enfrentá-la e a verdade é a distância mais curta para tratar a realidade. A uma mudança de hoje, de imediato, outra amanhã se seguirá, por exigência das necessidades da sobrevivência do negócio.

Imitando os sábios japoneses

Em 1995, vivenciei uma experiência muito interessante na Gerdau, com a implantação das Células Autônomas Operacionais. Foi uma transformação radical na gestão dos processos industriais, na estrutura de supervisão e na Gestão de Pessoas. O projeto previa a organização em células operacionais, organizadas por processo, com gestão autônoma, em times de trabalho com total responsabilidade pelo controle do processo. Seriam eliminados da estrutura os níveis intermediários entre o gerente e o operador, daí o nome do projeto ser "Gestão com Foco no Operador".

Com a participação dos principais responsáveis pelos processos de produção industrial, foram definidos temas essenciais a ser tratados para o pleno sucesso do projeto. Para cada um dos temas, foi definido um grupo responsável por analisá-lo e buscar as soluções necessárias. As propostas dos grupos, resultantes de suas conclusões, eram aprovadas no grande grupo e a implantação feita pelos próprios responsáveis pelos processos. Nesse modelo, ocorreram as seguintes mudanças:

- Eliminação dos níveis de supervisão.
- Supervisores transformados em facilitadores.
- Células organizadas por processo e autogeridas.
- Autonomia para os operadores.
- Decisões tomadas pelas equipes.

Foram alterações radicais na estrutura e na maneira de gerir as pessoas. Para marcar a mudança e aumentar seu impacto na organização, a implantação aconteceu no mesmo dia em todas as unidades industriais distribuídas pelo Brasil. Foi um projeto com grande repercussão e com efetivo sucesso em sua implantação, que gerou outras tantas importantes transformações organizacionais.

Nessa oportunidade, denominei a abordagem dada ao complexo processo de mudança de "Oficina de Teatro". A exemplo do que acontece em teatros experimentais, os autores da peça, aqueles que tinham preparado o roteiro da mudança, foram também os principais atores na sua apresentação, ou seja, na sua implementação.

Na época, como um dos principais responsáveis pelo projeto e pela metodologia usada, sentia-me muito orgulhoso pelo sucesso da implantação e pela abordagem ousada e inovadora que tinha dado ao processo de mudança. Hoje, dou-me conta de que, com a condução dada, buscando a solução com e por meio dos envolvidos no problema, sem saber, estava apenas imitando os sábios japoneses!

Ambiente de trabalho

O exemplo arrebata

Sempre que pensava em mudança organizacional, em especial após minha experiência com a reengenharia, surgiam-me de imediato os quatro vetores nos quais se deveria atuar para que a transformação acontecesse: processo, estrutura, pessoas e tecnologia da informação. Rapidamente, entretanto, acrescentei outro à minha lista: ambiente de trabalho. O ambiente deve transmitir o espírito da mudança em sua essência. Vivi essa experiência tanto na Gerdau quanto na Magnesita.

Na Gerdau, em 1995, por ocasião da reengenharia, reorganizamo-nos por processos e buscamos uma organização mais plana, eliminando níveis intermediários e silos entre os processos, e incentivamos a interdependência entre setores, garantindo maior transparência dos dados para dar mais autonomia aos líderes e às equipes em seus processos e suas tarefas.

Para materializar o espírito das mudanças propostas, tivemos atitudes que pareciam iconoclastas para o Brasil da época, embora muitas delas já fossem praticadas desde a década de 1960 em alguns países europeus, principalmente os nórdicos. Eliminamos as salas e as paredes divisórias entre áreas, para dar horizontalidade de uma organização plana. Criamos escritórios panorâmicos, com processos organizados por ilhas de trabalho; móveis padronizados, sem diferenças; mesas justapostas, criando integração entre as tarefas; eliminação de obstáculos entre as pessoas, para aumentar a relação face a face. Diretores e gerentes foram sentar junto com suas equipes; salas tiveram suas paredes alteradas para vidro para dar maior transparência e passaram a ser usadas para reuniões.

Grande parte das alterações permaneceu e algumas tiveram de ser ajustadas às necessidades funcionais dos titulares ou dos processos. Mais importantes foram os ganhos obtidos com as alterações nas atitudes e nos comportamentos das pessoas, os quais foram incorporados na Cultura organizacional:

- Eliminação das diferenças marcantes entre níveis.
- Simplificação das relações, mais próximas e menos hierárquicas.
- Decisões mais participativas.
- Comunicação aberta, sem obstáculos.
- Integração entre áreas, funções e tarefas.
- Aprendizagem contínua e compartilhada.
- Sinergia potencializada das pessoas e das equipes.
- Auxílio mútuo na solução dos problemas.

Na Magnesita, quando o GP assumiu o controle, esses mesmos conceitos foram implantados nas fábricas e nos escritórios. Existiu, porém, um item a mais que me sensibilizou: a simplicidade apurada no modo de vestir dos principais executivos. O presidente, sempre com roupa muito simples, em geral com jeans, camisa polo, sapatos *dockers*, tênis ou até botina, e um relacionamento informal e próximo. Qual a mensagem? O que interessa não é a aparência, mas o resultado!

Nas duas empresas, os quadros de gestão à vista, a disponibilização das informações sobre o negócio, as metas e sua evolução com total transparência para todos os empregados reforçam a ideia de democratizar a informação, colocar todos na mesma página, ter todos no mesmo barco.

Tenho certeza de que, mais do que o discurso da mudança, essas alterações provocaram verdadeiro turbilhão na cabeça das pessoas. Alterações no ambiente de trabalho combinadas a comportamentos e decisões da liderança na mesma linha podem se tornar um aliado importantíssimo para gerar e reforçar as mudanças de comportamento desejadas. Um exemplo vale mais do que mil palavras! O exemplo arrebata.

Com ou sem gravata?

O ambiente de negócio reflete valores, reflete um clima. Há lugares que são mais formais. Bancos, por exemplo. A maneira de se apresentar, se vestir, é fundamental para eles. Até a maneira como cumprimentam. Para o pessoal do GP, o resultado é importante. Com forma, eles estão pouco se lixando para isso. E, na verdade, eu acho que para o negócio não afeta. Contudo, reflete a Cultura.

Otto Levy

Função da Cultura

Dessacralizando o conceito, Cultura é o jeito consagrado por uma empresa de ser, fazer e obter resultados, transformado em seu Modelo de Gestão, sua Cultura de Negócio ou sua Cultura de Gestão ratificada pelo sucesso de sua prática por intermédio dos resultados obtidos, e que se transforma em seu diferencial competitivo. Cultura existe para gerir pessoas e gerar resultados!

Mais ainda, a Cultura precisa orientar a organização para o futuro e, portanto, é dinâmica e ajustada ao ciclo e à velocidade de transformação do ambiente de negócio para garantir sua sobrevivência e sua competitividade.

Voltando aos conceitos da Nova Ciência, os sistemas complexos, entre os quais também se incluem as organizações e suas culturas, nunca permanecem estáveis. Eles estão sempre se movimentando em caóticas flutuações. Ou seja, a realidade não é estável; a estagnação é a morte. Por isso, eles precisam estar continuamente no ponto extremo do caos.

No mundo atual, o processo contínuo de ajustamento, adaptação e renovação se dá em ciclos cada vez mais rápidos, mais imprevisíveis e mais turbulentos, e o crescimento surge do desequilíbrio, e não do equilíbrio. Mudança é um imperativo para a sobrevivência e o crescimento.

Esta é a função do líder visionário: gerar continuamente o desequilíbrio em suas organizações para oportunizar novos ciclos de renovação e crescimento, sempre se antecipando à concorrência e criando novas oportunidades.

Empresas fortes, portanto, ao contrário do que se pensava antes, são as que têm capacidade de mudar a Cultura quanto e tantas vezes forem necessárias para atingir os resultados esperados. São aquelas que fazem de sua Cultura um diferencial competitivo, administrando os elementos moldadores dos comportamentos internos que viabilizam sua estratégia para garantir seus objetivos.

Nessa medida, Cultura não é apenas um jeito de ser. Ela define o jeito que se quer que a organização seja no futuro. Nas empresas modernas, ela não pode ser fruto do acaso, nem orientada pelo passado. Deve ser vista como um ativo que, administrado de forma inteligente, pode ser um diferencial a serviço da estratégia.

Não é à toa que Kelleher, Gestner, Sam Parmisano e Robert Haas foram visionários. Eles não tomaram o conceito de cultura histórica. Recriaram a Cultura de suas organizações com base em valores fortes, simples e pragmáticos, visando alinhar as pessoas à estratégia de negócio, e as orientaram em direção ao futuro desejado.

Com esta abordagem, criaram a Cultura voltada para os RESULTADOS, buscando a sobrevivência e o crescimento de seu negócio sem nenhuma preocupação com conceituação teórica. Cultura não é passado, Cultura existe para garantir o futuro. Cultura é estratégia. Ela mobiliza as pessoas e é fator dos RESULTADOS.

Isso me lembra uma frase de Dick Kovacevich, CEO do Wells Fargo: “Eu poderia deixar o plano estratégico da companhia num avião e isso não faria nenhuma diferença. Ninguém conseguiria executá-lo. Nosso sucesso não tem nada a ver com planejamento. Tem tudo a ver com execução!”. Afinal, é o jeito de fazer as coisas que faz a diferença.

Gerenciar a Cultura dá trabalho

Com todo esse processo em andamento, utilizando todos os instrumentos descritos, como se pode ter certeza de que a Cultura desejada está efetivamente acontecendo? De imediato, vem-me à mente o conhecido axioma de Deming: "Não se gerencia o que não se mede". Ele também se aplica à gestão da Cultura. Para ter certeza das realizações dos objetivos desejados com a gestão da Cultura, que é transformar o discurso em prática do dia a dia, é necessário que se criem mecanismos para avaliar sua adesão, sua prática e sua validade diante da estratégia do negócio.

A experiência me ensinou que não existe nada melhor como medida do que incluir questões relativas à divulgação e ao exercício dos comportamentos propostos nas Pesquisas de Clima ou Engajamento e nos instrumentos utilizados para avaliar o comportamento e a ação de líderes e colaboradores.

Trata-se do momento de medir a diferença entre discurso e prática. Se houver um processo que facilite e proteja os respondentes, a verdade deve aparecer. Às vezes, os resultados desses levantamentos trazem à tona uma verdade que pode machucar. "A única verdade é a realidade", dizia Aristóteles. Nesses casos, os resultados coletados devem merecer uma discussão ainda mais cuidadosa e uma análise mais profunda para as correções que forem necessárias, seja em nível coletivo seja individual, para colocar as coisas no rumo certo.

Para avaliar a validade do conteúdo da missão, da visão e dos valores para a estratégia do negócio, o caminho mais indicado é questioná-lo exatamente durante o processo de revisão do Planejamento Estratégico para ver se ainda atende à realidade e às necessidades do negócio.

Há uma tendência, por comodidade ou temor, de não querer mexer nos elementos seminais da Cultura, que alinham todos os demais componentes. Os mais conservadores tendem a tratá-los como cânones definitivos, ou dogmas inquestionáveis. Em tempos tão turbulentos como os atuais, com movimentos contínuos, e por vezes radicais, do mercado e da concorrência, que exigem mudanças rápidas de estratégia, a pergunta a ser feita é muito simples: ainda atendem a estratégia revisada ou devemos alterá-los para apoiá-la?

Se houver alteração da estratégia do negócio que exija a revisão desses elementos, e esse fato não acontecer, o comportamento organizacional vai se tornar absolutamente esquizofrênico. A organização estará querendo ir para um lado e o comportamento dos líderes e das equipes caminharão em outro sentido.

Decidindo-se pela revisão de seu conteúdo ou de sua forma, haverá a necessidade de pensar em uma estratégia apropriada para a condução das consequências. É uma mudança tão estratégica quanto uma alteração de estrutura, processo ou pessoas. É algo que pode mudar a essência de ser da organização e, de imediato, tem reflexos e consequências sobre todos os processos de negócio e demais elementos da Cultura da empresa. Causa um verdadeiro efeito dominó.

Não se trata apenas de comunicar o novo texto resultante. Exige uma profunda análise de suas consequências em todos os processos de negócio e nos demais instrumentos da Cultura. Merece um cuidadoso projeto de gestão de mudança.

Cultura, enfim, é um tema muito complexo. É um organismo vivo, que sustenta a estratégia e que tem de se adaptar a ela e aos seus movimentos e, de outro lado, exige que líderes e equipes se ajustem às suas mudanças para viabilizar os resultados desejados. Geri-la com a dimensão merecida, para obter os resultados que ela pode proporcionar, para transformar o discurso na prática, exige disciplina, controle, determinação e coragem. Isso não acontece por acaso, dá um trabalho imenso, mas o resultado faz valer a pena! Para reforçar, quero encerrar este capítulo com uma fala muito importante de Ronaldo Iabrudi, Otto Levy e André Johannpeter.

Tudo se replica – Cultura

Cultura também é reflexo da liderança. Tudo se replica. Se eu cancelo com você uma reunião, claro que você se sente totalmente a vontade de cancelar outra reunião com o time de baixo. Se eu não vou a uma reunião do cliente, os vendedores falam: se o presidente não pode ir, eu também não vou. E isso vale para todos os processos na organização. O líder é o responsável pela disciplina, pelo Modelo de Gestão, pela Cultura e pelos valores da organização.

Ronaldo Iabrudi

Tem de acreditar

Eu até não tinha essa opinião, mas mudei. Eu acho que, efetivamente, criar uma Cultura é um negócio importante. E pode ser fácil ou difícil. Depende do tipo de pessoas que você tem. Se você quiser criar uma Cultura de hipocrisia, fala coisas nas quais não acredita, fica focado só nas fórmulas, você vai ter um trabalho gigantesco e não vai gerar resultado nenhum. Em compensação, se a Cultura é o reflexo das ações das pessoas e das crenças delas, vai gerar os comportamentos para atingir os resultados.

Otto Levy

Cultura é resultado do líder

Não adianta. Se o líder falar uma coisa e fizer outra... O discurso não sobrevive sem a prática.

André Johannpeter

CAPÍTULO 15

GESTÃO DO CLIMA – Garantia de comprometimento

A força de um exército, como a energia em mecânica, é obtida multiplicando-se a massa pela velocidade. A marcha rápida aumenta o moral da tropa e, assim, há muitas chances para a vitória.

Napoleão Bonaparte

Na citação anterior, pode-se traduzir moral da tropa como a condição mental e emocional de um grupo, representada por seu entusiasmo, sua confiança e sua lealdade com relação à função ou à tarefa que se tem pela frente. É a disposição de espírito para enfrentar as adversidades, os momentos mais difíceis, e vencer o inimigo. O moral da tropa é o diferencial competitivo para levar à vitória. É a arma secreta do comandante da tropa, do líder. E o que é gerir o clima se não administrar o moral da tropa?

Uma pergunta que surge a esta altura do nosso livro: objetivamente falando, qual é a importância estratégica da gestão do clima dentro de uma Cultura de Resultados? Faço a pergunta porque, ainda hoje, nas empresas, a gestão do clima é percebida pelos mais desavisados como algo cosmético para melhorar o ambiente de trabalho. Mais uma daquelas novidades de RH, mais "conversinha de RH".

O termo "gestão do clima" aparece na linguagem de RH, de forma mais enfática, nas últimas duas décadas, como algo inovador, motivado pelas conceituações teóricas desenvolvidas na academia e publicadas na literatura especializada e pelo instrumento Pesquisa de Clima transformado em produto pelas consultorias.

Na história da humanidade, tem sido o elemento-surpresa na vitória dos grandes generais, quando em situações de inferioridade de contingente de tropa ou de recursos materiais. Sua importância estratégica na arte bélica é reconhecida desde sempre. Novidade foi sua conceituação teórica, que lhe deu dimensão estratégica como instrumento da Gestão de Pessoas para a obtenção dos resultados da empresa.

Clima organizacional é resultante de um conjunto de fatores mensuráveis do ambiente de trabalho, que são percebidos pelas pessoas que vivem e trabalham nele. Superando abordagens tradicionais, ele influencia sua satisfação e sua motivação e, como consequência, seu comportamento e seu comprometimento.

O comprometimento se expressa, positivamente, pelo forte reconhecimento dos valores da empresa, do orgulho de pertencer a ela e de participar de sua construção, da satisfação com as condições de trabalho e do próprio desenvolvimento, e com a forte identificação com a liderança.

Como nas tropas, de todos esses sentimentos brota um impulso interior, uma forte motivação para superar os obstáculos e alcançar os resultados desejados. Na interação, o clima influencia o indivíduo e por ele é influenciado.

Quando gerido, de forma planejada e consciente, pelos líderes por intermédio da gestão de seus fatores condicionantes, ele resulta em um ambiente que potencializa o comprometimento de todos, com a organização e com seus objetivos.

Contudo, quais são os tais fatores condicionantes a ser administrados pelos líderes, que mais interferem em seu resultado?

São muitos e têm peso diferente e nível de influência diversa, de indivíduo para indivíduo. Vão desde as condições do ambiente físico e o contrato de trabalho em si, às políticas de remuneração, passando pelas práticas de gestão, as oportunidades de desenvolvimento e de carreira, chegando às práticas dos valores e ao próprio estilo de liderança. É uma relação sem fim.

Gerir o clima é bem mais do que apenas criar um bom ambiente de trabalho, como pode ainda parecer para alguns. Contudo, sua relevância se aplica em qualquer Modelo de Gestão. Não foi por acaso que as consultorias passaram a chamar a Pesquisa de Clima de Pesquisa de Engajamento.

Estudos da Fundação Getulio Vargas (FGV), que tomam como base as melhores empresas para se trabalhar, portanto, com os melhores índices de favorabilidade em suas pesquisas de clima, indicam que, no período de oito anos, de 1997 a 2005, essas empresas apresentaram índices de lucratividade e de rentabilidade sobre o patrimônio líquido muito superiores à média das 500 maiores empresas do Brasil.

Como se vê, o comprometimento afeta exponencialmente o desempenho dos indivíduos, tendo consequência imediata nos resultados. Alguns dos líderes que entrevistamos chegam a afirmar que comprometimento não soma, multiplica o resultado. Pelo exposto e respondendo à questão apresentada no início deste tópico, a importância estratégica da gestão do clima para uma Cultura de Resultado reside nas seguintes razões:

- A gestão do clima leva à potencialização do comprometimento dos indivíduos e das equipes.
- O comprometimento gera maior desempenho.
- Maior desempenho eleva os resultados.
- Resultados melhores melhoram ainda mais o clima, gerando ainda maior comprometimento.
- Comprometimento aumentado vai gerar melhor desempenho.
- Desempenho melhorado potencializa ainda mais os resultados finais.

O senhor do clima

Ventos e trovoadas pela frente, risco iminente de tempestade. O tempo está sempre mudando e o clima parece não se firmar. Como administrar o clima nessas situações? Há certa tendência de entender gestão do clima como algo associado à Pesquisa do Clima e as ações dela decorrentes. É uma armadilha, verdadeira falácia.

Gerir o clima é uma tarefa diária do líder. Ele é o principal agente responsável pela obtenção de um ambiente organizacional estimulador, que oportunize desafios e possibilite a realização das pessoas. É sua missão conseguir desempenho diferenciado e superar as metas, mesmo quando o cenário no lado externo – o mercado – não está com boas perspectivas.

Gerir o clima por intermédio de ações corretivas, em cima dos resultados da pesquisa, por vezes, é a parte mais fácil da história. Difícil é manter o moral da tropa no auge da batalha, nos momentos de tempestade, quando começa a faltar força, quando é necessário esforço adicional para superar os desafios. É um trabalho cuidadoso, de sensibilidade, por meio de seus ouvidos e de seu olhar atento, de sua capacidade de análise e decisão rápida, observando a reação e os sentimentos dos indivíduos e das equipes diante das dificuldades, para não "deixar a peteca cair".

Essa é a função do líder. Ele está ali no comando para esses momentos. Em céu de brigadeiro, o avião voa sozinho, em piloto automático. Ele deve usar seus sentidos, continuamente, para captar os sinais do tempo, interpretá-los e tomar decisões para ajustar o clima. É uma tarefa diuturna.

Em todas as situações, o líder deve transformar os contatos individuais, o diálogo, a proximidade entre líderes e equipe, assim como as reuniões de trabalho, em excelentes oportunidades para a identificação de sentimentos e de possíveis problemas, para a correção e o alinhamento das percepções e para a promoção da qualidade do clima.

Cuidar do clima é cuidar da tropa e de cada soldado. É reconhecer a existência de cada indivíduo da equipe e preocupar-se com seu estado de espírito, sua satisfação e sua realização. O líder administra as intempéries muito além da Pesquisa de Clima. Ele é o senhor do tempo.

Sinalizador da rota

Cultura organizacional define o jeito de ser, existir, funcionar e obter resultados de uma organização. Ela é a base do clima. Ela o sustenta e o alimenta. O clima é seu reflexo, é a maneira como sua prática é percebida pelos colaboradores em todas as dimensões e todos os efeitos no comportamento dos líderes e de suas equipes. Clima é uma fotografia instantânea de satisfações e insatisfações, das frustrações e das expectativas dos colaboradores.

Na Cultura organizacional, por sua profundidade e seu grau de sedimentação, as mudanças levam mais tempo para acontecer, ou por vezes, não acontecem. No clima, com motivos mais expostos, fica mais fácil de ser percebidas as necessidades de mudança, seja pela observação e sensibilidade do líder, seja pelos resultados da Pesquisa de Clima. Isso permite uma atuação direta sobre suas causas, para transformá-lo e recolocá-lo no equilíbrio, levando seus resultados para dentro da Cultura.

A Cultura é um grande iceberg submerso. O clima é a ponta aparente desse iceberg, que o reflete para a superfície e que também leva para dentro dela as condições climáticas a que está exposto. É uma relação biunívoca e interdependente. O clima é influenciado e influencia a Cultura pelos comportamentos e pelas ações de seus agentes, os líderes e seus subordinados. É sempre uma ponta do iceberg, um grande sinalizador da rota ideal para a Gestão de Pessoas.

Instrumento para o ajuste fino

Em meteorologia, clima é o estudo das condições médias do tempo medidas em certa localidade e dentro de um período. Para isso, entre outras condições, são suas variáveis temperatura, pressão do ar, umidade, precipitação de chuva, presença do sol e dos ventos, que influenciam a vida e as atividades do homem.

Nas organizações, as pesquisas de clima medem as condições médias daquelas variáveis determinantes do ambiente de trabalho dentro de determinado período. Repetindo Deming, "O que não se mede não se gerencia". Também para gerenciar o clima, precisamos de dados e fatos. É a função da Pesquisa de Clima: avaliar, dentro de determinado período, a percepção e os sentimentos dos colaboradores naqueles principais elementos condicionantes de sua satisfação e motivação, que interferem em seu comportamento e, consequentemente, em seu comprometimento. Por isso, elas também são chamadas de Pesquisas de Engajamento.

Participei da construção, da implantação e da revisão de várias pesquisas de clima, em todas as fases. Passo, a seguir, alguns pontos que usei como orientação que julgo terem ajudado para o sucesso dessas pesquisas:

- Pesquisa de Clima é o instrumento formal para obter de todos os colaboradores as informações que possibilitem o aperfeiçoamento da gestão das pessoas, do ambiente de trabalho e do clima organizacional. Ela não substitui a percepção e o olhar do líder no dia a dia. Ajuda, complementa e, por vezes, pode corrigir sua visão.
- Para que ela consiga cobrir os campos que se pretende abranger, faz-se necessário que seu conteúdo possua questões suficientes que permitam avaliar o discurso e a prática da organização quanto à visão, à missão, aos valores, e identificar a efetividade das práticas de Recursos Humanos. E que possibilitem, ainda, verificar a atuação dos líderes no dia a dia, na Gestão de Pessoas.

- Na definição das questões, deve-se buscar a participação dos principais líderes, para que sejam incluídas aquelas que cubram suas maiores preocupações.
- Deve ser instrumento de credibilidade, na medida em que respeita a confidencialidade dos respondentes e garante o sigilo no tratamento de seu conteúdo. A eles deve ser permitido expressar, de maneira legítima, seus sentimentos, sem nenhum tipo ou risco de retaliação.
- Para garantir a credibilidade e a confidencialidade dos dados e proteger o sigilo dos respondentes, a contratação de terceiros para o processamento e a tabulação dos resultados é a forma mais simples e mais segura.

Compete ao RH, como órgão de apoio às lideranças:

- Coordenação para a definição das questões da pesquisa.
- Definição do cronograma de sua execução.
- Coordenação da comunicação da realização da pesquisa.
- Logística para sua aplicação.
- Tabulação de dados, com apoio de terceiros.
- Orientação aos gestores na elaboração dos planos de ação.
- Comunicação às suas equipes.

Os gestores, com apoio e acompanhamento de RH, são responsáveis por atuar sobre os pontos de insatisfação detectados, desenhando, propondo e/ou implementando planos de ação necessários às suas áreas.

Embora o processo sigiloso de todas as etapas possibilite aos participantes um momento raro de catarse, ainda assim a Pesquisa de Clima não substitui os olhos e os ouvidos dos líderes para prospectar as necessidades e auscultar os anseios e as aspirações de seus liderados. É um instrumento que os ajuda, dando-lhes feedback sobre a percepção e os sentimentos nos vários campos que afetam seu desempenho, ora identificando *gaps*, ora reforçando sua liderança.

Sua correta utilização permite as correções necessárias para garantir o sucesso da liderança e do processo de Gestão de Pessoas. É o ajuste fino na Gestão de Pessoas e na liderança das equipes.

Fugindo das armadilhas

As várias edições das Pesquisas de Clima que coordenei me trouxeram algumas lições essenciais para seu sucesso. Seguem algumas delas.

Periodicidade da pesquisa

Hoje, diferentemente do que pensava antes, julgo que a periodicidade da pesquisa deve ser a do tempo necessário para as respostas dos problemas levantados. Penso que a cada dois anos seja um tempo mais adequado. Fazer uma nova pesquisa, sem ter dado resposta adequada à anterior, põe em risco a credibilidade e a confiança dos respondentes.

Questionário

A montagem do questionário é o ponto de partida, que define o sucesso da pesquisa e oferece oportunidades para o erro. Assim, qualquer escorregão metodológico pode causar danos irreparáveis nos resultados, prejudicando os objetivos propostos.

As questões devem ser elaboradas com rigor técnico para que não induzam as respostas. Ou seja, questões neutras, não tendenciosas. A extensão do questionário e a clareza das questões devem estar adequadas aos recursos e ao nível de compreensão de todos os colaboradores.

Além disso, a constituição de uma comissão, com participação de representantes de várias áreas, para definir temas a ser explorados e para avaliar a extensão, a profundidade e a qualidade das questões foi de grande ajuda nas minhas experiências.

Nesse momento, há que ter em conta que, para cada tema levantado, a empresa está se propondo a ouvir e a avaliar o resultado e a propiciar algum tipo de posicionamento. Não se pode levantar questão para a qual não se possa, ou não se deseje, dar resposta ou solução. Deve existir a clara intenção de enfrentar os problemas levantados e de fazer as mudanças que se fizerem necessárias para ajustar o clima.

É uma via de mão dupla entre empregados e empresa. De um lado, devem vir as respostas e os posicionamentos dos colaboradores, e de outro, em sentido contrário, devem voltar ações da empresa a fim de dar uma solução ou retorno para atender à expectativa levantada.

Aplicação da pesquisa

Não foi raro, na minha experiência, ter ouvido denúncias da ação de líderes, principalmente em níveis operacionais, para criar algum tipo de constrangimento da equipe no preenchimento da pesquisa, induzindo os participantes a respostas positivas, buscando, dessa forma, um índice mais favorável para a área e, por consequência, para sua liderança. Na dúvida, indague, faça algum tipo de acompanhamento e, no extremo, se julgar pertinente, despreze os dados manipulados, para evitar a contaminação dos resultados.

Tabulação

Deve-se enfatizar que é a oportunidade dos respondentes expressarem, de maneira legítima, suas percepções e seus sentimentos em prol da melhoria das condições do ambiente de trabalho, sem nenhum tipo ou risco de retaliação. E também assegurar, por meio da participação de terceiros, que o sigilo será respeitado.

Relatórios de resultados

Os relatórios de resultados serão abertos por tema, com médias gerais da empresa, da área e do setor, para permitir uma avaliação relativa do desempenho em vários níveis. Será possível acessar resultados globais, por operação, processos, áreas e até por setor, desde que o número mínimo de respondentes seja suficiente para garantir a confidencialidade do processo. Por exemplo, um setor que tenha cinco respondentes não deverá ter seus dados abertos para evitar esse risco.

Análise dos relatórios

Os relatórios gerais deverão ser analisados pela mesma comissão que definiu as questões e as avaliou. Caberá a ela a avaliação do conjunto e a eleição dos temas que merecerão maior atenção das ações e das respostas da empresa.

Serão definidos como prioritários os cinco temas julgados de maior relevância e com os índices de favorabilidade inferiores a uma expectativa mínima. Cada tema poderá ter definido um índice mínimo em função da média do mercado em que a empresa atua.

Planos de ação

Esses relatórios serão avaliados nos diversos níveis pertinentes – da empresa, da área ou do setor –, e, para os cinco temas julgados prioritários com níveis abaixo da favorabilidade mínima, será definido um plano de ação, com prazo e responsáveis. O cumprimento rigoroso dos planos de ação é o melhor aval para as pesquisas.

Comunicação dos resultados

Os relatórios deverão ser apresentados para todos os respondentes, incluindo os dados da empresa, da área e do setor, valorizando os cinco melhores índices de favorabilidade e os cinco menos pontuados. Para os cinco menos pontuados será apresentado o plano de ação com os responsáveis e o prazo, bem como a forma e a periodicidade de acompanhamento nas reuniões de resultados.

Acompanhamento dos planos de ação

Os planos de ação devem ser acompanhados trimestralmente nas reuniões de resultados, com os resultados, a análise de desvio e o relatório das três gerações. Como se vê, por sua importância estratégica na condução da satisfação e da motivação e do consequente comprometimento dos colaboradores, a prática da Pesquisa de Satisfação é algo que exige cuidado, método e disciplina. Todo cuidado é pouco para fugir das armadilhas.

O que é clima organizacional?

Otto Levy, Ronaldo Iabrudi e André Johannpeter respondem à essa pergunta com a visão necessária aos líderes que, hoje, mais do que nunca, devem preservar as condições favoráveis ao clima da organização.

O que é o clima?

Para mim, o clima mede o grau de adesão da companhia e das pessoas aos valores e à visão. Se meu clima é ruim, há algum problema, uma desconexão entre o que eu falo e o que eu pratico. E isso gera infelicidade nas pessoas.

Otto Levy

Na pressão

Não existe resultado diferenciado sem pressão. O cara tem de estar na pressão. Tem de estar. Por que o nível de adrenalina sobe quando você vê um perigo? Para que você reaja com uma velocidade e uma capacidade muito maiores.

Ronaldo Iabrudi

Empresa sem resultado pode ter gente feliz?

Clima não pode ser uma coisa esquizofrênica. O clima é em função de resultado. Não pode ter uma empresa com resultado ruim e pessoas felizes.

Ronaldo Iabrudi

Alinhamento e justiça

Em 2011, a companhia (Magnesita) não atingiu o gatilho. O presidente não fez a nota. Então, não pagou bônus para ninguém. Ninguém pediu demissão. Ninguém ficou feliz. Contudo, ninguém falou que foi injusto.

Otto Levy

Empresa de dono tem clima melhor?

Nós estamos envolvidos emocionalmente. O dono não é apenas um investidor. Ele gosta do negócio, tem relação com as pessoas. É um jeito diferente. Eu não sei trabalhar em outro clima. Nossa pesquisa de clima mostra boa favorabilidade e queremos manter, mas com trabalho seguro e resultados financeiros.

André Johannpeter

PARTE 5

DESVENDANDO O TRIÂNGULO – Liderança

CAPÍTULO 16

LIDERANÇA

Tudo começou pela liderança que, dentro do triângulo, é a parte principal. A liderança é o ponto de início e o meio pelo qual todos os esforços confluem e, por intermédio dela, o insumo principal do esforço organizacional, o RESULTADO DO NEGÓCIO, acontece. É na liderança que todos os demais aspectos da organização se encostam e se apoiam e, por ela, conectam-se. É a base do equilíbrio do todo. É a causa e o efeito. O começo e o fim.

Minha questão inicial era: o que os acionistas esperam de seus investimentos? Da resposta imediata – resultados –, e de outras questões levantadas em sua sequência, surgiu o triângulo da liderança e seus componentes: resultado, comprometimento e desempenho. Os demais, que surgiram em seguida – estratégia do negócio, sistema de gestão e Gestão de Pessoas –, nasceram como elementos de apoio à liderança, como forma para obter o desempenho e o comprometimento das pessoas e, assim, gerar os resultados desejados.

Esse triângulo é a **causa** de todos os demais e, igualmente, é o **efeito** de todos eles. Nenhum dos outros triângulos, que nele se apoiam e que formam o grande Triângulo Transformador, funciona, consistente e integralmente, sem a ação e a participação da liderança.

O que se pretende com todo o esforço organizacional é o resultado em suas diversas dimensões. E também é a razão de ser da liderança: obter RESULTADOS por intermédio do COMPROMETIMENTO e do DESEMPENHO das PESSOAS.

Depois de definidos os componentes essenciais para a liderança, busquei, com alguns colegas da Magnesita, entender melhor como eles funcionariam dentro da Cultura de Resultados do GP. O que concluí:

Líderes que agem alinhados pelos valores e pela estratégia do negócio, comprometidos com o sistema de gestão e orientados para pessoas, conseguem dos colaboradores o comprometimento pleno (pessoas e equipes realizadas e desafiadas pelas metas, comprometidas com o Sistema de Gestão e identificadas com os valores e a Cultura), que os leve a um desempenho superior (pessoas e equipes que desempenham melhor do que ontem, melhor do que as metas negociadas, melhor do que o concorrente), que gera resultados para o negócio – Lucro/EBITDA/ROCE, *market value* e, acima de tudo, sua perpetuação.

Lendo o que se esperaria da liderança nesse triângulo, começou a ficar mais claro para mim o que era a Cultura de Resultados do GP e, diga-se, não parecia nada diferente da Gerdau, a Cultura da superação contínua e da insatisfação permanentes.

Não se chega à qualidade e à intensidade dos resultados desejados em cada um dos componentes, a não ser pela ação consistente da liderança pela utilização dos mecanismos à sua disposição no sistema de gestão e na Gestão de Pessoas. Mecanismos que ajudam, mas não resolvem tudo.

Os resultados serão tanto maiores quanto maior a qualidade da liderança que conduz, orienta, capacita, desafia, motiva e compromete a todos. É uma tarefa diária, sem linha de chegada. Liderança é o começo e o fim, e sua má qualidade pode decretar o começo do fim!

Os três pilares da liderança

A saída da liderança, seu *output*, é o resultado, que será tanto maior quanto mais elevados forem o comprometimento e o desempenho das pessoas e das equipes. Como já afirmei, comprometimento é resultado da Gestão de Pessoas, e desempenho é resultado do sistema de gestão.

Os três componentes do triângulo central – comprometimento, desempenho e resultado –, interdependem e se reforçam continuamente, formando o círculo virtuoso do Modelo de Gestão e garantindo o crescimento e a perpetuação do negócio. Zelar pelo comprometimento e pelo desempenho de todos na organiza-

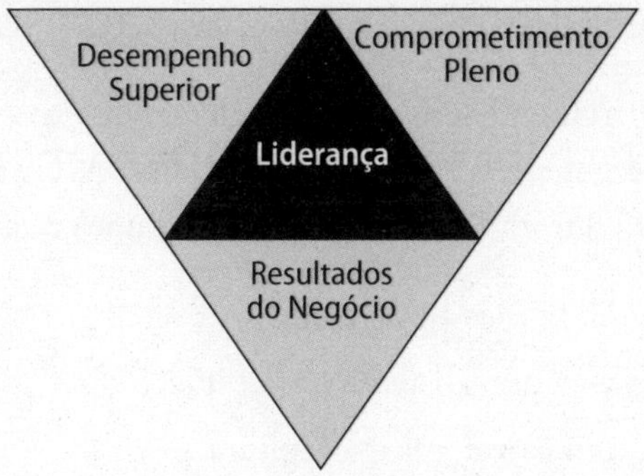

ção e, consequentemente, pelo atingimento do resultado é a própria razão de ser da liderança.

No triângulo invertido, que tem a forma de um diamante, a liderança exerce o papel principal, cuidando da criação e da manutenção desse círculo virtuoso. Resolvi denominá-lo de diamante da coroa.

Além disso, ela é a figura central na construção e na reafirmação do Modelo de Gestão, por meio de sua atuação firme e eficiente no funcionamento de cada um dos componentes dos demais triângulos.

É, em especial, pelo exemplo pessoal no dia a dia que, fractalmente, ele se replica no comportamento de seus liderados, como um espelho que, mirado, multiplica sua imagem infinitamente dentro da organização.

Resultado do negócio: a meta de todos

O que todo acionista espera de seu investimento? Retorno, representado na empresa pelo resultado, que é a meta maior, o efeito desejado para todo o esforço do Modelo de Gestão. Ele pode ser medido de várias formas, dependendo do que se deseja ver e com que perspectiva: EBITDA, ROCE, lucro etc.

Em empresas abertas, os resultados, mormente o EBITDA, influenciam o *market value*, gerando a valorização do investimento feito, oportunizando seu crescimento e garantindo a perpetuação do negócio.

Pensando assim, o principal *output* do Modelo de Gestão deve ser o resultado do negócio. Dentro dessa dimensão ampla, muito além dos números do balanço anual, eu o coloco como a principal saída do filtro que é o triângulo central.

Comprometimento pleno – multiplicador essencial

No vértice direito do triângulo original, complementando o que tinha escrito no começo de tudo, acrescentei PLENO ao COMPROMETIMENTO, para dar a dimensão desejada que traduzi como pessoas e equipes que agem:

- Realizadas e desafiadas pelas metas.
- Comprometidas com o Sistema de Gestão.
- Identificadas com os valores e a Cultura.

A experiência mostra que um Sistema de Gestão sustentado por um modelo condicionante de castigo e recompensa pode chegar às metas desejadas, as quais podem ser superadas se houver o comprometimento pleno das pessoas e das equipes.

Os melhores líderes que conheci e os que conseguiram mais de suas equipes foram os que apresentavam atuação pessoal no envolvimento das pessoas, tratando cada uma em suas necessidades, utilizando conceitos e ferramentas de RH. Penso que gerar comprometimento é o grande desafio dos líderes e sempre será seu grande diferencial.

Desempenho superior – ultrapassando os limites

No vértice esquerdo ao desempenho, acrescentei SUPERIOR ao DESEMPENHO e dei a dimensão com a seguinte explicação:

Pessoas e equipes que desempenham, todos os dias:

- Melhor do que ontem.
- Melhor do que as metas negociadas.
- Melhor do que os concorrentes.

Em uma Cultura de Resultados, como na Gerdau e na Magnesita, a superação contínua é a atitude desejada de todos os líderes e todas as equipes. Desde a definição dos objetivos estratégicos até a definição das metas individuais, o comportamento básico é o de acreditar no potencial do negócio e das pessoas e de explorá-lo ao máximo.

Em busca do líder transformador

Depois de termos passado por todos os elementos e todos os componentes do Triângulo Transformador, principalmente, pelo triângulo central da liderança, fica claro que, para o Modelo de Gestão e Liderança de que estamos falando, não basta ser um líder eficaz, aquele que obtém das pessoas o melhor que elas podem dar para atingir seu melhor resultado. O modelo proposto exige mais. Clama por um **líder transformador.**

Líder transformador é aquele que obtém das pessoas o melhor do que elas poderiam dar para potencializar seu máximo resultado. Ele é um catalisador que transforma o potencial em realidade. Transforma, por meio de sua atitude e sua ação, o comprometimento pleno em desempenho superior para obter os resultados desejados.

Ou seja, utiliza o melhor de si e do potencial de cada um de sua equipe para transformar os objetivos e as metas da empresa em resultados, aspirações dos indivíduos em realidade, e, assim, indivíduos em pessoas realizadas e a companhia em empresa vencedora.

Para conduzir nosso modelo, estamos em busca desse tipo de líder.

Se tomarmos como exemplo aqueles líderes que já citamos, que transformaram a vida de suas empresas e de seus liderados, como Robert Haas, da Levi Strauss, Lou Gerstner e Sam Palmisano, da IBM, Jack Welch, da GE, Ken Iverson, da Nucor, e Herb Kelleher, da SouthwestAirlines e agora também citamos e incluímos, Jorge Gerdau, Fersen Lambranho, Ronaldo Iabrudi e André Johannpeter, nossos líderes nessa caminhada, vamos descobrir muitas características em comum em suas práticas de liderança:

- **Compartilhar sua visão, seus sonhos e suas aspirações com os liderados.**
- **Conhecer as necessidades e as aspirações de seus seguidores e prometer um caminho para sua realização.**
- **Obter a plena adesão dos liderados por meio de seu comprometimento mútuo.**
- **Acreditar em seus seguidores e reforçar seus potenciais.**

- **Prometer recompensa aos seguidores fiéis e àqueles que tiverem melhor desempenho.**
- **Dar o testemunho de fé em sua crença, servindo de exemplo.**

Para eles, o exercício da liderança é mais do que gerir processos, metas e resultados. Trata-se de criar uma relação harmônica, integrada e interdependente entre empresa e colaborador, líder e seguidor, que dela resulte o círculo virtuoso infinito do Comprometimento-Desempenho-Resultado.

Feito em casa

A busca por novos líderes é contínua e necessária para a perpetuidade da companhia. Até porque as companhias de sucesso, todas as que eu conheço, formam seus CEOs dentro de casa. A companhia, quando busca um CEO na rua, está, na prática, dizendo que está com problemas. E que fracassou.

Fersen Lambranho

As bonequinhas russas

O líder precisa se cercar de pessoas melhores que ele. É igual àquela história da bonequinha russa, a Matryoska. Quando você pega uma pessoa medíocre, ela sempre tenta pegar uma pessoa pior do que ela para trabalhar. Sempre bonecas menores. Se você pega uma pessoa brilhante, ela sempre tenta pegar bonecas maiores, a sua organização cresce. O líder sempre se replica em todos os momentos, por intermédio de suas decisões, de suas ações e, principalmente, de seu exemplo.

Otto Levy

Equilíbrio entre a razão e o coração

No fim das várias apresentações que fiz aos líderes das novas empresas adquiridas pela Magnesita sobre a Cultura GP de Gestão, eu sempre usava a figura a seguir para mostrar que o modelo demandava dos líderes a utilização equilibrada dos dois lados do cérebro, no desempenho de seu papel. Ser líder, dentro do modelo, exige o equilíbrio entre eles.

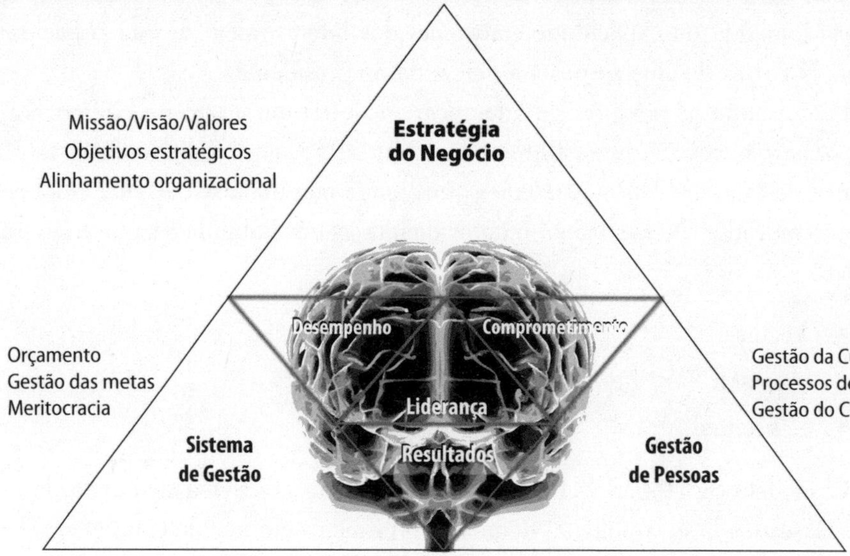

Pensando no líder como figura central, **o cérebro é a Estratégia do Negócio,** desempenha o papel de sistema nervoso central da empresa. O **Sistema de Gestão** demanda seu lado esquerdo do cérebro, responsável pela racionalidade, números e Matemática, pela **RAZÃO**, enquanto a **Gestão de Pessoas** demanda seu lado direito, responsável pelas artes e pela imaginação, pela **EMOÇÃO**. Razão e emoção para gerar o equilíbrio.

Hoje, olhando de novo a mesma figura, vem à minha mente outra experiência. De imediato, lembro-me do modelo de liderança que utilizamos, quando desenvolvemos o primeiro modelo de Competências de Gestão da Gerdau.

Quando iniciamos o projeto, em conversa com Jorge Gerdau, presidente na época, ele trouxe uma clara preocupação em alterar o perfil gerencial da empresa. Ele achava que os líderes, em grande parte engenheiros, tinham bastante competência técnica, mas faltava-lhes muita competência humana para entender e gerir pessoas.

Uma indústria pesada, com grande importância do processo industrial, com estrutura bastante hierarquizada, tinha seu comportamento hipertrofiado pelo perfil técnico e racional de seus principais executivos.

Naquele momento, quando a empresa estava se organizando por processos e já criara Células Operacionais e Células de Negócio, em que o principal componente de funcionamento era o trabalho em time que focalizava as pessoas como os principais agentes dos resultados, as relações entre os níveis exigiam mais da competência humana, da capacidade emocional dos líderes, além de sua capacidade técnica. Fui atrás de uma resposta à demanda do presidente.

Pesquisando os modelos de liderança, encontrei um artigo de Robert Katz, Skills of an Effective Administrator, escrito em 1955, mas incluído entre os 100 Clássicos da *Harvard Business Review*, que ainda mantinha-se bastante atual pelo conteúdo inovador. Nesse artigo, o autor definia as três habilidades que todo líder deve ter:

- Técnica.
- Humana.
- Conceitual.

O modelo de Robert Katz trazia uma resposta objetiva à demanda da empresa. Baseados nessa tipologia, definimos o primeiro modelo de competências da Gerdau, que se popularizou pela sigla THC, Técnica, Humana e Conceitual. Hoje, olhando o modelo proposto, eu me dou conta de que ele também exige do líder, que fica no centro do modelo, as mesmas competências que preocupavam Jorge Gerdau na época:

- Sistema de Gestão: competência técnica.
- Gestão de Pessoas: competência humana.
- Estratégia do Negócio: competência conceitual.

A história se repete. De novo, a busca do equilíbrio entre a razão e a emoção.

CAPÍTULO 18

RESULTADO DO NEGÓCIO – A meta de todos

Analisando os *cases* das empresas-referência, todos apresentam em comum algumas características, mas a principal é a de que seus líderes desejam, com verdadeira obsessão, que todos os esforços organizacionais estejam orientados para a obtenção dos resultados.

Essa orientação resulta em uma organização que busca desempenhos diferenciados e que alinha, por todo seu escopo, as metas, os desempenhos individuais e das equipes e o programa de meritocracia. Respira-se no ar um desejo expresso de busca de superação contínua, de vencer barreiras e ultrapassar limites. Uma Cultura de vencedores!

Examinando os vários *cases*, pude encontrar em todos eles, por meio da clara condução de seus líderes, as mesmas características:

- Objetivos, metas e resultados desejados são claros para todos.
- Todos, dentro da organização, sabem perfeitamente o que é esperado deles.
- As pessoas são envolvidas no estabelecimento dos objetivos e das metas, pelo processo de negociação, e, por isso, elas se comprometem.
- As pessoas podem negociar e determinar como vão alcançar as metas determinadas.
- São oferecidos os recursos e o apoio necessários para executá-las. É dado feedback do desempenho de cada um.
- Os desempenhos e os resultados são medidos, reconhecidos e premiados.

Os líderes têm uma atitude contaminante que envolve todos os níveis, que desafia continuamente as possibilidades do negócio e o potencial de cada um, criando uma clara conexão entre o desempenho individual, o das equipes e o das unidades com as metas da empresa e com os resultados desejados. São palavras-chave: desafio, metas, indicadores, desempenho, resultado e meritocracia.

Por intermédio da definição das metas, a organização gera desafios e estabelece o foco e as prioridades; com os indicadores, ela acompanha os resultados alcançados diante dos planejados; pela prática do PDCA, ela corrige os desvios e reforça as conquistas; e pela meritocracia, premia os melhores resultados.

Os componentes que definem esse tipo de Cultura geram alto nível de comprometimento de todos com o sucesso da organização e, ao mesmo tempo, criam uma atmosfera de pressão construtiva de "bater" as metas estabelecidas e, se possível, superá-las. Essa pressão para "bater as metas" deve vir junto com uma Cultura que busca "fazer as coisas certas" em todos os sentidos, inclusive não buscando os resultados a todo custo, com visão míope do curto prazo, colocando em risco o longo prazo da companhia.

Quando a organização consegue alcançar suas metas com consistência e obtém os resultados esperados, há um sentimento geral de satisfação, que gera uma transformação no ambiente. Alto desempenho gera mais alto desempenho. As expectativas da organização se tornam realidade e esse espírito contamina todos para desempenhar suas atividades ainda melhor e para levá-la mais adiante.

É o espírito daquilo que se chama de Cultura de Resultados, que encontrei na Gerdau e na Magnesita, e que transforma empresas em campeãs e indivíduos em vencedores.

Vejamos o que ouvi de André Johannpeter, Ronaldo Iabrudi e Otto Levy sobre o papel do líder na busca de resultados.

O líder deve sempre buscar mais

Aprendi com o Jorge (Gerdau Johannpeter) uma coisa muito importante. Ele faz isso o tempo inteiro. Pergunta e desafia. Esta é uma das grandes funções do líder. A gente sempre busca mais e comemora quando atinge a meta. E a frase da família é a seguinte: sempre podemos melhorar.

André Johannpeter

O risco do sucesso

Quando tudo está indo bem, o líder tem a responsabilidade de permanentemente achar novos desafios. Eu estou no conselho de uma empresa que todos os meses bate a receita, bate o EBITDA, bate o tíquete médio. Aí vem o risco do sucesso. O cara vai indo bem, vai indo bem... ele relaxa e... Precisamos sempre estar atentos, dentro de um macrocenário, ou na estrutura, ou na organização, para identificar os riscos e as oportunidades e trazer para dentro da organização, para análise e discussão.

Ronaldo Iabrudi

Técnico não joga bola, mas responde pelo resultado

Quem é o líder? O líder é o técnico. Agora, o técnico tem de ir lá jogar bola? Não, mas ele tem de dar feedback. Ele tem de orientar. Ele tem de estar na beira do campo acompanhando. Imagina um técnico ficar na sede do clube e o time jogando. Como é que pode? Ele está lá para mudar a tática conforme o resultado do jogo.

Otto Levy

Muito além dos índices e das cifras

Liderança existe para garantir o resultado! Essa é a primeira lição ensinada na Cultura da Gerdau e do GP. Para cumprir sua função de obter o comprometimento e o desempenho das equipes, o líder recorre aos demais triângulos:

- Estratégia do negócio para dar sentido e norte aos esforços.
- Sistema de gestão para garantir o melhor desempenho e o alcance das metas.
- Gestão de Pessoas para conseguir o alinhamento entre o indivíduo e a organização e obter o pleno comprometimento das equipes.

Quando apresentei ao Fersen, pela primeira vez, a figura do triângulo, valorizei como resultado principal o EBITDA e o *market value*, dentro da visão que eu tinha de qualquer *private equity*. Maior EBITDA, maior *market value*, maior valor de venda para a companhia. Visão de curto prazo: compra, faz a volta o mais depressa possível e vende para o próximo interessado.

Fersen me ouviu atentamente, respirou tranquilo e, em seguida, me corrigiu:

Diferentemente do que pensam a nosso respeito, nós queremos e valorizamos muito a perpetuação do negócio. Se não pensarmos assim, se não entregarmos um negócio sustentável, perdemos a credibilidade para outros negócios que venhamos a oferecer. O desejo maior de todo acionista é que a companhia cresça, desenvolva-se e tenha vida longa e próspera, perpetuando o retorno de seu investimento.

Essa lição me fez corrigir a visão míope que às vezes se tem sobre o pensamento do *private equity*. A visão, com perspectiva de longo prazo, fez com que eu refletisse mais sobre quais seriam os fatores a ser avaliados para medir o sucesso de um negócio, muito além daqueles índices financeiros tão conhecidos. Incluí, então, para fechar a lista, a perpetuação do negócio.

Lembrei-me, também, do discurso que tinha ouvido na comemoração dos 100 anos da Gerdau, ao revisar seu Planejamento Estratégico: “Precisamos estar preparados para os próximos cem anos”.

A perpetuação de seus empreendimentos é desejada pela Gerdau e pelo GP e deixa uma mensagem subliminar mais profunda. É uma visão de longo prazo extremamente desafiadora. Perpetuar o negócio implica, de forma objetiva, superar, todos os anos, por tempo indeterminado, os próprios níveis de eficiência e competitividade, equilibrando o binômio rentabilidade com crescimento, mantendo-se vivo e buscando vencer os concorrentes. Nem mais, nem menos! Esta foi uma boa lição que aprendi: para o empresário consciente de sua missão, resultado pode estar muito além dos índices e das cifras.

Resultado e perpetuação: análise de liderança

Enquanto conversava com Otto Levy, Fersen Lambranho, Ronaldo, Iabrudi, André Johannpeter e Jorge Gerdau, eles compartilharam sua visão sobre resultado e perpetuação do negócio, que acredito ser de grande preciosidade para mim e para você, leitor.

Resultado é aumentar o market value

Resultado para mim é aumentar o *market value* da companhia, porque se o *market value* está aumentando é porque ela é saudável financeiramente e o mercado reconhece. E seja qual for o indicador que você use para avaliar, em termos de negócios, esse tem de ser o objetivo.

Otto Levy

Private equity *é como adotar uma criança*

Private equity é igual a você adotar uma criança. Você adota essa criança, cujo pai você não conhece. Você a faz crescer, cria, faz dela um engenheiro. Um dia, ela vai para a vida. As empresas vão para a vida. Eu sou um pedaço, um momento. Se eu ficar na companhia, eu vou melhorá-la cada vez mais, na minha percepção. O modelo de negócio não permite que eu fique, tá certo? Contudo, eu diria para você que se há alguma coisa que não me deixa satisfeito com o que eu faço, é exatamente isso. Tem companhias das quais eu não queria sair nunca. Eu acho uma pena ter de sair.

Fersen Lambranho

Perpetuação: por que um Picasso vale tanto?

Por que um quadro do Picasso vale o que vale? Porque ele vai ficar para a eternidade. Por isso, ele vale tanto. Uma organização tem de ser preparada para o futuro, para a perpetuidade. Cada processo tem de ser otimizado permanentemente para a organização ficar melhor e, por decorrência, superar os concorrentes, e assim se perpetuar.

Ronaldo Iabrudi

Resultado versus *Perpetuação*

Eu costumo pensar em companhias não por dez anos. Eu penso em companhia por mil anos. Uma experiência que a gente não tem hoje, mas vai ter. Nós vamos ter companhias milenares daqui a alguns séculos. Nós as estamos construindo hoje, porém elas vão ser milenares. A vida das companhias vai ser muito parecida com a vida dos países.

Fersen Lambranho

Perpetuação é a própria estratégia do negócio

A principal diferença de uma companhia sem dono e uma empresa familiar é a perspectiva com que ela é orientada. As empresas familiares visam à perpetuidade, pensam em longo prazo. Então, como se busca a perpetuação do negócio? Por meio de uma clara definição de estratégia e/ou propósito do negócio.

Jorge Gerdau

Perpetuação e sustentabilidade

Em termos de perpetuação do negócio, nós praticamos o conceito da sustentabilidade. E o negócio só é sustentável, se for nos âmbitos econômico, social e ambiental. Senão, não existe. Nós trabalhamos – como todo mundo – com uma visão de resultados pelos indicadores econômicos e financeiros. No entanto, para nós, resultado não é só isso. A empresa é uma extensão comportamental e filosófica da família, dos valores da família.

Uma mudança que está em curso na Gerdau é a de olhar menos meio e mais fim. As pessoas estão percebendo e estão se alinhando muito. As próprias pessoas dizem: qual é a minha contribuição para o resultado? Se eu não tenho contribuição, o que eu estou fazendo aqui? E não só na usina. Porque se a meta de resultado for forte, cada um vai buscar na produtividade ou no custo, na despesa ou na receita.

André Johannpeter

CAPÍTULO 18

COMPROMETIMENTO E DESEMPENHO SUPERIOR

Como vimos antes, quanto maior for a competência do líder para convergir aspirações e desafios, maior será a adesão das pessoas e maior será seu comprometimento. A adesão e o comprometimento das pessoas aos desafios do negócio são proporcionais ao atendimento de suas necessidades e aspirações. O papel do líder é servir de ponte entre as necessidades dos indivíduos e as metas da organização.

Sem nenhuma ilusão, portanto, comprometimento somente acontece na medida em que indivíduos e equipes sintam suas necessidades, seus desejos e suas aspirações atendidos, ou seja, quando percebem do lado da organização o mesmo nível de comprometimento para com eles, em sua plena dimensão, obtendo pessoas desafiadas, bem remuneradas, reconhecidas e reforçadas pelos resultados que oferecem.

É um jogo de ganha-ganha, uma via de duas mãos, em retroalimentação contínua: comprometimento gera comprometimento. Esse comprometimento se apresenta por meio de sua pronta resposta aos desafios das metas estabelecidas, de sua plena adesão ao Sistema de Gestão e de seu total alinhamento aos valores e aos padrões da Cultura.

Essa foi, sem dúvida, uma grande descoberta na Gestão de Pessoas. Sempre acreditei ser o comprometimento um aditivo essencial para o desempenho das pessoas. Está comprovado que os três componentes – comprometimento, desempenho e resultado – interdependem e, em efeito circular, reforçam-se continuamente, criando um círculo virtuoso que garante o crescimento e a perpetuação do negócio.

Nas palavras de Otto Levy: "A liderança define a equipe e é por intermédio dessa equipe que ela obtém o resultado. E aí dá o conceito de comprometimento. Se o sistema sozinho funcionasse, cadeia recuperava as pessoas".

Conquistando mente, braços e coração

A diferença entre engajamento e comprometimento nos remete àquela batida historinha que fala da galinha e do porco que queriam montar um restaurante que serviria ovos e bacon como café da manhã. Cada um entraria com sua parte no negócio. No entanto, apenas a galinha estava engajada. Se o negócio não desse certo, tudo bem. Já o porco, bem, o porco tinha de estar completamente comprometido com o negócio, afinal para ter bacon, ele precisaria se sacrificar. De forma simples, comprometimento se resume aos três Hs dos norte-americanos: *Head, Hands, Heart*: mente, mãos e coração!

Comprometimento é a adesão e a lealdade à empresa, é como o empregado vincula seus sentimentos à organização. Significa quanto o indivíduo se identifica e se envolve com a empresa. O comportamento de um empregado comprometido se caracteriza por:

- Forte identificação com os valores, as políticas e as práticas da organização: MENTE.
- Disposição de dar algo importante a mais em benefício da organização: BRAÇOS.
- Forte desejo de continuar fazendo parte do negócio: CORAÇÃO.

Esse comportamento é resultante do que ele quer como pessoa na realização de seu trabalho, da coerência de seus valores com os praticados pela empresa e do que a empresa lhe oferece de oportunidade para a plena realização de suas aspirações – em termos do trabalho em si, de sua remuneração, das oportunidades de carreira, da maneira como é tratado pelas políticas de RH e por seu líder.

Sistema de Gestão gera desempenho, e Gestão de Pessoas gera o comprometimento, que se retroalimentam e potencializam exponencialmente para gerar o Resultado.

Capital emocional

Muito se fala de capital intelectual, mas pouco ou nada se fala de capital emocional das empresas. Durante muito tempo, incomodou-me o conceito cunhado por John Kenneth Galbraith. Ele define o capital emocional como o valor intangível de uma companhia, medido pela diferença entre o valor dado a ela pelo mercado e o valor real de seus ativos tangíveis. Ou seja, ele se torna o fator diferencial do valor de mercado de uma empresa.

Dentro dele, ele inclui o Capital Humano, entendido como os conhecimentos, as habilidades, o *know-how* e a expertise dos empregados aplicados para dar solução para os clientes e gerar valor para o negócio; o Capital Estrutural, entendido como os meios requeridos para compartilhar e transportar o conhecimento disponível, incluídos aí os sistemas de informação e de gestão, além da organização por meio da estrutura e dos processos e da propriedade intelectual, de marcas, patentes e dos direitos autorais, enfim todos os meios que podem alavancar a capacidade de os empregados gerarem resultado. Por fim, o Capital Relacional, entendido como toda rede com clientes e fornecedores, incluindo a fidelidade resultante da qualidade da relação.

Sentia falta de alguma coisa a mais no conteúdo gerador de valor para a empresa: não falava do coração dos colaboradores. Pensava comigo, *se existia a denominação de Capital Intelectual para os conhecimentos que possuem os empregados de uma empresa, que representa a razão, o lado esquerdo do cérebro, seria lógico que houvesse a denominação de Capital Emocional, que representa a emoção, o lado direito do cérebro, para o "afeto" que eles tinham pela empresa*.

Minha indagação, por certo, incomodava tantas outras pessoas pelo mundo. As descobertas, em qualquer campo, raramente são um ato simples e único, atribuído a uma única pessoa em um momento exato. As chamadas "descobertas simultâneas" podem ser explicadas pela convergência de diversos fatores presentes em certo momento histórico.

Meu incômodo teve fim em 2003. Steven Heyer, na época presidente da Coca-Cola, em uma apresentação para um pessoal de Publicidade e Propaganda, cunhou o termo Capital Emocional Externo, em contraposição ao Capital Emocional Interno. Ele se referia ao capital acumulado pela marca, resultante da relação afetiva criada pelos clientes, que era do que ele esperava que os profissionais da publicidade cuidassem mais.

Foi algo tão impactante que repercutiu de imediato na mídia norte-americana. Isso me pegou de surpresa, mas me deu uma resposta pela qual eu buscava havia muito tempo. Em seguida, o tema Capital Emocional, antes absolutamente ausente das discussões, começa a pipocar nas pesquisas na internet e autores começam a lançar livros sobre o assunto.

Se o Capital Intelectual é importante fator gerador de valor de mercado de uma companhia, agora começa a aparecer outro importante ativo, o Capital Emocional. Pode-se defini-lo como o conjunto de sentimentos, crenças, percepções que as pessoas têm quanto à companhia, sua Cultura e seus produtos. Este ativo emocional determinará como as pessoas vão trabalhar, vão se comportar e se envolver com os desafios e os objetivos da empresa. Esse capital vai ser o grande definidor do grau de comprometimento de colaboradores e clientes com o negócio.

A importância do Capital Emocional foi validada por recente pesquisa do Gallup, que envolveu 47 mil pessoas em 120 países. Esse estudo concluiu que existe uma poderosa relação entre o bem-estar emocional, o comprometimento dos empregados e a lucratividade. As empresas com altos índices de bem-estar emocional e comprometimento dos empregados, comparativamente aos seus concorrentes que não têm os mesmos índices, apresentam resultados em torno de 30% superiores em *market value*, produtividade, rentabilidade, segurança, rotatividade e absenteísmo, A constatação frustrante dessa pesquisa é a de que apenas 11% dos empregados nas empresas são plenamente comprometidos.

Esses dados revelam a enorme oportunidade que as empresas têm de alavancar seus resultados e todos os indicadores econômicos, cuidando de forma consciente e planejada de seu Capital Emocional. Sem medo de errar, podemos afirmar que o Capital Emocional potencializa, ao menos, em 30%, o Capital Intelectual pelo grau de comprometimento dos colaboradores.

Como cuidar do Capital Emocional? Para obter o comprometimento das pessoas, os líderes precisam conquistar profundamente o coração delas e atrair para a empresa seu Capital Emocional. Como fazê-lo? Isso não é trabalho simples, intuitivo, sem planejamento. Exige da liderança, consciência, disciplina e dedicação. Significa pensar nas pessoas, em suas políticas e nas práticas diárias, como um ativo e não apenas um recurso. De que maneira? No dia a dia, na relação entre líderes e liderados:

- Tratando as pessoas como investidores desse capital na empresa, remunerando-as com o reconhecimento e o reforço positivo.
- Oportunizando seu desenvolvimento pessoal e profissional.
- Construindo e mantendo um relacionamento aberto e consistente.
- Providenciando oportunidades de trabalho que atendam ao perfil e às expectativas das pessoas.

- Descobrindo e utilizando da melhor maneira os pontos fortes das pessoas, oferecendo-lhes funções e tarefas que signifiquem desafios pessoais, com metas claras e autonomia para sua execução.
- Reconhecendo a necessidade que todos têm de pertencer a um grupo, providenciando o trabalho em time.
- Criando um clima de confiança, comunicando com clareza e honestidade para todos como as coisas estão andando no negócio.
- Oportunizando desafios, mostrando os caminhos e oferecendo apoio para sua realização.

Anualmente:

- Medindo o nível de comprometimento pelo Índice de Favorabilidade das Pesquisas de Satisfação com os empregados.
- Tratando com seriedade e planejando ações para eliminar os *gaps* e cuidar dos os problemas detectados.
- Acompanhando os planos de ação e reportando os resultados.

Quando falamos em algum tipo de capital, sempre abordamos determinado valor aplicado em um ativo, do qual se espera algum tipo de retorno. No caso do Capital Emocional, quanto mais se investir para aumentar seu valor pela maneira de conduzir os colaboradores e os clientes, tanto maior será o retorno do investimento na produtividade e na qualidade de produtos e serviços e tanto maiores serão os resultados finais.

Exigindo apenas Politicas de Recursos Humanos inteligentes e uma liderança cuidadosa, mas tendo um enorme potencial de retorno, pena ser o Capital Emocional um ativo ainda tão esquecido pelas organizações. Um dia, quem sabe, ainda se darão conta do valor inestimável dele!

Comprometimento alavanca os resultados

Num determinado setor, usando um indicador cem para a produtividade média, a falta de maior disposição para colaborar, a falta de comprometimento, resultará em produtividade inferior e este índice despencará facilmente para setenta. De outro lado, em outro setor, em que houver disposição para colaborar, houver comprometimento, a produtividade alcançada poderá ser de até trinta pontos acima do indicador cem, sem muita dificuldade, porque ali as pessoas apresentam boa disposição para colaborar. Existe comprometimento, uma bonificação extra.

Jorge Gerdau

Em meu longo período de convivência com Jorge Gerdau, discutindo sobre problemas e soluções, sempre fui seu admirador quanto à maneira simples e direta de analisar o problema e equacionar sua solução. A regra de três é sua ferramenta mais utilizada.

A citação anterior é um claro exemplo do que acabo de expor. Por intermédio da maneira que analisa a contribuição do comprometimento para os resultados do negócio, dá a justa dimensão da realidade. Os números não são necessariamente esses, mas a direção, com certeza, está correta. Essa análise também mostra a agudeza de pensamento e de inteligência de um empresário moderno na relação de ganha-ganha, empresa e empregado.

Sempre acreditei, em toda a minha militância em RH, que o comprometimento das equipes era a grande alavanca do desempenho e dos resultados. O que, inicialmente, era uma percepção apenas empírica, hoje está comprovado pela prática e pela experiência de grandes empresas: nível superior de comprometimento bonifica a empresa com os diferenciais de maiores produtividade, lealdade, inovação e lucro.

Os estudos, nacionais e internacionais, que li recentemente sobre esses ganhos, publicados pela Hay Group e pela Towers Watson, mostravam números assombrosos. Indicavam que companhias com alto nível de comprometimento/engajamento dos empregados, comparadas com outras do mesmo setor, apresentavam em seus resultados, em média:

- 50% mais de lucro operacional.
- 18% mais de receita líquida.
- 20% mais de desempenho operacional.

Os números sempre são relativos, quando se deseja comprovar alguma hipótese e oferecer um trabalho ou um novo produto de consultoria. De qualquer forma, ajustados os valores à realidade, as empresas com alto nível de comprometimento sempre obterão significativa bonificação extra em seus resultados. "Não é soma, é multiplicação", como afirma Ronaldo Iabrudi:

Não é soma, é multiplicação

Resultado é igual a qualidade da decisão vezes comprometimento das pessoas. Se não há liderança, é muito difícil ter comprometimento. O importante é que não é uma soma. É uma multiplicação. Pode ser a melhor decisão (valor dez) x comprometimento do time (muito baixo, valor zero), o resultado é zero. Trabalhe, portanto, na qualidade da decisão (valor sete, oito, nove ou dez) e gaste tempo no envolvimento e no comprometimento do time (valor sete, oito, nove ou dez) e você terá resultados superiores!

Ronaldo Iabrudi

Desempenho superior

Em tempos tão difíceis e competitivos para que o negócio sobreviva, cresça e supere os concorrentes, para que o resultado aconteça, seu principal insumo deve ser o *desempenho superior* das equipes, dos processos e dos resultados físicos e financeiros.

Quando nos referimos a desempenho superior, não falamos de um desempenho qualquer; estamos nos referindo a um desempenho superado todos os dias. Superior vem de superar, o que é imprescindível neste mundo voraz e em constante transformação. O desempenho desejado deve, sempre e sem cessar, superar-se.

Para demonstrar esse conceito, nada melhor do que voltar a um gráfico criado para demonstrar o que se espera de toda e qualquer ação de RH e dos líderes no desempenho de suas funções:

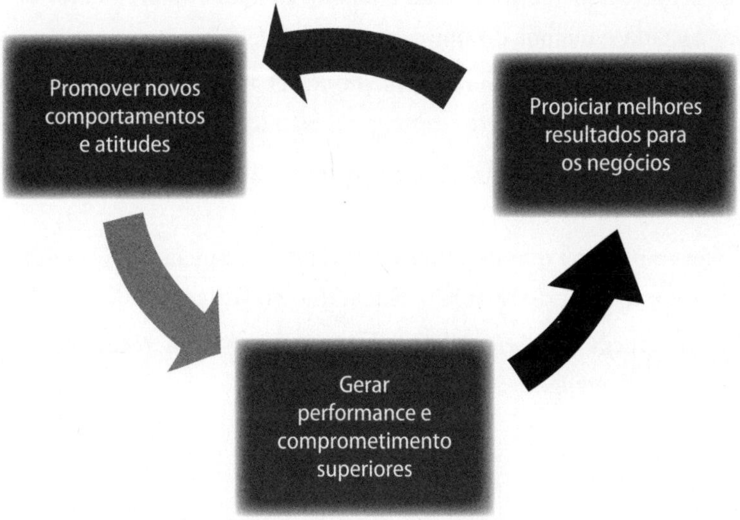

Nada menos do que isso para sobreviver aos concorrentes e superá-los. Ser superior em tudo, sempre e continuamente, sem linha de chegada!

> "Nada é bom o que chega. *Nada* é bastante para quem considera pouco o *suficiente.*"
>
> Confúcio

Estudei em um colégio alemão, com disciplina rigorosa e com padrão de exigência muito além do razoável. Na minha cabeça adolescente, aquilo era um exagero e bem acima do que a vida pedia. "Nada é bom que chega e sempre se pode melhorar o que já se alcançou", era a frase que definia o padrão de exigência.

Com o passar do tempo, fui descobrindo que meus educadores estavam certos. Na vida profissional, fui aprendendo que o único caminho que leva as empresas vitoriosas ao pódio, vencendo seus concorrentes, é o do espírito de superação contínua ou da insatisfação permanente, embutido em conceitos e métodos do Sistema de Gestão e da Gestão de Pessoas e, principalmente, no ânimo e na ação de sua liderança.

Os japoneses criaram o espírito do *kaizen* como princípio de que não se deve passar nenhum dia sem que se tenha implantada uma melhoria. Essa atitude gerou a transformação da indústria japonesa em modelo de eficiência e qualidade.

Tanto a Gerdau quanto a Magnesita reforçaram em mim essa aprendizagem. Algumas frases que colecionei durante minha vida profissional, nas duas empresas, são:

- Desempenho superior é igual a melhor do que ontem, melhor do que meta negociada e melhor do que o concorrente.
- Todas as ações do líder devem promover novos comportamentos e novas atitudes para gerar novos desempenhos para alcançar melhores resultados.
- *Benchmarking* contínuo com os melhores para igualar-se a eles e, se possível, superá-los.
- Não somos nós que definimos o nível de exigência; a necessidade da mudança e o mercado, a concorrência que nos exigem.
- Meritocracia é a prática da seleção natural para reconhecer, reforçar e premiar os melhores.

Nessas empresas, é esperado que líderes tenham a mudança para melhor, o espírito *kaizen*, como uma necessidade permanente e uma jornada sem fim na orientação de suas equipes.

Pelo caminho, encontrei dois tipos de líderes que lidavam com esse desafio. Aquele da insatisfação permanente, que reduz as conquistas e os avanços dos liderados e cobra mais e mais resultados; e o da superação contínua, que sabe valorizar o degrau alcançado e reconhecer a conquista, e os desafia para o próximo nível. Sem dúvida, o segundo obtém maior comprometimento e melhores resultados de suas equipes.

Nessas empresas, no convívio com o processo decisório dos líderes principais, aprendi que liderar é transformar os problemas em desafios, bastando apenas enfrentá-los com método, disciplina e otimismo, sempre acreditando nas possibilidades.

Líderes bem-sucedidos são aqueles que sabem desafiar indivíduos e equipes sempre para novos patamares, acreditando que o potencial humano não tem limites, bastando oferecer-lhe condições e recursos, valorizando e premiando suas conquistas. São aqueles que conseguem fazer com que suas equipes sempre superem as metas e obtenham os melhores resultados!

Para isso, devemos reforçar a ideia de compromisso mútuo sobre a qual Fersen argumenta como um verdadeiro ensinamento a todos os líderes:

Compromisso mútuo

A garantia da meritocracia é o alinhamento de um exército para uma batalha. Alinhado. E aí você entra numa outra coisa fundamental nas relações humanas, que é a disciplina. Quando eu estou do lado de alguém que tem valores iguais a mim, buscando um objetivo comum, o contrato que eu fiz com essa pessoa tem de ser regido pela disciplina e pelo compromisso mútuo. A gente se torna responsável mutuamente. Eu sou responsável pelos salários, pelo futuro dos filhos desses indivíduos, até pela saúde de suas famílias. Eles, pelos resultados.

Então, tem de ter uma disciplina. Porque só a disciplina rege o ser humano no caminho da ordem e da obtenção de resultado. O resultado pode ser obtido por sorte. Contudo, ele não pode ser obtido por sorte eternamente. É aí que entra o alinhamento com a missão, os valores e com os objetivos de curto, médio, longo prazos e o contrato feito no orçamento, com as metas negociadas. Como é que a gente, então, vai medir o desempenho das pessoas, para saber se elas estão cumprindo a sua parte? É aqui, no desempenho superior das equipes!

Fersen Lambranho

PARTE 6

IMPLANTANDO O MODELO

CAPÍTULO 19

NOVOS LÍDERES PARA NOVOS TEMPOS

Quando se começa a pensar em implantá-lo, num primeiro momento, parece que o Modelo de Gestão e Liderança apresentado, com tantos componentes e aparente complexidade, pode vir a engessar a organização, aprisionar as pessoas e sufocá-las paulatinamente. Pode surgir ainda a dúvida sobre sua validade em tempos tão turbulentos, que exigem uma organização flexível e resiliente. Caso não bastasse, pode se questionar sua aplicabilidade para as gerações X, Y e Z que estão chegando às empresas, trazendo indivíduos desejosos de autonomia e participação, ávidos por crescimento e ansiosos por inovar.

Penso que o modelo proposto responde plenamente a essas dúvidas e atende de forma satisfatória às necessidades da organização e dos indivíduos. Pois, quanto à organização, de antemão, já sabemos que o caos existente no mundo em todos os ambientes – político, econômico e social – continuará existindo, tornando-o cada vez mais imprevisível e instável.

Como consequência, o jeito de conduzir os negócios passa a ter base diária. Reduz-se gradativamente o espaço para as organizações tradicionais, nas quais ordem se confunde com a noção de controle mediante seus mais diversos mecanismos e formatos. Nos dias atuais, isso tudo parece estar se tornando cada vez mais desnecessário e até prejudicial.

Sobreviverão as organizações que se voltarem ao essencial, dando liberdade e autonomia às lideranças e aos indivíduos para se ajustarem às turbulências das intempéries, mantendo o foco nas metas, usando os parâmetros de seu Modelo de Gestão, enquanto "atrator estranho" nos fluxos do caos, como os alinhadores para atingir os resultados desejados. Não é por acaso que o nosso Modelo de Gestão é fractal.

Agindo assim, ao proporcionar autonomia, a empresa encoraja seu processo de auto-organização, possibilitando as múltiplas interações de seu funcionamento até que as várias peças da organização possam trabalhar juntas de forma cada vez mais efetiva, tornando-se mais flexível e resiliente, atendendo às necessidades dos tempos contemporâneos.

Quanto aos indivíduos das novas gerações, precisamos de um aprofundamento da reflexão para uma análise correta de suas necessidades, motivações e ambições diante do Modelo de Gestão e de liderança.

Incomodam-me rótulos repentinos, *buzzwords* passageiros, coisas da moda, mas tenho também de reconhecer que a força avassaladora das mídias sociais transforma tudo em instantâneo e simultâneo mundo afora e tornará tudo ainda mais acelerado.

Não há muito tempo, uma geração era definida a cada 25 anos, obedecendo ao ciclo genealógico da formação média de uma nova família. Hoje, esse ciclo se reduziu a dez anos, resultado das transformações sociais e tecnológicas. Nas empresas, isso traz como consequência a convivência de grupos de idades e expectativas diferentes no mesmo ambiente sob a mesma liderança. De todo modo, não acredito em cortes definidores de características de cada geração.

A grande transformação no comportamento organizacional aconteceu com os Baby Boomers, nascidos nos anos 1950 e 1960, que diferentemente da geração anterior, pós-guerra, são pessoas revolucionárias e de grande disciplina, questionadores da autoridade, que clamam por independência e buscam as transformações sociais e a reestruturação das organizações. Seu foco é no curto prazo, pressionados pelo tempo, dando preferência ao trabalho em grupo, mas dentro de um ambiente competitivo, no qual vence o melhor.

As gerações posteriores são consequência dessa grande transformação e, por uma razão da própria natureza, uma vai sucedendo a outra e lendo seu DNA essencial. O que parece diferenciá-las é o que as une, seus valores estruturais, a vinculação com o propósito da causa, a identificação com os valores, orientação para o curto prazo, necessidade de reconhecimento e de ser avaliados pelos resultados, mais do que pelo trabalho e por suas circunstâncias. São autocentrados, buscam a autonomia e o autogerenciamento, contudo, com enorme necessidade de pertencer, ou seja, independentes com valorização de sua vinculação ao grupo.

Penso que o Modelo de Gestão e Liderança aqui exposto oferece aos indivíduos e às equipes propósitos, valores, desafios, autonomia e independência de ação, valorização individual dos resultados obtidos, reconhecimento e recompensa de curto prazo, oportunidades de crescimento rápido aos melhores. Tudo que eles desejam está incluso no pacote, porém é insuficiente para mantê-los e vinculá-los, principalmente por estarem direcionados aos ganhos e aos interesses de curto prazo.

O fator essencial para vinculá-los é a prática da liderança no ambiente em que estão inseridos. Eles têm uma visão muito particular da hierarquia e da autoridade. Para eles, os líderes existem para facilitar-lhes o alcance dos próprios objetivos. Esperam um estilo de liderança quase personalizado às suas necessidades, tendo como ponto forte relação franca, direta, sem cerimônias, baseada na competência e no conhecimento dos problemas e dos indivíduos.

Esse quadro exige uma liderança flexível e atenta para não se tornar vulnerável às manipulações e virar refém das idiossincrasias dos indivíduos e dos grupos. De um lado, deverá seduzi-los pelos desafios propostos, pelos ganhos e pelas oportunidades de curto e longo prazos, conduzindo-os dentro dos parâmetros do Modelo de Gestão e, de outro lado, estar atenta às demandas menores de suas necessidades diferenciadas, sem comprometer o todo maior. Mais do que o contrato formal de trabalho, vale o contrato psicológico com cada membro da equipe. É momento para se apresentar a perspicácia, a inteligência, a flexibilidade e a resiliência de novos líderes preparados para os novos tempos.

Gestão da mudança GP

Ninguém caminha sem aprender a caminhar, sem aprender a fazer o caminho caminhando, refazendo e retocando o sonho pelo qual se pôs a caminhar.

Paulo Freire

O sucesso do GP nas incorporações é resultado da capacidade de implantar sua Cultura de Gestão. Como isso se explica? Se me perguntassem quais as características de um líder GP, eu responderia, sem pestanejar: "Foco, clareza, objetividade e simplicidade". Simplicidade quase frugal no jeito, nos gestos, no pensamento e na ação.

Quando Fersen Lambranho afirma que "o Sistema de Gestão é questão de fé", eu vejo essas qualidades presentes. O sucesso aumenta a fé e reforça a perseverança. Constância de propósito.

Objetividade em negócio é a execução da estratégia que realiza as metas propostas. Sistema de Gestão no GP é a estratégia em ação e o caminho para a transformação. Estratégia sem ação não ganha a guerra. Execução ganha, e somente a ação pode provocar as mudanças.

Não foi por acaso que o Sistema de Gestão foi escolhido como coluna-mestra nos processos de incorporação das empresas adquiridas. Por intermédio dele, são definidos os objetivos e as metas a ser atingidos e os caminhos a ser trilhados para a transformação da empresa integrante do grupo.

No processo de sua implantação, pelo cumprimento de seus vários passos, são incutidos a Cultura, as crenças organizacionais e os valores. Tudo transmitido pelo exercício e pela prática pessoal: aprender fazendo. Esse jeito talvez explique a facilidade e o sucesso nas incorporações de novas empresas. A fé se demonstra pela prática de seus princípios, como é de conhecimento popular: um ato vale mais do que mil palavras. Nada mais claro, objetivo e simples: caminhar se aprende caminhando. Os três elementos-chave do Sistema de Gestão são:

- Orçamento base zero.
- Gerenciamento por diretrizes.
- Meritocracia.

Por meio do orçamento base zero, estabelece-se o tamanho da ambição. Tendo o EBITDA como meta principal, é transmitida a importância vital do resultado financeiro como fruto da batalha diária pela receita e obsessão pela redução de custos, dando foco ao que é importante, à relação custo × benefício, ao que efetivamente gera valor. O resto é perda de tempo.

Líderes e indivíduos são enaltecidos e independentes para atuar, mas também responsabilizados por suas decisões na busca incessante pela geração de mais receita e pela redução radical dos custos. A comunicação entre os diversos níveis e entre líderes e equipes é enfatizada como o único caminho para o envolvimento de todos e para a coordenação do conjunto.

O domínio dos detalhes do negócio é a maneira usada para descobrir as oportunidades escondidas. Nada deve passar desapercebido para a meta ser alcançada e, dentro do máximo possível, superada.

Pelo Gerenciamento pelas Diretrizes (GPD), desde a definição das diretrizes do presidente vindas dos objetivos estratégicos, do *benchmarking* com os concorrentes, de problemas crônicos... a exigência é foco no principal, com poucos objetivos para não desviar do rumo.

O símbolo do *Hoshin Kanri* não é, por simples acaso, uma bússola. É uma maneira de organizar os esforços, ponderar posições a fim de otimizar, continuamente, processos, desempenhos e resultados, ajustando-os rapidamente às mudanças necessárias para colocá-los na direção do destino desejado.

Pelo processo interativo, na definição das metas, todos se sentem participantes e corresponsáveis, integrados ao objetivo comum: o sucesso da companhia. É uma integração vertical e uma coordenação horizontal de esforços e ações, que coloca todos no mesmo barco. Todos se sentem responsáveis por suas partes para contribuir pelo sucesso do todo.

O domínio claro das metas, o desdobramento cuidadoso dos planos de ação que envolvem líderes e liderados e o meticuloso processo de acompanhamento e de correção dos desvios exigem foco, critério na escolha das prioridades, disciplina e rigor. Não é coisa para principiantes e amadores; é coisa séria para profissionais envolvidos e competentes. Obsessão, disciplina e determinação para ter constância de propósito.

Por meio da prática da meritocracia, fica claro que o que interessa é o resultado obtido por trabalho, dedicação e esforço adicional, pelas atitudes e pelos comportamentos alinhados com os valores da companhia e pela observância dos padrões estabelecidos pelo Sistema de Gestão. Se o Sistema de Gestão distribui a cada um sua parte de responsabilidade pelo resultado do todo, a meritocracia retribui a cada um os dividendos de sua contribuição. Gera, assim, harmonia em todo o corpo dos processos, de tal modo que o desempenho e a facilidade de lidar com as incorporações seja marca do GP.

Conquistando os novos sócios

Acho interessante detalhar um pouco mais a maneira de gerir a mudança do GP nos processos de aquisição, relatando uma experiência pessoal.

Quando entrei para a Magnesita, em fins de 2008, estava sendo iniciado o processo de incorporação da LWB, empresa alemã, resultante da fusão de três outras empresas, que eram originárias de três países diferentes, com Culturas bastante diversas umas das outras.

Em minha vida profissional, já havia participado de vários processos de integração de empresas após aquisição, e já havia aprendido a enfrentar, com certa naturalidade, os conflitos culturais próprios dessas circunstâncias. Naquela situação, entretanto, podia antever conflitos maiores, porque na LWB ainda permaneciam as Culturas das empresas que a tinham integrado anteriormente e, agora, chegava a Magnesita, uma quarta empresa, de um país sul-americano, trazendo à cena mais uma Cultura empresarial.

Parecia um "imbróglio" difícil de resolver, mas eu não conhecia ainda a abordagem que o GP dava para o processo de incorporação de uma nova adquirida. Diferentemente do que eu imaginava, impressionou-me muito a rapidez da absorção da nova empresa e a relativa abertura e a facilidade da adesão dos novos agregados.

Aos poucos, entendi a dimensão e a importância do Sistema de Gestão como componente da Cultura GP de Negócio. Percebi também que, mais do que instrumento de Desenvolvimento Organizacional, Cultura de Negócio fazia parte da Estratégia.

Em processos de aquisição ou fusão, o primeiro pressuposto era a implantação da Cultura GP de Negócio, simbolizada principalmente pelo Sistema de Gestão. A dimensão de Cultura fugia da dimensão e da amplitude dada pelos estudiosos do tema. Era mais. Muito mais. Não era apenas mais um programa de Desenvolvimento Organizacional conduzido por RH. Era a implementação de um sistema que é parte da estratégia e que garante seus resultados. Cultura tinha outro peso e outra dimensão. Fazia, inclusive, parte da relação dos valores da companhia. O desafio, portanto, que o GP me colocou à frente era um pouco diferente.

Cultura GP de Gestão em seus diversos componentes era o elemento essencial para o processo de mudança da nova empresa. Redefinição do rumo do negócio pela mudança dos paradigmas que definem o comportamento da organização.

Por intermédio da implantação da Cultura GP de Gestão, embutia-se todo o Modelo de Gestão proposto pela organização, de delegação, responsabilização individual, autonomia, interdependência, trabalho de equipe, entre outros e, sem dúvida, de meritocracia. Era a marca registrada de seu jeito de fazer negócios, reconhecida por seus *stakeholders*.

Comecei a perceber que Cultura GP de Gestão é, antes de tudo, o elemento de garantia para seus objetivos, transformando-se, com sua consolidação, em seu grande diferencial competitivo, que norteia, dá direção e sentido ao negócio, definindo sua identidade, reforçando sua unidade e assegurando sua integridade.

E, no processo de incorporação, a atitude é definitiva e a comunicação é clara. As novas regras, que acreditam os novos donos, garantem o sucesso do negócio. Para mudar o horizonte, há que definir nova direção. E a Cultura é o instrumento principal de transformação organizacional. Firma-se como elemento amalgamador de comportamentos para suportar a estratégia do negócio e gerar resultados.

Estava começando a entender para onde tinha ido e como seria meu trabalho. *Private equity* faz aquisições para fazer *turnarounds*, se possível rápidos, e gerar valor de mercado aos acionistas.

Estamos falando de uma Cultura moldada na prática e nos resultados, em valores sedimentados pelo exercício e pelo sucesso de cada dia, e não apenas consequência de exercícios teóricos pelos executivos da cúpula, apoiados por uma consultoria internacional.

Passados alguns anos, resultado de muito tempo de reflexão a respeito, encontrei as dez principais razões que explicam esse processo de incorporação, em fusões e aquisições, tão rápido e tão bem-sucedido.

Rapidez na ação

Ter uma definição prévia e clara da abordagem a ser dada na incorporação, antecipando-se às possíveis resistências, tomando de assalto e não dando tempo para respirar. Rapidez na ação, pouco tempo para discussão. Tomar de assalto a empresa adquirida.

Cultura do negócio

Dar tratamento objetivo à questão da Cultura organizacional, com foco único no negócio em si e no caminho para sua sobrevivência e seu crescimento. Usar o Sistema de Gestão como meio objetivo para alinhar comportamentos com os novos valores e criar uma Cultura orientada para a alta performance. Não buscar as diferenças, cuidar do que deve uni-los, tendo o negócio como interesse comum.

Visão de futuro

Compartilhar uma visão de futuro que ofereça uma perspectiva positiva para a empresa e para os colaboradores: "Ser o maior e mais rentável fornecedor de soluções, através de serviços, produtos refratários e minerais até 20XX".
Para aquele momento, a visão proposta oferecia a todos a oportunidade de trabalhar na terceira maior fornecedora de refratários do mundo, com o sonho de se tornar a primeira. O reino dos céus, tendo pela frente muita pedra para carregar, algo possível apenas com o comprometimento de todos.

Guerra à concorrência

Definir uma estratégia de atuação e de ataque à concorrência, cooptando os novos sócios para essa batalha, com uma mensagem clara, firme e sem oferecer alternativa.

GPD como método

Utilizar o GPD como método e caminho único para a mudança de rumo. Usando essa metodologia conhecida, reconhecida, simples e inquestionável, torna-se mais difícil resistir à mudança. Empresas no mundo inteiro usam-no com pleno sucesso por sua racionalidade, sua clareza das etapas e sua simplicidade.

Sistema de Gestão

Implantar o Sistema de Gestão pelo exercício de sua prática e não pelo discurso, seguindo a lição japonesa: aprender fazendo, resolvendo um problema, buscando um resultado.

Metas

Oferecer aos diversos níveis, cada um a seu tempo, oportunidade para a definição das metas, dando a cada colaborador responsabilidade por sua parte para gerar o resultado da companhia, transformando, dessa maneira, cada um deles em sócio mediante "ações" definidas pelas metas.

Meritocracia

Praticar a meritocracia de forma consistente, com regras claras e bem definidas, como forma de pagamento de "dividendos" às metas alcançadas e para bonificar e reforçar a adesão aos valores e ao Sistema de Gestão.

Monitoramento

Permitir o monitoramento de todos, por meio dos veículos de comunicação interna, do andamento do negócio e do alcance das metas estabelecidas, com indicação dos níveis de ganhos de cada um.

Fé no modelo

Demonstrar fé inabalável no modelo, reforçada pela perseverança, cobrando determinação e disciplina de todos os níveis na prática do modelo, reforçando os comportamentos e corrigindo ou eliminando os que não se enquadram ou não correspondem.

Hoje, numa análise mais profunda, consigo concluir que esse processo, mais do que implantar um Sistema de Gestão, possibilita a conquista de novos sócios para o negócio.

A dor ensina a gemer

Essa maneira prática e objetiva utilizada pelo GP para implantar sua Cultura de Gestão, faz-me lembrar de uma experiência pessoal.

A raça humana tem se desenvolvido a partir do que aprende ao resolver algum problema que a aflige, para atender a alguma necessidade. A dor ensina a gemer, não é nada filosófico, apenas lição prática da vida.

Em uma de minhas visitas a siderúrgicas japonesas, em algumas missões técnicas da Gerdau, em busca de tecnologia para minha área de interesse – Recursos

Humanos –, estava interessado especialmente em algo na área de Desenvolvimento de Pessoas e Desenvolvimento Gerencial.

Àquela altura de minha carreira, já havia conhecido e experimentado várias metodologias e abordagens para a formação de líderes. Agora, queria entender como os japoneses formavam os líderes que tinham levado sua indústria siderúrgica à posição de destaque de melhor desempenho operacional do mundo.

Na primeira visita, em uma das usinas da Nippon Steel & Sumitomo Metal Corporation, depois de longa explanação do executivo que nos atendia sobre formação de operadores de ponte rolante, levantei o dedo e lancei a pergunta: "Qual a metodologia que vocês utilizam para a formação dos gerentes?". O executivo ouviu com atenção e, depois da tradução da pergunta, mostrou um certo olhar de espanto.

Fechou os olhos, pensou um pouco, e respondeu pausadamente: "Tem problema, analisa problema, resolve problema, treina gerente!". Temeroso com a qualidade da tradução, achando que eu não tinha entendido muito bem a resposta, perguntei uma segunda vez: "Eu gostaria de saber qual a metodologia que vocês utilizam para a formação dos gerentes".

O tradutor repetiu a mesma pergunta. Dessa vez, o olhar do japonês foi ainda de maior espanto e, com uma irritação contida, respondeu: "Tem problema, analisa problema, resolve problema, treina gerente!". Não entendendo a dimensão da resposta, insisti, posteriormente, na mesma pergunta em usinas de outras empresas. Demorei algum tempo para entender a simplicidade e a clareza do que recebi.

Fugindo do cartesianismo ocidental, ele apenas queria me dizer que a melhor maneira de aprender é resolvendo um problema. Ou seja, nós sempre aprendemos mais facilmente aquilo que nos leve à solução de algum problema que nos aflige, ou que nos conduza a algum resultado muito desejado.

Se o problema é resolvido, ou o resultado é alcançado, a aprendizagem é reforçada, naturalmente, e se fixa para sempre. O próprio processo de resolver é o caminho que nos leva ao destino. O problema é a demanda, o método utilizado para resolver é o recurso, o caminho, o potencial do indivíduo somado à sua motivação, tudo isso é a energia que gera a solução. O resultado da solução gera o reforço da aprendizagem e sua perpetuação.

A partir dessa experiência, comecei a colocar em dúvida os conceitos complexos, as metodologias sofisticadas e as tantas técnicas inovadoras propostas para a capacitação de líderes e a implantação de mudanças. Lição japonesa: sempre existe um caminho mais simples e mais efetivo. Com método e disciplina, "tem problema, analisa problema, resolve problema, treina gerente".

Dicas finais para implantação do modelo

Todas as empresas têm seu momento de busca de um modelo que julgam ser a solução de seus problemas. Pode ser GE, Gerdau, GP, Walmart. Querem seguir o exemplo dessas empresas e obter os mesmos resultados. Todas estão à procura da fórmula mágica do sucesso. "Se elas conseguiram, por que eu não posso conseguir o mesmo?"

Aí começam as programações das famosas visitas de *benchmarking*. "O que é bom, deve-se copiar", diria alguém. Outro, mais experiente, acrescentaria: "Por que inventar o que já está pronto?". Esse é o espírito que está por trás desse esforço das organizações.

Recebi inúmeras visitas desse tipo na minha vida executiva. Envaidecendo o coração do anfitrião, tentavam obter sempre o "pulo do gato" que a empresa tinha escondido na manga do colete. Puro jogo de cena porque, do outro lado, estava alguém, também esperto e experiente, atento para não entregar o ouro ao bandido.

Nas relações mais francas, falava-se a verdade nua e crua. Falava-se do conceito que amparava o modelo, do processo e, principalmente, dos resultados que tinham trazido o visitante até ali.

Aí ele voltava para sua empresa, fazia um belo relatório, incluindo, anexo, um projeto desafiador de implantação das principais ideias vistas e julgadas como as mais adequadas à empresa. Às vezes, vinha um sucesso relativo e, por vezes, um fracasso retumbante. Raramente, um grande sucesso. Por quê?

Porque atrás do modelo procurado se escondia a Cultura da organização. Voltamos ao começo: Cultura e Modelo de Gestão se confundem e se complementam. São o começo e o fim, mutuamente. Assim, para a revisão de seu Modelo de Gestão, é preciso começar pelo começo e sempre no todo e em suas partes. A Cultura e o Modelo de Gestão são tão fortes quanto a mais fraca de seus elementos. Lembre-se sempre: o todo está na parte e a parte está no todo.

1 – Repense sua missão, sua visão e seus valores

O modelo é um todo. Qualquer modelo é uma idealização simplificada de um sistema que possui maior complexidade. Contém, ainda assim, a essência do sistema complexo que se deseja reproduzir, seguir ou replicar. Modelo é tudo aquilo que é o ideal.

Seu resultado será em função da Cultura, mormente pelos valores que o guiarem. Não é por acaso que missão, visão e valores estão no ápice do triângulo da Estratégia.

Ou seja, o mesmo modelo pode apresentar resultado bastante diverso em função da Cultura em que ele se reproduz. Não foi por obra do acaso que, em todos os exemplos citados, os líderes repensaram a missão e a visão de futuro da organização e, a partir disso, reconstruíram os valores de suas companhias.

Os valores definiram a Cultura necessária para a transformação desejada. E, a partir deles, redefiniram o Modelo de Liderança, o Sistema de Gestão e a Gestão de Pessoas. O Modelo de Gestão foi introduzido como parte componente e essencial da Cultura. Transformou-se na própria Cultura.

Todos começaram seus processos de transformação pelo questionamento, pela revisão ou pelo ajustamento dos valores. Iniciaram revirando os fundamentos da Cultura, que terão reflexo no resto do edifício. "Se você quer mudar o horizonte, há que mudar a direção." Ou seja, revise sua Cultura e a ajuste ao modelo desejado.

Num mundo em contínua turbulência, empresas fortes, ao contrário do que se pensava, são as que têm capacidade de ajustar sua Cultura, a começar pelos valores, quantas e tantas vezes forem necessárias, para atingir os resultados para sua sobrevivência e seu crescimento.

Os líderes citados neste livro, a partir da estratégia que tinham em mente, claramente expressa na missão e na visão, começaram por mudar os valores, o coração de qualquer Cultura.

Esses homens foram visionários, porque não se prenderam ao conceito de Cultura histórica, aquele que faz dela algo a ser cultuado e continuado eternamente. Eles a recriaram em função de sua estratégia de negócio.

Não apenas mexeram nos valores, mas deram a eles uma linguagem mais simples e clara, pragmatismo no conteúdo e característica principal de gerar valor para o negócio: financeiro, acionário e comportamental.

Os valores se tornaram a força motriz dos demais elementos da gestão e a gênese da transformação, afetando a estrutura, os processos de negócio, o sistema de gestão, as pessoas e, principalmente, as lideranças.

Preparar a empresa para o futuro é a principal função da Cultura. Nessa medida, não é apenas um jeito de ser. Ela define o jeito que se quer que a organização seja e se comporte no futuro.

Nas empresas modernas, Cultura não pode ser fruto do acaso, nem orientada pelo passado. Deve ser um ativo intangível, ajustado ou reinventado sempre que necessário, e administrado de forma cuidadosa e inteligente a fim de tornar-se um diferencial competitivo a serviço da estratégia do negócio, orientando-o para o futuro.

O modelo proposto, a partir das empresas usadas como referência, exige um ambiente orientado para uma Cultura de Resultados. O primeiro passo, portanto, é começar pela avaliação do alinhamento dos valores quanto ao modelo proposto.

2 – Compartilhe a visão e demonstre sua prática

A visão deve ser o primeiro sinal da mudança de rumo! Ela deve ser tão forte que, além de definir o que a empresa quer ser, deve passar o sentimento de como se transformará em realidade.

O processo de comunicação deve mostrar não somente o futuro, mas já deve significar o início do movimento para alcançá-la. Mais do que falar sobre cada palavra da visão, deve-se exemplificar seu significado real no comportamento que se espera dos líderes e de cada colaborador perante a ação a tomar diante da concorrência, do domínio dos processos e dos resultados do negócio. Transformar seu significado na prática do dia a dia.

Deve inspirar e gerar confiança, ainda que possa parecer quase impossível de alcançar. Ela começa a se tornar realidade quando todas as decisões tomadas pela alta administração e por todos os executivos indicam estar levando a companhia naquela direção. Percebendo isso, todos os colaboradores vão incorporá-la em suas ações e orientá-la também para a realização da visão proposta.

3 – Comece pelos resultados desejados

Grande parte dos programas de transformação da Cultura falham porque as empresas escolhem o caminho errado. Acreditam que a mudança acontece por intermédio dos famosos programas comportamentais, conduzidos de maneira pirotécnica por alguma consultoria de renome. Ledo engano! Geram algum resultado, mas nada especialmente duradouro.

O caminho mais curto e mais efetivo que vivenciei foi o de começar pelos resultados desejados. A definição do orçamento, com metas desafiadoras, essenciais e focadas, alinhadas à visão proposta é o melhor começo.

As metas definem as ações necessárias para alcançá-las; as ações para serem efetivas, definem os comportamentos e as atitudes necessárias. Um programa de meritocracia inteligente será um importante comburente para o processo.

Dizendo de forma simples, uma visão bem comunicada, um orçamento bem estruturado, com um eficiente Sistema de Gestão de Metas, aliado a um inteligente programa de meritocracia são os principais elementos geradores da transformação da Cultura. Os demais elementos, Gestão de Pessoas e Liderança, deverão se ajustar e se comportar como balizadores e reforçadores desses elementos principais.

4 – Administre a mudança como um processo integrado e permanente

Uma empresa é um conjunto de processos inter-relacionados, orientados por uma série de políticas e regras de comportamento, que estão organizadas por uma estrutura que define as responsabilidades e as autoridades das pessoas para obter os resultados desejados do negócio. Componentes interdependentes que se conectam formando o todo do negócio.

Assim, quando se pensa na transformação do negócio, não é possível fazê-la sem trabalhar, de forma integrada, sobre suas principais alavancas: processos, estrutura, recursos/tecnologia e pessoas. O diagnóstico e a definição do que manter e o que mudar, em cada um desses elementos e em seu conjunto, são o início do processo de mudança. Qualquer iniciativa que tome apenas um dos componentes será a antecipação do fracasso. Essa, para mim, foi a mais importante lição da reengenharia.

5 – Defina o rumo de cima para baixo e construa os caminhos de baixo para cima

Os líderes, em cascata, a começar pelo presidente da empresa, são os responsáveis pela definição do rumo da mudança, pelo seu ritmo, pelas prioridades e pelo estabelecimento das metas a ser alcançadas. Sua participação, com maior ou menor delegação no detalhamento dos passos para sua execução, dependerá do grau de maturidade e de preparo daqueles que vão implementá-la. A experiência ensina que, para a efetiva transformação, há que integrar, em todos os níveis, os atores do processo de mudança, capacitá-los pelo exercício da prática e transformá-los em autores principais.

Definidos o rumo e os resultados desejados, quanto maior o envolvimento dos responsáveis pela execução, maior será o sucesso. Cabe aos líderes responsabilizá-los e confiar em sua capacidade de decisão. Não se pode antecipar o rumo de suas decisões, mas dentro de um processo inteligente de acompanhamento e apoio, como forma de aperfeiçoar suas decisões, será garantido, por certo, um final feliz.

6 – Crie as condições para gerar aprendizagem e credibilidade

Ofereça as melhores condições de aprendizagem necessárias para a assimilação e a prática do modelo. Dependendo do público, será utilizada a forma mais apropriada para o conteúdo a ser absorvido.

Melhor do que discorrer sobre os conceitos teoricamente, é trabalhar sobre eles mediante sua prática na implementação das várias partes e peças do modelo, em seus diversos elementos e componentes.

Fator essencial de sucesso na aprendizagem é a clara demonstração, em todos os níveis, dos líderes e das respectivas equipes, a todos os colaboradores, por meio de exercícios práticos. Deve-se deixar claro o que se espera deles diante das metas e o que vão significar para eles em seus contratos os resultados obtidos. Trabalhar com dados e fatos, e transparência nas respostas, é o caminho para gerar credibilidade e confiança na proposta de transformação.

7 – A liderança é do presidente

Para que essa transformação aconteça, todos os empregados devem estar comprometidos – com seu tempo e seu esforço – para que ela se efetive. Isso somente é possível se o presidente mostrar seu completo comprometimento, dando ao processo de mudança a máxima prioridade. Ao delegar essa responsabilidade a outro executivo, será percebido pelos empregados que existem outras prioridades mais importantes para o presidente e para a empresa do que a transformação em curso. Eles farão o mesmo!

8 – Transforme o modelo como parte da Cultura

O Modelo de Gestão é a Cultura transformada em ação. Ambos se superpõem, se fundem e se confundem e se redefinem mutuamente. **Os valores definem o Modelo de Gestão e o Modelo de Gestão é, por vezes, incluído nos próprios valores.** A forma mais objetiva para que isso aconteça é incluindo o Modelo de Gestão e sua prática, a exemplo do que faz o GP e tantas outras companhias, entre seus valores.

O GP denomina sua Cultura de Modelo de Gestão e, na Magnesita, por exemplo, ele a inclui entre os valores, dizendo da seguinte forma: "Gestão e método – meios para o alcance e a superação de metas desafiadoras e alta performance, com trabalho duro, disciplina, criatividade e otimismo". Assim tratada, torna-se imperativa e inquestionável sua prática por todos.

A Gerdau, para evitar resistências e ranços já enfrentados em processos anteriores de fusões e aquisições, passou a denominar a chamada Cultura Gerdau de Cultura de Negócio, na qual também inclui seu Modelo de Gestão, o Gerdau Business System.

Quando essas empresas usam essa abordagem nos processos de transformação interna ou em fusões e aquisições, fugindo da possível percepção de dominador e dominado, e dando-lhe a dimensão de diferencial competitivo essencial para conduzir o negócio, eliminam as resistências e driblam a questão das diferenças. O foco não é naquilo que pode afastar, mas no que pode convergir e ajudar a transformar o negócio. Assim, não se desperdiça tempo discutindo diferenças históricas, Culturais e outros tantos argumentos que visam apenas resistência às mudanças.

Vista assim, Cultura transformada em Modelo de Gestão mobiliza as pessoas para o desempenho desejado e se torna fator do diferencial competitivo, para obtenção dos RESULTADOS.

9 – Mantenha o todo indivisível

Quando se tratar de fusões e aquisições sempre existirão duas Culturas em debate. Questão típica nessas situações: manter a Cultura vigente, implantar a do controlador majoritário ou criar uma Cultura híbrida com o melhor de ambas?

De modo geral, uma fusão ou uma aquisição acontece quando uma empresa assume outra por ter maior capacidade na gestão de sua estratégia e de seus recursos. Foi sua Cultura ou seu Modelo de Gestão, seu diferencial competitivo, que a colocou nessa posição e, portanto, deve prevalecer. Quem compra dita as regras.

Sendo Cultura um todo indivisível, não acredito em Cultura híbrida, aproveitando o melhor de ambas. Não existe fusão de Cultura, para criar uma nova. A forma mais óbvia de resistir é mostrar quanto a Cultura existente é semelhante à nova Cultura proposta. Pura falácia, pois se é tão semelhante, não há o que mudar. Seria melhor e mais fácil manter a Cultura vigente que já está solidificada.

O segredo nesses processos é mostrar que o modelo proposto é parte do jeito como se pretende conduzir o negócio daqui para a frente e a Cultura é algo inegociável. Faz parte do negócio em si. Deve-se mostrar que o modelo proposto tem funcionado com fator gerador dos resultados, o que será bom para a empresa e para todos os *stakeholders*, os colaboradores, especialmente.

10 – Cobre, avalie e reconheça sua prática

Pode-se discutir muito a validade da prática do behaviorismo na Gestão de Pessoas. Sinto-me extremamente skinneriano. As pessoas valorizam o que lhes é cobrado, valorizado e reconhecido. Mais ainda, se for premiado.

A melhor forma de introduzir e consolidar o Modelo de Gestão é criar algum método, por simples que seja, para avaliar a adesão às suas práticas e a qualidade de sua aplicação. Estabeleça a Adesão aos Valores e a Prática do Modelo de Gestão como fator a ser considerado no Mapeamento de Competências e na Avaliação de Desempenho e inclua o resultado de tudo isso como fator na parte discricionária da remuneração variável.

Empresas como GE, GP e tantas outras utilizam esse fator juntamente com o fator Adesão e Prática dos Valores da Companhia na definição final da Remuneração Variável. Empresas que querem consolidar seu Modelo de Gestão como alavanca de resultados e como seu diferencial competitivo não duvidam da utilização desses mecanismos.

A implantação é sempre total

Para encerrar, quero compartilhar uma história pessoal que me fez refletir durante as descobertas que fiz sobre o Modelo de Gestão. Na vida, por vezes, a gente percebe o erro que cometeu anos mais tarde, e assim o digo porque, hoje, me dou conta de que, na Gerdau, um importante objetivo que julgo não ter atingido plenamente foi o da transferência da Cultura para novas unidades no Brasil e, principalmente, no exterior, por não ter claro, naquela época, toda essa dimensão.

O foco maior estava em apresentar os valores e as políticas e as práticas de Gestão de Pessoas, enquanto outros colegas, separadamente, apresentavam os conceitos e as práticas do Sistema de Gestão como se fossem partes independentes de um todo.

Os novos "aculturados", inteligentemente nessas situações, tendem a resistir às partes, dizendo: "Isto não precisa, nós já temos, só nos interessa esse pedaço aqui". Procuram absorver e aceitar aquilo que lhes oferece novos ganhos e oportunidades e rejeitam o que lhes parece ameaçar, dizendo que a cultura local é "diferente". Buscam o melhor dos dois mundos, as chamadas "culturas híbridas". Aí se criam verdadeiros "Frankensteins".

Às vezes, por simples conveniência do momento, para uma acomodação política, aceita-se a situação na crença de que com o tempo as coisas serão assimiladas completamente. O que acontece é o contrário. A Cultura vigente na empresa se consolida por não sentirem firmeza na posição do novo controlador.

Estou convicto de que "Cultura é um conjunto de elementos que trabalham juntos, sincrônicos e interdependentes, que fazem girar a máquina empresarial. É uma caixa de câmbio justinha, altamente poderosa", como disse o Jorge, "que faz a empresa movimentar-se e ter seus objetivos alcançados. Cultura não é só o valor. Cultura é o sistema de gestão, é a Gestão de Pessoas e é a liderança". E tudo isso junto.

E, quando você implanta, implanta tudo. É o conceito fractal. As coisas são todas interdependentes. Se você separa as partes, o todo não funciona. E mais: não pode dar tempo de o pessoal reagir. Tem de ser implantado tudo ao mesmo tempo. Não dá para separar esses triângulos. Eles são interdependentes e, se você abrir mão de um, o todo vai parar.

Caixa de câmbio altamente poderosa

Cultura é um conjunto de elementos que trabalham juntos, sincrônicos e interdependentes, que fazem girar a máquina empresarial. É uma caixa de câmbio justinha, altamente poderosa, que faz a empresa movimentar-se e ter seus objetivos alcançados. Cultura não é só o valor. Cultura é o sistema de gestão, é a Gestão de Pessoas e é a liderança. Eles são todos interdependentes. As coisas são todas interdependentes. Daí é holístico. Cultura é esse todo.

Jorge Gerdau

CAPÍTULO 20

LEGADO PESSOAL

Quando estava por encerrar minha carreira de 35 anos na Gerdau, preparei uma palestra sobre liderança transformadora que apresentei em todas as unidades mundo afora. A estrutura básica dessa palestra era composta de duas partes: "Os oito caminhos da liderança transformadora" e a "Carta a um líder", que encerrava a apresentação com a exibição de um vídeo em que eu a lia, com um fundo de imagens ilustrativas. No fim da apresentação, eu a distribuía aos participantes.

Como legado pessoal, compartilho com você, leitor, essas duas peças que sustentavam essa minha palestra. Ambas têm forte conteúdo pessoal, mas tenho certeza de que podem lhe servir de inspiração no desempenho de sua função de Liderança.

Os oito caminhos da liderança transformadora

> *A compreensão correta leva a pensamento correto. O pensamento correto ajuda-nos a conquistar a fala correta. Pela fala correta, conseguimos chegar à ação correta. A ação correta possibilita-nos alcançar o meio de vida correto. O meio de vida correto é o início do esforço correto. O esforço correto traz a atenção correta, e esta nos permite dominar a concentração correta.*
>
> Mahavibhasha Shastra

O "caminho do meio" é um dos pilares do budismo, o eixo do homem é encontrado no ponto equidistante entre o fácil e o difícil, o superficial e o profundo, a vida e a morte, o prazer e a dor, entre a razão e a emoção. Quem busca extremos corre o risco de passar da virtude à perdição. Encontrar o equilíbrio no momento de agir não significa ter medo nem falta de iniciativa, mas alcançar um horizonte suficientemente amplo para entender que a verdade – e, o que é ainda mais importante, a conveniência – nunca será encontrada nas posturas radicais. Viver nos extremos indica, antes de tudo, incapacidade para conviver com posições opostas e, sobretudo, sempre ter apenas uma visão da vida, a visão do extremo na qual nos encontramos. Como disse Aristóteles: "A virtude consiste em saber encontrar o meio-termo entre dois extremos". No budismo, também conhecemos o caminho do meio como o nobre caminho óctuplo, pois é regido por oito práticas.

Mahavibasha Shastra é uma das múltiplas escrituras sagradas do budismo, onde se encontra a explicação acima dos oito caminhos pregados por Buda para chegar à iluminação. Embora seu conteúdo esteja dividido em oito partes, o todo de sua essência é absolutamente indivisível porque todos eles são inter-relacionados e têm de ser praticados na íntegra. Buda os dividiu em oito apenas para facilitar sua compreensão.

Inspirado por eles, preparei para o seminário "Os oito caminhos da liderança transformadora", que, a exemplo daqueles do Budismo, se inter-relacionam e se complementam, mutuamente. De alguma maneira, de forma compacta, eles resumem tudo o que vimos até agora. Coloco-os aqui porque talvez possam servir como guia de reforço ou como um roteiro de autoavaliação.

Caminho é sentido, não é chegada. Caminho é o processo que leva à transformação, é direção a ser seguida, mas não tem limites, é infinito. O limite é definido pela capacidade de cada um poder se transformar. São eles:

1. Ter absoluto RESPEITO À PESSOA

Absoluto respeito às pessoas como crença e prática essenciais é pensar e tratar cada indivíduo da equipe como ser humano único, em sua individualidade, autonomia e diversidade pessoais. É respeitá-lo como ser humano integral, cabeça, coração e corpo, em todas as suas aspirações e necessidades.

É identificar suas potencialidades e seus talentos, apoiando-o para seu desenvolvimento, como o principal agente das ações que geram os resultados, por meio de seu pleno comprometimento e de seu desempenho sempre superior.

2. GERIR participativamente POR MEIO DE TIMES

É utilizar os times como estrutura e fator de coesão entre indivíduos e equipes. Acreditar que somente indivíduos fortes, no exercício de sua autonomia e pela autogestão, geram equipes fortes.

É fazer da gestão colegiada e participativa uma forma objetiva da prática da autogestão e do autocontrole, fazendo da decisão por consenso a busca do melhor de cada um para sua contribuição para o melhor do todo coletivo.

3. ALINHAR OS INTERESSES Indivíduo – Organização

É fazer das aspirações e dos interesses dos indivíduos e dos objetivos da organização o ponto de convergência e de troca mútua, servindo como elemento de intermediação e vínculo. É ter a capacidade de criar entre ambas as partes uma relação ganha-ganha, em que os dois se desenvolvem, crescem e se solidificam.

4. Buscar na REALIZAÇÃO das pessoas a alavanca para seu COMPROMETIMENTO

É saber se comportar na relação como os liderados com a certeza de que o nível de adesão deles é proporcional ao nível de atendimento de seus interesses, gerando sua realização. Realização gera adesão, que gera o comprometimento desejado. Adesão gera comprometimento e comprometimento das pessoas também gera o comprometimento da organização e vice-versa, e dessa relação nascem o desempenho e o resultado.

5. Ter na MUDANÇA um instrumento para competitividade e crescimento

A mudança é uma imposição da vida, do mercado, da sobrevivência do negócio. Ela é essencial para o crescimento e para superar a concorrência. A mudança deve fazer parte da rotina do dia a dia. Dentro de um espírito de superação contínua, temos de desempenhar melhor do que ontem, melhor do que as metas e melhor do que a concorrência se quisermos sobreviver e chegar ao topo.

Com visão estratégica, para se ajustar ao mercado e aos seus movimentos, ou antecipar-se à concorrência, serão necessárias mudanças mais radicais. Não existe mudança efetiva que não analise os processos, a estrutura e a liderança.

Para mudar o horizonte, é preciso mudar a direção. Dizia Einstein: "Insanidade é continuar fazendo sempre a mesma coisa e esperar resultados diferentes". Assim é a vida!

6. Fazer da COMUNICAÇÃO a centelha do ENVOLVIMENTO e da AÇÃO

A comunicação é feita mais do que de palavras, ela é feita principalmente do exemplo. O líder comunica-se para comprometer e comprometer-se, para reconhecer e para celebrar. Comunicação é a centelha que desperta e que causa o envolvimento e a ação dos indivíduos. Comunicação é o sistema nervoso que faz as sinapses entre todos os pontos de contato e todos os pontos de mobilização.

Comunicar é comunicar-se, nos dois sentidos. A comunicação deve ser uma via de mão dupla, aberta, simples e clara, para atingir igualmente a todos, e com a função de dar espaço e voz gerando liberdade e confiança entre as partes.

Comunicação existe para dar direção e para sustentar a estratégia, para compartilhar o conhecimento em todos os sentidos e para reforçar o envolvimento entre líderes e liderados e de todos entre si.

7. Ter a Cultura como alicerce para a PERPETUAÇÃO DO NEGÓCIO

Cultura é o jeito de ser, de existir, de desempenhar e obter os resultados. É o elemento integrador dos valores e o principal suporte à estratégia e à perpetuação do negócio. Seus elementos definem a maneira de ser, de fazer e de se comportar, dentro e fora, no ambiente interno e nas relações com todos os *stakeholders*.

O líder é seu principal agente em seu jeito de ser, de decidir, de se comportar. Ele é o espelho que reflete a imagem que é imitada e valorizada por seus seguidores.

8. Transformar as pessoas pelo VÍNCULO e pela INSPIRAÇÃO

O diferencial do líder é sua capacidade de se responsabilizar por seus liderados, entendendo suas necessidades e suas aspirações, dando-lhes a resposta possível. Este é o lado prático da liderança na relação ganha-ganha.

Seu principal diferencial, entretanto, é a qualidade e a intensidade da relação, a clareza e a consciência dela e de seu comprometimento mútuo na definição do rumo e do propósito da caminhada.

É agir com proximidade com cada um dos liderados, numa relação direta, e cuidar pessoalmente dessa relação. É entregar-se, com paixão; é comprometer-se com as pessoas com quem obtém os resultados, criando um vínculo verdadeiro.

Carta a um líder

Meu prezado líder,

Temendo não ter sido bem-sucedido na tentativa de falar sobre tema tão complexo e querendo seguir o exemplo do caminhante hindu que retornou para contar o que viu, resolvi escrever-lhe esta carta para falar de meus sentimentos tal como me brotam no coração, sem nenhum pudor ou ordem definida. Quero falar-lhe sobre o que tenho visto, ouvido e aprendido (sobre liderança) nesta minha longa caminhada.

Tributo aos mestres

Desejo muito que esta carta seja um tributo pessoal àqueles que me mostraram as pedras do caminho. Pretendo ser o arauto deste legado. Antecipo que não conseguirei ser breve. Vou falar sobre crenças e valores que me foram transmitidos pelos mais sábios e validados no tempo mediante fatos que provaram que eles tinham mostrado o caminho certo.

Definição de liderança

Liderança é a razão do sucesso da raça humana. Os avanços da humanidade e das empresas tiveram sempre à sua frente um líder que inspirou um grupo de seguidores que acreditaram em seu sonho e em sua utopia. Falar sobre liderança é tecer os fios que guiaram os destinos da humanidade até os dias de hoje. É a própria história da humanidade!

Assim, a melhor definição para um líder que aprendi continua sendo alguém que possui seguidores. Sem seguidores não existem líderes. E apenas existirão seguidores, se eles acreditarem no sonho compartilhado pelo líder e se sentirem apoiados para alcançar o destino almejado, se forem guiados ao próximo passo, a vencer a próxima barreira, a galgar o próximo monte e a superar sempre o próximo desafio.

Líder é o guia, o mentor, o cajado!

Resultados

Líderes bem-sucedidos responsabilizam-se e são obstinados pela obtenção dos resultados. Líder eficaz não é alguém amado e admirado. Cada líder tem seu estilo e seu modo de exercer sua liderança. É alguém cujos seguidores fazem as coisas certas. Popularidade não é liderança. Resultados, sim.

Liderar é conseguir fazer o que deve ser feito por intermédio das pessoas e não apesar das pessoas. Mais do que isso, por meio de pessoas competentes, desenvolvidas por você, comprometidas e realizadas. Pessoas e equipes são a essência da liderança!

Visibilidade

Líderes verdadeiros são visíveis para todos, principalmente para seus liderados. Servem de exemplo e de modelo para todos. Dão provas de sua crença por atos pessoais consistentes, professando o que acreditam. Líder é, portanto, professor porque professa sua fé, faz as coisas em que acredita pelo exercício diário. É exemplo, referência e ponto de apoio.

Prática diária

Liderança não é teoria de livro, embora tanto se tenha escrito a respeito. Existiu desde sempre, mas somente se torna real se confirmada todos os dias pela prática dos valores, do desafio e da motivação às equipes e pelo exemplo pessoal.

Essa prática de liderança efetiva tem acontecido desde o começo da história da humanidade: Moisés, Buda, Maomé, Jesus Cristo e tantos outros!

É vivência diária com resultados de atos concretos bem-sucedidos! É ato de coragem e de heroísmo todos os dias, porque todos os dias são oportunidades para o "teste do espelho". Todas as manhãs, ao acordar, olhando para o próprio espelho, o líder deve se perguntar: "Essa pessoa aí refletida é quem eu gostaria de ser, respeitar e acreditar? Esse é o líder que eu gostaria de seguir?".

Responsabilidade principal

Liderança não significa uma simples posição de ascendência sobre os demais, um título ou mais dinheiro. Significa ter a difícil responsabilidade de levar, com competência e determinação, os liderados para o destino desejado.

Essa responsabilidade é exercida, de maneira eficaz, na busca do entendimento das aspirações das pessoas e de sua harmonização com os desafios da organização. A convergência de interesses deverá gerar desempenhos superiores para a empresa e sentimento de realização e de pertencimento às pessoas, os liderados!

Processo contínuo de mudança

Ter desempenho e comprometimento superiores têm um significado maior. Significa que o líder e a equipe devem, todos os dias, se superar e superar o resultado do dia anterior, superar as metas propostas e negociadas e superar o próprio concorrente.

Liderar, portanto, é gerenciar continuamente um processo de superação, transformação e mudança. Nosso passado não garante nosso futuro, e para isso é necessário nos reinventarmos, a nós e nossas equipes, diariamente!

Comunicação

Para que tudo isso aconteça, comunicação é uma qualidade absolutamente essencial para a liderança definir os rumos, informar e aumentar a autonomia da equipe, para delegar, reconhecer, celebrar, desafiar, alinhar, reorientar.

Os líderes sabem o que querem e comunicam de maneira clara o que precisa ser feito. Compartilham continuamente sua visão de futuro.

Prioridades

Líderes focam e sabem definir as prioridades que vão fazer a diferença para os resultados. Orientam-se pela visão e pela missão da empresa, praticam-nas consistentemente servindo de exemplo. São os valores da companhia que sustentam sua estratégia. Eles se guiam obstinadamente pelos objetivos estratégicos da organização, abrindo mão de seus objetivos pessoais de carreira ou sucesso!

A empresa e seus objetivos são sua própria razão de existir e estão acima de tudo! Não se pode duvidar disso!

Desempenho e qualidade

Líderes respeitam as diversidades, não querendo cópias de si mesmos, e usam a diferença para o enriquecimento dos resultados e do processo como um todo.

São absolutamente intolerantes com os membros de suas equipes quanto aos desvios de desempenho, padrões de conduta e valores! Procuram praticar tudo com qualidade, sendo sempre exigentes consigo mesmos e com a equipe, nunca estando completamente satisfeitos. Buscam a perfeição, mesmo sabendo que nunca irão atingi-la, mas com a certeza de que estão, pelo menos, no rumo certo!

Autodesenvolvimento

Conheça a si mesmo, seus pontos fortes e fracos. Ache as oportunidades para aproveitar seus pontos fortes da melhor forma e crie situações para desafiar seus pontos fracos. Nunca fuja da luta!

Acima de tudo, procure ter em seu time gente que em suas especialidades seja mais competente do que você mesmo, não temendo nenhum tipo de sombra.

Melhor é ser superado pelos alunos do que prevalecer sobre eles. Você cresce ainda mais quando eles têm sucesso e superam os limites que você alcançou. Esse é seu principal legado como mestre!

Virtudes essenciais

Integridade pessoal, caráter e honestidade em todos os atos. Essas são virtudes sem as quais a liderança não tem valor ou credibilidade, ou seja, se não é reconhecida, por consequência, não existe!

Verdade

Verdade é uma virtude essencialmente necessária. É a distância mais curta entre duas pessoas. Os liderados percebem facilmente a mentira, ainda que seja uma pequena falseta! Verdade gera confiança, dá segurança à sua palavra de ordem, valoriza sua palavra de reconhecimento e de motivação da equipe! Não pense que existe conflito entre a vida pessoal e a vida profissional do líder. A pessoa é uma só e a mesma. Seja apenas você mesmo em todas as situações, e as pessoas o aceitarão.

Humildade

Outra virtude que se busca em todos os líderes é a humildade. Humildade para admitir que não sabe tudo e que sua equipe pode muitas vezes ensiná-lo. Humildade para aprender!

Humildade para entender, na devida dimensão, que, sem sua equipe, você não é um líder e não é nada! Humildade para celebrar o sucesso, dedicando-o à sua equipe, e humildade para reconhecer o fracasso, puxando a responsabilidade para si! O bom líder é aquele que credita à equipe os méritos do sucesso e para si a responsabilidade pelo fracasso!

Simplicidade

Buscar simplicidade em tudo! Na comunicação, na definição dos objetivos, nas decisões, nas orientações, buscando o foco e o essencial. Simplicidade é ser igual a todos de sua equipe, não estando acima nem abaixo, não levantando barreiras entre si e a equipe, isolando-se na própria limitação!

Aprendizagem

Não tenha certeza de tudo. Na dúvida, faça perguntas! Nos questionamentos, não tenha respostas prontas! Nos problemas, não ofereça soluções mastigadas.

Tente sempre gerar novos desafios de aprendizagem! Inteligente não é o que sabe tudo, mas aquele que não tem certezas e sempre está aberto a aprender! Pesquise, faça *benchmarking*, inspire-se nas melhores práticas!

Globalização

Seja global. O mundo está aí para ser descoberto, com novas Culturas e novos idiomas. Não fique nos limites de sua paróquia ou nas divisas de sua província! Faça desse desafio a aventura de sua vida!

Desafios da liderança

Liderar se resume a dar direção, indicar um destino, oferecer afeto, contenção nos momentos difíceis, estar próximo para apoiar, reconhecer, celebrar e motivar!

É lutar para atingir os objetivos, com absoluta determinação somada a alta dose de disciplina, regada com muito humor e com plena certeza das possibilidade dos vencedores! É agir com fé e esperança, mente e coração!

Liderar é transformar-se todos os dias para transformar a equipe e transformar os resultados da empresa! É inspirar-se nos próprios sonhos para inspirar o sonho de seus liderados!

Gestão da equipe

Em todas as decisões sobre a equipe, pense primeiro nos objetivos da organização, evite o viés pessoal e tenha sempre a certeza de estar tratando todos com o mesmo peso e a mesma medida. Nunca tente tirar vantagem pessoal em detrimento do mérito da equipe!

Ameaça e oportunidade

Perdoe-me, meu querido líder, se talvez eu esteja pregando sobre uma utopia. Sei que liderança é tarefa árdua e sem fim, mas não faça deste desafio um fardo para os próprios ombros.

Transforme essa ameaça em oportunidade! Faça da liderança uma oportunidade de transformar pessoas em vencedores, e desafios em resultados. Faça dela uma forma pessoal e marcante de fazer diferença na própria história, na da empresa e na vida das pessoas!

Se você não fizer essa diferença, meu amigo, você não é um líder, você é um chefe! Lamento, mas devo lhe dizer que você fracassou na principal missão que lhe foi delegada. Eu espero que este não seja o seu resultado!

Legado pessoal

Para terminar, meu prezado líder, peço-lhe desculpas pelo mau jeito e pela extensão da carta e aproveito para desejar-lhe votos de sucesso e de realização nesta jornada. Boa sorte e seja muito feliz nesta empreitada!

Como legado pessoal, para sua reflexão, mando-lhe um pequeno poema que fiz um dia e que se transformou em mantra para meus momentos de incerteza:

Caminho

Das pedras e do vento
aprendi
que para mudar o horizonte
há que descobrir
nova direção:
Vida é o caminho
que se faz!

Um abraço apertado e sincero!

João de Lima

Este livro foi impresso pela gráfica Edições Loyola em papel *norbrite plus* 66,6 g.